국가건설사상 I

국가건설사상 I

이종은 외 지음

인간사랑

이 연구는 2002년도 한국학술진흥재단의 지원에 의하여 연구되었음
(KRF-2002-073-BS1002).

서문

조선조 말의 국가건설사상

이 책은 학술진흥재단의 지원을 받아 행한 근대한국의 국가건설사상에 대한 연구 결과물입니다. 이 연구는 2003년도에 시작하여 2005년도에 종료하였습니다. 연구팀은 1차년도에는 조선조 말기의 국가건설사상, 2차년도에는 일제강점기의 국가건설사상, 그리고 3차년도에는 해방공간에서의 국가건설사상을 다루었습니다. 이 책은 1차년도, 즉 조선조 말기의 국가건설사상에 대한 연구의 최종 결과물입니다.

서세의 동점으로 인해 조선조는 누란의 위기에 놓이게 되어 국권을 점차 상실하게 되었습니다. 국권의 상실이라는 위기상황에서 우리의 선조들은 그 나름대로 안간힘을 써서 나라를 부지하려고 노력하였습니다. 서구와 같은 근대국가라는 개념에도 익숙하지 않았으며, 내적인 모순을 안고 있는 상황에서 어떻게 하면 국권을 유지할 수 있는가라는 생각을 하지 않을 수 없었습니다. 그 사유의 결과가 바로 조선조 말의 국가건설사상입니다.

일제강점기와 해방공간의 국가건설사상은 각각 제2권과 제3권으로 출간되었지만 이해를 돕기 위하여 한국 국가건설사상을 개관하는 서론을 이 책에 실었습니다. 이 서론에는 조선조 말기에 배태된 국가건설사상들의 차이뿐만 아니라 그 사상들이 그후, 즉 일제강점기와 해방공간이라는 주어진 여건 하에서 어떻게 변모하고 발전하였는지를 이해하는 데 도움이 되리라 생각됩니다.

먼저 이 책에 실린 논문의 필진들에게 감사의 말씀을 드리고자 합니다. 이분들의 노력이 없었다면 이 책은 세상의 빛을 보지 못했을 것입니다. 그리고 무엇보다도 절실했던 연구를 가능하게 해준 한국학술진흥재단의 재정적 지원에 감사를 드리며, 또한 한국정치사상학회에도 이 자리를 빌려 감사의 마음을 전하고자 합니다. 그리고 이 책의 중요성을 인식하고 출판을 맡아준 인간사랑 출판사의 여국동 사장님과 편집부 직원들에게도 감사의 마음을 전합니다.

2006년 11월 30일
학술진흥재단 2003년도 국가건설사상 연구팀

연구책임자 **이 종 은**

차례

contents

서론

조선왕조의 붕괴, 일제의 한반도 강점, 해방에 이어 일어나는 미 · 소의 분할 점령이라는 일련의 격동적인 역사적 과정에서 한반도에는 국가라고 부를 만한 것이 없었다. 1948년에 건국함으로써 대한민국은 비로소 국민국가(nation-state)가 되었다. 국가를 형성하여 살게 된 우리는 1948년 이후 국가라는 정치적인 조직에서 살아가는 것을 당연한 것으로 여기게 되었다. 그러나 국가라는 것은 장구한 역사의 안목에서 보면 당연히 있어야 되는 것도 있어 왔던 것도 아니었다.

일제강점기에는 말할 것도 없이 조선왕조를 두고 서구의 근대국가와 같았다고 말할 수는 없을 것이다. 주권이라는 개념이 없었기 때문이다. 게다가 서세가 동점할 무렵에 우리에게 민족, 국민, 주권 그리고 국가라는 개념은 낯설었다. 이러한 여건 하에서 우리는 우리 자신의 국가를 만들기 위하여 전력을 다하였다. 이 과정에서 등장한 것이 우리의 국가건설사상이라고 하겠다.

우리의 국가건설사상이 어떠한 모습을 띠고 있는지를 살펴봄이 본서의 목적이다. 사상이란 무릇 위기에 처했을 때 나타난다. 국가건설사상은 사유의 결과이며, 국가건설은 실천행위이기 때문이다. 우리의 사회와 국가가 위기에 직면했을 때, 이를 해결하는 처방으로 다양한 국가건설사상이 제시되었다. 그러므로 조선조 말기, 일제강점기 그리고 해방정국에서 나타난 국가건설사상을 살피면서 당시에 처한 위기상황을 언급하지 않을 수 없다. 그래서 본서의 필자들은 어떠한 위기상황에 처하여 특정한 국가건설사상이 왜 제시되었는지를 고찰한다.

우리의 국가건설사상을 고찰해야 하는 당위성은 어디에 있는가? 우리가 의지하고 살아가는 국가의 모습이 어떻게 하여 특정한 모습을 가지게 되었는지를 천착함이 우리에게는 중요할 것이다. 그리고 분단국가 내에서 살아가는 우리는 통일국가가 어떠한 모습이 되어야 할 것인가라는 미래의 국가상을 그리는 작업에 있어서도 과거에 우리가 생각하였던 국가의 모습들을 참고하는 것도 의의가 있을 것이다. 나아가 국민국가의 기능이 축소된다는 논의가 분분한 21세기의 문턱에서 국가건설사상을 살펴봄으로써 한국에서 국가가 가지는 의미를 검토하는 것 또한 미래상을 그리는 데 중요한 의미가 있을 것이다.

1. 조선조 말기

서구의 내셔널리즘이 제국주의적 양상을 띠고 동점함에 따라 조선왕조는 누란의 위기에 처하게 되었다. 이 위기에 처하여 우리는 어떠한 모습의 국가를 어떻게 만들 것인가에 대하여 고심하였다. 중국은 1860년에 베이징이 점령당하는 굴욕을 감수해야 했으며, 이어서 조선조는 1866년 병인양요, 1871년 신미양요, 1876년 강화도 사건 등을 통해 제국주의 세력으로부터 무력적 침략을 경험했다. 이러한 서구의 충격에서 야기된 위기상황에 대처하는 방법은 크게 두 가지로 대별할 수가 있었다. 하나는 외부의 것을 사악한 것으로 보고 우리 것을 견실하게 지켜내는 것이며, 다른 하나는 외부의 것을 받아들이고 변화를 꾀하는 개화(開化)였다. 요컨대, 대내적인 모순이라고 할 수 있는 전근대적인 봉건사회의 탈피 여부, 그리고 봉건사회를 지탱하였던 사상체계로부터의 탈피 여부, 즉 개화의 수용 여부 혹은 과거에로의 복귀 여부를 논란의 축으로 하여 대외적으로 독립을 인정받을 수 있는 국가를 건설하고자 하였다.

위정척사파의 중심 인물이었던 이항로(1792−1868)는 전통적인 질서를 옹호함으로써 조선조를 지키고자 하였다. 그의 노력은 근대국가 건설을 지향하지 않고 왕조국가의 재건을 지향하는 보수주의적 개혁론이지만 근대국가의 바탕이 될 수 있는 민족주의의 선구자였다는 점을 간과할 수는 없을 것이다. 그리고 이항로처럼 유교적 · 도덕적인 이상국가의 전형으로서 중화질서를 이 땅에 재구축함으로써 서양과 일제에 맞설 수 있다고 생각하였던 이들로는 최익현(1833−1906)과 유인석(1842−1915)을 들 수 있을 것이다. 그렇지만 그들 역시 내정개혁론이 서구의 침략에 맞서서 전통적인 왕조사회의 복귀나 재건을 지향했다는 점에서 서양문명의 성격과 역사성을 이해하지 못하였다고 볼 수 있다.

봉건적 모순과 민족적 모순이 중첩된 사회에서 국가의 틀을 새롭게 하자는 노력은 지식인에게만 나타났던 현상은 아니었다. 민중종교사상으로서 동학의 창립은 교조신원운동을 거쳐 동학농민혁명으로 발전하였다는 점에서 농민층, 즉 민중의 정치개혁사상으로서의 성격도 지니고 있었다. 동학 종교는 교리상으로 인간의 영성적 주체성, 평등성, 존엄성의 철학을 제시했으며, 1894년의 동학농민혁명은 민중 주체의 정치적 실천으로 나타났다. 동학농민혁명 시기의 집강소는 평등사회 실현을 위한 농민의 주체적인 정치적 실천이었다. 이러한 의미에서 동학은 새로운 국가에 바탕이 될 수 있는 민의 새로운 모습을 부각시켰다고 하겠다.

반면에 개화파는 서세동점을 거역할 수 없는 대세로 여겼으며, 서구 문명을 수용하여 부국강병의 국가를 건설하는 길이 바람직하다고 생각했다. 초기 개화파의 이론가였던 유길준(1856–1914)은 서구 문명의 전면적인 수용을 주장하지 않고 주어진 사상체계와 여건을 감안하여 서양의 사상을 선별적으로 받아들이고자 하였다. 서구의 부국강병형 국가를 지향했지만 왕조체제의 군주권을 유지 혹은 강화하는 것을 전제로 했다. 그는 장기적으로는 입헌군주제, 단기적으로는 근세의 천단군주제를 제안하였다. 그래서 그는 점진적 개화론자로 규정될 수 있을 것이다.

이 시기에 나타난 국가건설사상은 전통적인 사고와 근대적인 사고가 혼재되어 있었으며, 위정척사파가 갑신정변(1884), 갑오개혁(1894) 그리고 단발령(1895)을 비판한 것으로 보아 전통이 근대를 구속하는 상황은 지속되었다고 하겠다. 그런데 1880년대 중반 이후로 청국, 일본 그리고 러시아가 한반도에 개입하고, 급기야 1890년대 중반 이후로 일본이 우세를 보이기 시작하였다. 이러한 상황에서 조선 왕조는 1897년 대한제국을 수립하여 근대적 주권 개념에 의거한 국가 체제를 정비하고자 했고, 이를 계기로 근대국가 수립을 위한 새로운 움직임이 나타나게 되었다. 대한제국의 국권을 한편으로 뒷받침하면서 국민주권주의에 의거한 정치개혁을 추구했던 것이 독립협회운동이었다.

서재필(1866–1951)과 윤치호(1865–1945)는 독립협회(1896)의 활동을 통해 자유를 확립하고 제도화하여, 민의 위치를 앙양하여 입헌군주제를 지향하고자 하였다. 다른 한편, 독립협회에서 같이 활동하였던 이상재(1850–1929)는 서구 시민사상과 개신유학의 전통을 융합하여 군권과 민권에 같은 중요성을 부여하면서 입헌군주국가를 건설하려 했다. 그런데 독립협회 급진파는 이상적인 국가상으로 공화제에 바탕을 둔 근대적인 국민 주권국가를 상정하기도 하였다. 어쨌든 독립신문과 독립협회는 소수의 지식인에 의한 위로부터의 개혁이 아니라, 민의 중요성을 인식하고 아래로부터의 대중의 정치의식을 진작시켰다는 점에서 중요하다고 하겠다.

독립협회운동이 서구 사상 중심의 개혁론이었다고 한다면, 유교의 근대적 개혁을 통해 새로운 국가건설사상을 수립하고자 했던 개신 유학자들도 있었다. 주자학을 넘어 양명학으로 기울면서 제국주의적인 국제정치적 상황에서 사회진화론을 받아들였던 유학자, 보수주의적 주자학자였다가 개화사상가로 전화했던 박은식(1859–1926)과 장지연(1864–1921)은 주자학 대신에 실천지향적 양명학을 통한 유교의 혁신 혹은 유교의 '근대적 종교화'(근대화)를 통하여 유교적 질서에 바탕을 두는 한민족국가라는 새로운 민족국가를 구상했다. 그들은 군주 중심의 유교에서 인민 중심의 유교로 개혁할 것을 주장했지만 군주권을 부정하지는 않았다. 오히려 군주에 대한 충성과 애국애족의 정신을 일맥상통하는 것으로 간주했다. 따라서 그들의 국가사상은 공화주의라기보다는 입헌군주제론에 가까운 것이었다. 이들 개신 유학자들의 입헌군주제론과 유교개혁론은 1905년 이후 시민사회를 중심으로 전개된 애국계몽운동이 전개되는 과정에서 구체화되었다.

1898년에 독립협회가 해산된 후에 개화자강노선의 많은 애국단체들이 구국민족운동을 전개하였다. 1905년의 을사늑약 이후로는 국권회복운동을 위한 의병운동(1907–1911), 애국계몽운동(1905–1910), 의열투쟁 등의 저항운동이 일어났다. 애국계몽단체로는 대한자강회, 신민회, 대한협회 등이 있었다. 이들 단체들은 신교육, 언론계몽, 실업, 국채보상, 국학, 민족종교운동 등을 벌였으며, 신민회와 애국계몽 운동가는 1911년에 신흥무관학교를 설립하기도 하였다. 애국계몽운동은 을사늑약 이후 5년간에 걸쳐 민족역량을 증강시켰다고 하겠다.

그 이전의 민족주의는 운동 주체의 신분이 어떠하였는가에 따라 그 입장이 달랐지만, 의병운동과 애국계몽운동을 전개함에 따라 이제는 국권회복이라는 하나의 목표 아래 신분적인 제약을 넘어서서 민족주의가 광범하게 유포되었다는 점에서 의의가 크다고 하겠다. 이것이 나중에 국민을 형성하는 데에 기여한 바가 크다고 할 것이다. 그러나 양자는 차이가 있다. 의병운동은 전통적인 질서의 고수를 주장한 반면에, 애국계몽운동은 서구 문물의 수용을 통한 국가의 근대화를 꾀하고자 하였다. 전자는 위정척사파의 전통을, 후자는 개화파의 전통을 이었다고 할 수 있겠다.

2. 일제강점기

19세기 후반에 조선조는 갑오경장(1894)을 통하여 근대적인 개혁과 부국강병책을 추진하였지만 결국 1910년에 일제에 병탄되었다. 이렇게 되면서 국가건설을 밑바탕에서부터 생각하고 실천에 옮기지 않을 수 없었다. 그간의 과정을 돌이켜 보면 역사적으로 형성된 한국인의 문화적 우월의식 또한 설 자리를 잃게 되었다. 아편전쟁, 청불전쟁, 청일전쟁 등에서 중국이 몰락하는 것을 보고 더 이상 중국을 이상형으로 생각할 수도 없게 되었으며, 서구 문물을 받아들인 일본이 러일전쟁에서도 승리하게 되면서 동아시아에서 힘만이 아니라 문명의 축도 중국에서 일본으로 옮겨졌다. 이에 한국의 지식인들은 유교에 대한 회의를 가지지 않을 수 없게 되었으며, 특히 지배 이데올로기로서의 성리학은 그 지도적인 지위를 잃게 되었다. 게다가 조선왕조의 전통적인 가치체계를 위험하게 한다고 여겨 배척하였던 서학과 서양종교는 어느 틈에 우리에게 들어오고 말았다. 이와 같이 구미가 세계의 주무대를 형성하는 상황에서 그들의 사상과 제도에 영향을 받지 않을 수 없게 되었다.

조선이 일제에 병탄이 되고 새로운 사상과 제도에 접하게 되면서 문명화(근대화)하여 자주 · 독립적인 국가를 만들겠다는 염원을 가진 이 땅의 지식인들은 많은 것을 돌이켜 보지 않을 수 없게 되었다. 조선왕조 이래의 화이론적인 세계관은 자국의 국가에 대한 자아준거적인 인식을 결여하게 만들었다. 이것은 자아준거적인 국가의식의 부재를 의미하였다. 이에 대한 대안을 마련해야 했다. 게다가 조선조의 역사에서 문벌에 대한 충성은 있었겠지만 국가에 대한 충성이라는 것이 있었는지에 대한 의심을 가지게 되었다. 또한 국왕과 양반 사대부 사이의 권력의 분점은 근대국가의 근본적인 요소라고 할 수 있는 하나의 주권, 하나의 법이 없었다고 볼 수 있었다.

그리고 돌이켜 보면 일제에 병탄이 된 것은 조선조가 재정파탄으로 인해 국가를 운영할 수 있는 재정적인 능력이 없었기 때문이라고도 할 수 있다. 그리고 일제침략에 대항할 수 있는 군대가 없었기 때문이라고도 지적할 수 있다. 재정능력이 없으니 군을 유지할 수 없으며, 군을 유지할 수 없으니 일본군이나 청국군에 의지할 수밖에 없게 되고, 타국의 군대에 의존하게 되니 주권을 행사할 수 없게 된다. 하나의 법과 하나의 주권을 행사하기 위해서는 군대와 관료기구가 있어야 한다. 군대를 유지하는 데 소용되는 재원을 효율적으로 동원하는 정부 관료기구의 설립을 전제해야 했다. 그래서 군대와 관료의 관계는 '강제추출순환'(强制抽出循環 ; coercion-extraction cycle)이라고 부를 수 있다. 강제추출의 능력을 강화한 과정이—이를 정당화하는 이데올로기의 대두와 더불어—서구 근대국가의 발전과정이라고 할 수 있다. 조선조는 요컨대 강제추출 능력이 결하였기 때문에 멸망한 것이라고 할 수 있겠다.

이렇게 돌이켜 보면 조선조가 맥없이 허물어진 이유를 알 수 있을 것이다. 그런데 이렇게 맥없이 허물어지는 것을 보고도 체념하게 한 것이 있었다. 서양에서 들어온 진화론이다. 한국의 진화론은 약자가 어떻게 하면 강자가 될 수 있는지를 알려주기도 하였지만, 강자인 일본이 약자인 조선을 병탄하게 되었을 때, 이를 자연의 법칙으로 받아들이게 하는 역할도 했던 것이다.

을사늑약 이후 1905년 12월에 천도교를 창건하여 동학을 근대적 종교로 발전시킨 손병희(1861-1921)는 민회를 통하여 민을 문명화하면서 '교정쌍전(敎政雙全)'이라는 개념으로 도덕에 바탕을 두는 새로운 국가건설사상을 제시하였다. 그리고 그후에—해방공간에까지 연관이 되는 일이지만—천도교의 전위단체로 결성된 청우당은 자본주의와 공산주의의 한계를 극복하고 동학의 이상국가론으로 보국안민을 실현하려는 조선적인 신민주주의를 국가건설사상으로 제시하였다.

여기서 병탄 전후와 일제강점기에 형성된 민족, 공화정 그리고 자유주의와 사회주의 사상의 대두가 국가건설사상에 가지는 의미를 통시적으로 간략하게마나 짚어보는 것이 좋을 것 같다. 그렇게 하여야만 일제강점기와 해방공간에서 배태된 국가건설사상의 전모를 파악할 수 있기 때문이다.

조선조가 외세의 개입과 내분으로 강한 힘을 가지지 못하게 되자 조선조라는 정치조직체를 전제하지 않고서도 범주화할 수 있는 새로운 공동체를 상정할 필요가 있었다. 그리고 강점기에 접어들게 되면서 우리는 국가는커녕 자주적인 정치적인 조직조차도 향유할 수 없었다. 그래서 우리가 의존할 만한 것은 결국 민족뿐이었다. 이에 조선조에서 백성에 해당하는 실체를 '종족', '동포' 그리고 '민족'이라는 개념으로 보게 되었다.

그런데 곧바로 민족이라는 개념에 의존한 것은 아니다. 동포라는 개념에 우선 의존하였다. 그런데 조선시대에는 동포애를 실현하는 주체는 국왕과 관인(官人), 유생들로 이루어진 지배층에 한정되어 있었다. 이 주체가 백성을 대상으로 동포애를 실현하고자 하였던 셈이다. 그러므로 백성은 동포애를 실현하는 대상에 지나지 않았다. 이에 반하여 독립협회 시기에는 동포애의 실현 주체는 문명개화론자들이었다. 그런데 이 실현하는 주체는 만민공동회를 거치면서 문명개화운동에 참여하는 인민에게 확대되었다. 이러한 맥락에서 이제까지 정태적이고 수동적이며 도덕적인 책임이 강조되었던 동포가 동태적이고 주동적이며 정치적 동원을 의미하는 운동체로서의 동포로 전환되었던 것이다. 그런데 동포를 강조한 사실에서 나타나듯이 혈통이 민족의 가장 본질적인 구성요소로 이해되었다.

그런데 개항 이후에 민족이나 민족주의라는 개념이 생성되는 과정에는 세계질서에 대한 인식과 관련이 있었기 때문에 사회진화론적인 인식과 인종론적 관점에 기반을 두고 있었다. 이들이 인식한 세계질서가 바로 인종경쟁의 모습이었다. 그래서 이에 기반을 두고 자연스럽게 동양 삼국의 황인종의 연대를 주장할 수 있었다. 따라서 적어도 러일전쟁 개전 초기까지는 황인종이라는 인종에 의존하는 동양주의와 조선의 독립은 양립 가능하다고 보게 되었다.

그러나 러일전쟁이 발발한 직후에는 공동운명체로서의 한반도 주민집단의 생존의 위기가 절실해져 인종경쟁의 논리에서 벗어나서 종족보존의 논리가 등장하였다. 그래서 러일전쟁 이후 한반도의 주민집단을 의미하는 개념으로 '민족'이라는 용어가 사용되었다. 즉, 황인종의 연대를 통한 국가 독립이 여의치 않다는 점을 깨닫게 되자 인종이 아닌 민족에 의존하게 되었다

동포를 강조한 데에서 나타나듯이 혈통이 민족의 가장 본질적인 구성요소라고 이해되었고, 민족은 언어, 역사 그리고 문화를 공유

하는 인종집단(ethnic group 혹은 ethnos)이라는 의미가 강했다. 이것은 전근대의 영역에 속하는 인간집단으로 나중에 '네이션'(nation ; 국가를 구성할 자격을 갖춘 집합적인 공동체)을 구성하는 모체, 즉 민족체(nationality)에 해당될 뿐이다. 기껏해야 인종집단이나 민족체에 해당하는 것을 네이션으로 간주하다 보니 마치 민족(네이션과 일치시켰지만 실제로는 인종집단)이 초역사적인 자연적 실재인 것처럼 부각되었다. 어쨌든 일제강점기를 거치는 사이에 백성이 아니라 민족이라는 개념이 국가를 구성하는 원재료로 등장할 수 있게 되었다.

또한 이 과정을 거치는 사이에 주요한 의식 변화가 생겼는데, 이는 다름 아닌 공화정을 수립하는 것을 당연한 것으로 여기게 되었다는 점이다. 대외적으로 자주독립을 요구한 1919년의 3 · 1운동은 대내적으로는 왕정에서 공화정으로 전환하는 결정적인 분수령이 되었다. 국권의 상실로 인한 조선왕조의 해체, 인권 및 민권사상의 대두, 중국의 공화제 채택, 3 · 1운동, 그후 임시정부의 민주공화제의 채택 등으로 군주제에로의 복고는 우리의 뇌리에서 서서히 사라지게 되었다. 공화제를 채택하기로 한 것은 신분제와 봉건제가 존속하는 한에는 모든 사람을 평등하게 하여 평등한 동포 혹은 민족을 바탕으로 하여 애국심을 함양하게 할 수 없었기 때문이기도 할 것이다. 그렇다면 민족을 바탕으로 하여 공화정을 만들어야 한다는 데에는 어느 정도 합의가 형성되었다고 할 수 있을 것이다.

여기서 어떠한 형태의 공화국을 만들 것인가 하는 문제가 제기되었다. 바로 이 점에서 자유주의와 사회주의 사상의 분열이라는 문제에 직면하게 되었다. 이러한 사상의 분열은 결국 대외적인 민족해방운동과 대내적인 계급해방(봉건제청산), 즉 근대적인 사회구조의 정립과 국가의 건설이라는 문제를 해결하는 데에 있어서 우선순위와 방법에 대한 문제라고 하겠다. 그래서 결과적으로 근대적인 사회와 국가의 모습을 어떻게 규정할 것이라는 문제로 나타나게 되었다. 이것은 다른 말로 하면 민족을 바탕으로 하여 공화정을 수립하였을 경우에 민족은 국민(네이션)이 되게 마련인데, 그렇다면 국민의 어떠한 계층이 국민이라는 집합체 내에서 주도권을 장악하는 것이 옳은가 하는 문제이다. 여기서 사회주의 사상은 조선조의 피지배층, 즉 백성에 해당하는 이들, 혹은 일제강점기의 피지배층, 농민과 노동자들이 주도권을 장악하여야 하는 것이 옳다고 보는 것이다.

강점기의 국가건설사상을 짚어볼 경우 신민회를 언급해야 할 것이다. 1907년과 1911년 시기의 신민회의 사상적 지주는 발기인 안창호, 윤치호 그리고 신채호였다. 이들은 유교적인 가치에 근거를 둔 위정척사파와는 다르게 근대적 가치에 입각하여 국가를 건설하고자 하였다. 애국계몽단체처럼 초기에는 자강독립론을 제시하였지만 후기에는 선독립론을 제시하였다. 즉, 신민회는 국내에서의 국권회복운동의 한계를 느끼면서 비밀리에 해외에서 항일독립운동을 전개할 것을 계획하였다. 따라서 1910년 국권이 상실된 이후 중국 지역에서 전개된 독립운동은 신민회의 국권회복운동의 연장선상에서 이루어졌다. 이렇듯 신민회가 1910년대 이후 전개된 독립운동에 계승되면서 신민회가 추구했던 공화주의적 국가건설 지향성은 독립운동에 계승·발전되면서 확산되어 갔다. 그 결과 3·1운동과 대한민국임시정부의 수립을 계기로 독립운동사에서 공화주의 국가건설 이념이 정착되었다.

다른 한편, 사회주의 사상은 3·1운동을 전후하여 수용된 이래

1920년대 민족운동 진영에 급속하게 확산되었고, 대중적 조직을 갖춘 유력한 운동으로 자리잡았다. 그 결과 1923년 이후에는 민족주의 운동과 사회주의 혹은 공산주의 운동은 민족운동의 양대 진영으로 뚜렷하게 나뉘면서 두 세력의 대립과 연합이 반복되는 상황이 전개되었다. 민족해방운동 진영이 좌우익으로 양분되었던 1920년대 사회주의 운동을 이끌었던 배성룡(1896–1964)과 안광천(1897–?)은 민족해방을 위해서는 좌우익의 분열과 대립을 극복하고 우익 민족주의자와의 연합을 주장하면서 이를 뒷받침하기 위한 이론을 제시했던 대표적 이론가였다. 제1세대 사회주의자로서 제2차 조선공산당의 이론가였던 배성룡은 민주공화국 건설을 지향한 데에 반하여, 제2세대 사회주의자로서 제3차 조선공산당을 이끌면서 신간회 결성을 주도하고 그 이론적 기초를 마련했던 안광천은 혁명적 인민공화국 건설론을 제시했다. 두 사람의 국가관은 국민주권주의에 의거한 공화주의 국가라는 점에서는 공통적이었다. 그러나 국가 권력의 주체가 누가 되어야 하는 점에 있어서는 차이가 있었다. 배성룡은 부르주아 계급에 의한 일정 기간의 주도권을 인정했으나 안광천은 프롤레타리아 계급의 실질적인 주도권 확립을 겨냥하고 있었다. 두 사람이 갖는 국가관의 차이는 1945년 해방 이후 좌우 통합적인 중도세력과 좌익의 국가건설론의 차이의 단초가 되었다. 즉 해방정국에서 배성룡은 '신형민주주의'를 제시함으로써 다른 중도파 지식인들과 유사하게 계급연합 정권적인 국가건설을 제시했는데, 박헌영은 안광천의 혁명적 인민공화국 건설론과 유사한 프롤레타리아트의 주도에 의한 부르주아 민주주의 혁명론을 제시했다.

이족전제와 군주전제를 경험한 조소앙(1887–1959)은 복국, 건국 그리고 치국을 혁명의 목표로 규정하고 민족의 대동단결과 참여 조직의 자율성이라는 실천이념에 입각해 이 목표를 실현하려는 삼균주의 사상을 정립하였다. 그는 개인 간, 민족 간, 국가 간의 균등(광의의 균등)뿐만 아니라 균권, 균부, 균지(협의의 균등)가 구현되는 전민적 민주주의라는 국가의 상을 제시하였다. 그의 사상은 동서양 사상의 융합뿐만 아니라 좌우의 합작을 모색하였다는 점에서 특기할 만하다.

3. 해방공간

일제의 강점이 종식되고 일제로부터 해방이 되었다. 엄밀히 말해 이 해방은 자력이 아니라 미국과 소련에 의한 것이었다. 우리는 해방에서 곧바로 독립(independence)을 열망하였지만 미국과 소련은 점령군의 자격으로 적국 영토에 대한 통치권의 접수를 원하였다. 타인이 우리를 그렇게 평가하고 있다는 것을 우리는 올바르게 깨닫지 못하였다. 게다가 해방 전후의 독립운동 세력은 국제정치의 기본적인 속성에 대해 일반적으로 잘 알지 못했다.

일제로부터 독립된 1945년 8월 15일로부터 '대한민국'이 수립되고 '조선민주주의 인민공화국'이 수립된 1948년 9월 9일까지를 '해방 3년'이라고 부른다. 해방자에 의하여 해방이 강요된 해방공간에서 점령군과 피해방자 사이에 독립국가의 부재라는 민족적인 갈등만이 있었던 것이 아니라, 피해방자들 사이의 지배계층과 피지배계층 사이에는 '계층적인 갈등' 혹은 '계급적인 갈등'이 나타났다. 따라서 일제강점기에 누적되었던 민족적인 모순과 계급적인 모순을 해결할 수 있는 국가건설사상을 제시해야 했다. 일제 잔재의 청산과 토지개혁은 이 모순을 해결하는 최소한의 과제였다. 그런데 1920년대 말에 우익 민족주의 운동과 좌익 사회주의 운동의 결합을 추구하였던 신간회 운동이 끝나면서 민족주의 운동과 공산주의 운동은 분화하여 대립적인 관계에 들어서게 되었다. 이러한 상황에서 해방정국에서 사회를 재편하는 방향을 제시하면서 새로운 국가상을 제시하여야 하는 과제에 직면하게 되었다.

이렇게 본다면 일제 말기에 중도좌파적인 민족해방조직으로 조선건국동맹을 결성하였으며 해방공간에서 건국준비위원회와 인민공화국을 급조하였던 여운형(1885–1947)은 진보적인 사상을 가졌던 이로 볼 수 있다. 그가 목표로 삼은 것은 식민지 상황에서는 자주독립이며, 해방정국에서는 좌우합작에 의한 진보적 민주주의 통일국가의 건설이었다. 비록 실패는 하였지만 여운형은 각 참여집단의 자율성을 인정하면서 연대를 통해 진정한 민주국가를 건설하고자 했다.

좌우익의 정치연합 필요성을 역설하였던 이로는 백남운(1895–1974)을 또한 들 수 있다. 그는 '민족해방과 사회해방의 이중적 과제가 조선민족에 부과된 정치적 사명'이라고 주장하면서 프롤레타리아트의 주도에 의한 박헌영의 부르주아 민주주의 혁명단계론을 반대하고 연합성 신민주주의론을 제창하였다. 당시의 사회주의자들이 고심한 것은 자본주의의 미발달로 인해 프롤레타리아트 계층이 두텁지 않았던 점과 민족의 해방이라는 문제를 동시에 해결해야 했다는 점이다. 그래서 인민민주주의 형태를 띠면서 인민에 누구를 포함시켜야 하는가라는 문제를 놓고 고심하였다. 백남운은 민족독립을 위해 일부의 유산자와 전 무산자가 동맹을 형성할 가능성이 있으며, 민족주의자와 공산주의자 간의 상호 이해가 필요하다고 판단하여 연합성 신민주주의론을 주장하였던 셈이다.

건국준비위원회로부터 이탈하였던 안재홍(1891–1965)은 신민족주의를 제시하였다. 자본주의와 공산주의라는 좌우파 간의 이념대결과 계급투쟁이 지양되어야만 민족통합과 자주독립이 가능하다는 자각 하에 이념대결과 계급투쟁을 지양할 수 있는 제3의 이념으로 신민족주의가 제창된 것이다. 그래서 '통일민족국가'를 완성하기 위하여 안으로는 '만민개노'와 '대중공생'을 원리로 하여 계급독재를 지양시킨 초계급적 전 민족의 국가를 건설하고, 밖으로는 자주독립의 토대 위에 '인류대동'의 국제협동에 이바지하는 것을 목표로 하고 있다. 현실적으로 그는 임정을 보강함으로써 외세를 극복하자는 대안을 제시하였는데, 이것이 당시 국내외의 정치적 정황에 적합하였다고는 볼 수 없다.

누구를 인민에 포함시키느냐라는 문제에 관해서는 일제강점기 공산주의 운동을 전개했으며 해방 직후 국내 공산주의 운동의 지도자로 활동했던 박헌영(1900–1955)은 친일파, 민족반역자 등을 배제할 것을 주장하였다. 이렇게 민족통일전선을 형성하여 자주, 독립, 자유 그리고 평등에 바탕을 두는 "완전한(진보적) 민주주의 독립국가" 혹은 사회주의 국가건설을 제시하였다. 박헌영은 자신의 의도를 실천하는 데 있어서 첫 번째 장애요소였던 여운형을 정치영역의 중심에서 밀어내고자 하였다. '좌우'의 공존이 강조되고 인정되는 한, 박헌영은 '힘의 투쟁'에서 자신의 정치적 위상을 강화시킬 수 없었기 때문이다.

통일한국을 건설하는 데에 이념대립을 지양하겠다는 일념은 김구(1876–1949)에게서도 나타난다. 그 이면에는 민족의 혈통은 영원하며, 영원하여야 한다는 생각이 담겨져 있다. 그래서 그는 북행을 감행하여 남북협상을 시도했다. 실패는 하였지만 민족자주에 의한 통일된 민주주의 국가, 그리고 문화력에 바탕을 둔 아름다운 국가를 건설하고자 한 그의 열망은 그후에 한국인에게 큰 영향을 미쳤던 것이다. 그러나 그의 자주노선은 외세의 불신을 가중시킨 측면도 있다고 하겠다. 그렇지만 민족주의적인 법통을 이어서 통일 자주정부를 수립하고자 한 노력은 높이 평가되어야 할 것이다.

이어서 봉선석인 사회구조 및 질서를 타파하고 자유, 평등 그리고 정의에 기초를 두는 국가를 건설하려는 노력을 사회주의자인 조봉암(1898–1959)에게서도 찾을 수 있다.[1)] 그는 발전적 민주주의와 사회적 · 시장경제적인 관점에서, 그리고 농가회의라는 상설조직을 통하여 참여를 통한 평등을 달성하고자 하였다. 그러나 그의 국가건설사상이 사회주의 이념이 아니라 민주사회주의 정치이념에 토대를 둔 국가건설사상을 제시하였다고 하겠다.

이념의 통합을 기대하지 않고 자유민주주의적 국민국가의 건설을 성공시킨 주역은 어디까지나 이승만(1875–1965)이라고 하겠다. 그의 반공, 친미적인 성향은 정치의 여정에서 찾을 수 있다. 혈통이 같은 민족이 자유민주주의란 정치적인 원칙에 합의한 것으로 간주함으로써 대한민국이라는 자유민주주의적인 국민국가를 만들었던 셈이다.

1. 원래 본 연구에서 계획한 조봉암의 국가건설사상은 일제강점기였다. 하지만 그의 국가건설사상이 구체적으로 표현되는 것은 해방정국과 1950년대였던 까닭에 이 연구에서는 이 시기를 중심으로 조봉암의 국가건설사상을 고찰했음을 밝혀둔다.

해방 이후에 정치지도자들은 거의 대부분 민족을 국가건설의 중요한 요소로 제시하였다. 이 무렵의 국가건설사상은 민족과 계급의 관계, 그리고 혈통에 의한 민족과 정치적 원칙에 합의한 국민(nation)의 관계를 어떻게 정립하는가라는 것이 문제였다고 볼 수 있다. 그런데 민족과 계급의 관계라는 문제는 민족해방과 사회해방이라는 과제와 연관이 된다고 하겠다. 이 두 가지 당면과제를 어떻게 해결하여 어떠한 방식으로 민족을 국민으로 만들 것인가라는 문제가 국가건설사상의 핵심적인 문제였다고 볼 수 있다.

이 문제는 또한 해방정국 시기 국가건설 지향을 둘러싸고 보수와 진보라는 편가름과 연관된다고 하겠다. 일반적으로 자유주의 계열은 보수로, 사회주의 계열은 진보로 간주되었다. 그러나 조선조가 무너지고 일제강점기를 거치는 사이에 공화정의 수립이 우리에게 자연스러운 열망이 된 상황에서 보수의 기점을 잡는다는 문제는 어려운 일이다. 왕정복고를 보수의 기점으로 삼을 수도 없고, 그렇다고 일세강점기를 보수의 기점으로 삼을 수도 없다. 그렇기 때문에 조선조와 일제강점기에 비추어 보면 자유주의 국가와 사회주의 국가건설사상은 모두가 진보라고 볼 수 있다. 자유민주주의에 의한 국가건설사상을 보수, 사회주의에 의한 국가건설사상을 진보라고 하는 것은 세계사적인 조류에서 사회주의가 보다 평등을 위하는 진보적인 사상이라고 여겨졌기 때문이라고 할 수 있다.

우익과 좌익 그리고 보수와 진보라는 문제는 국민이 되는 과정에서 결국 어느 계층이 주체적인 역할을 해야 하며, 그후 국민이라는 집합체에서 어느 계층이 주도권을 장악하여야 하는가라는 문제이다. 그렇기 때문에 이는 1920년대 이후의 국가건설사상과 밀접하게 연관된다고 하겠다.

프롤레타리아트 계층이 허약한 한국의 실정에서는 진정한 의미에서 사회주의 국가를 건설할 수 없었다. 그리고 대외적, 즉 민족적 모순을 우선적으로 해결하여야 할 과제가 있었기 때문이었기도 하지만 사회주의자들이라도 이념대결의 지양, 연합성 신민주주의, 민주통일 전선이라는 구호를 전면에 내걸지 않을 수 없었을 것이다.

마찬가지 이유에서 인민민주주의에서 출발할 수밖에 없었던 김일성(1912–1994)은 공산주의자 여부가 아니라 친일파 여부라는 기준에서 자본가와 지식인의 일부를 국가건설의 주체에서 배제하였다. 김일성의 이상적인 국가상은 공산주의 국가였지만 상황적 적합성이라는 점에서 볼 때, 노동자와 농민이 동맹을 맺는 좌파적인 농민국가를 건설하지 않을 수 없었다.

그는 이러한 국가를 건설하는 과정에서 민주기지노선을 정치노선으로 삼았다. 그의 민주기지노선은 장기적으로 통일국가를 목표로 하기 때문에 논리적으로는 통일노선이었지만, 단기적으로는 단독정권 수립을 목적으로 하였기 때문에 분단노선이었다. 이와 같은 복합적인 성격을 갖고 있는 민주기지노선으로써 현실정치를 이끌어 갔으며, 사실상의 완전한 정부라고 볼 수 있는 '북조선임시인민위원회'를 1946년 2월에 조직하여 모스크바 결정에 반대하는 우익의 조만식(1882–1950)을 제거한 후에 결국 그는 1948년 9월 9일 조선민주주의인민공화국을 탄생시켰다.

4. 해방공간에서 표출된 국가건설사상에 대한 해석과 그 전망

국가건설을 주도한 이들은 자력이 아니라 미국과 소련에 의해 한반도가 해방되었다는 사실을 잘 알고 있었다. 하지만 이들은 국가건설에 작용하게 되는 외세의 실질적인 역할을 현실적으로 깨닫지 못하였다. 그나마 국제정세를 읽는 현실주의자는 남한에서는 이승만뿐이었다. 그러나 그는 이념적으로 편향되어 국가건설에 있어서 그 한계가 출발부터 노정되었다.

반면에 친미친소라는 균형적인 입장을 취하였던 중간파들은 외세에 의한 해방이기 때문에 외세를 인정하기는 하였지만 외세에 대한 타협과 조정에 대한 인식은 철저하지 못하였다. 비현실적으로 자주적인 역량만을 강조하면서 당위론적인 자주정부의 수립만을 주장했던 것이다.

그렇다면 이승만과 김일성은 반쪽에서나마 국가건설을 할 수 있었던 이유는 무엇인가? 크게 보아 김 구의 임정은 반탁운동을 거치면서 국내적인 분단구조를 야기시켜서 이승만을 중심으로 하는 극우파에게 세력을 유실당하였다고 하겠다.

1948년 5 · 10 총선에서 반공 · 친미노선의 이승만과 한민당이 최후의 승리자가 되었다. 그렇게 될 수 있었던 것은 크게 보아서 탁치안(託治案) 공방에서 우익세력이 반탁을 지지하였기 때문이라고 하겠다. 이렇게 함으로써 해방공간에서부터 좌익이 선점하였던 민중의 호

응을 민족주의의 기치를 내건 우익이 이어받을 수 있었다. 그래서 미소공동위원회가 결렬된 상황에서 이승만은 1946년 6월 3일에 정읍발언을 시발로 하여 남한만의 단독정부 수립을 공개적으로 추진하였다. 해방정국 초기에는 민중의 광범한 지지를 받던 좌익은 제2차 미소공동위원회가 결렬되자 남로당이 무장투쟁노선을 걷게 되어 급기야 대중정당의 기반을 상실하고 1946년 9월 이후로 불법화되었다. 이러한 상황에서 남한에서 단독으로 1948년 5월 10일에 제헌국회의원 선거가 실시된 것이다. 즉 북한지역의 대표가 없는 제헌의회가 소집되어 1948년에 8월 15일에 정부가 수립되었다. 반면에 북한은 남한 대표 360명을 포함한 572명의 최고인민회의를 1948년 9월 2일에 평양에 소집하여 '조선민주주의 인민공화국 헌법위원회'를 구성하고 이에 따라 1948년 9월 9일에 정부를 수립하였다. 대한민국의 헌법을 제정하는 데에는 북한의 대표가 없었다는 점을 들어서 북한은 자신에게 정통성이 있다는 것을 아직까지 주장하고 있다.

결국 일제강점기에 대내외 모순을 해결하는 청사진에 대한 합의가 없었기 때문에 해방 후에도 사상의 분열은 지속되어 사회적으로는 친일분자 청산문제, 평등의 문제(토지개혁)를 중심으로 대립이 되고, 독립국가의 모습에 대한 주장이 상반된 데에다가 국제정치적인 권력의 역동성으로 인하여 결국 남북이 분단된 셈이다.

대한민국이 건국되었다고는 하지만 어떤 면에서는 주어진 국가였다는 점에 유의하여야 한다. 그래서 국경선으로 구획이 지어지는 일정의 영역으로 성립된, 주권을 갖춘 국가로서 그 중에 사는 사람들(nation ; 국민)은 국민적 일체성(national identity)에 대한 의식을 공유하고 있는 국가를 국민국가(nation-state)라고 부른다면, 한반도 내에는 두 개의 주권과 두 개의 법이 있으므로 '1민족 2국가'이며, 대한민국의 국민과 북한의 공민 사이에는 국민적인 일체성이 없으므로—형식적으로 보아도 각기 다른 헌법을 준수하기 때문에—같은 네이션이라고 보기 힘들다. 그리고 남한, 즉 우파 혹은 자유민주주의자가 한민족공동체라고 하였을 때의 민족에는 모든 한국 사람이 포함되지만 인민민주주의에서 출발한 북한의 입장에서는 그 민족 중에서 일부를 배제하여야 한다. 그래서 같이 민족이라고 하더라도 그 의미가 다를 수가 있다. 나아가 대한민국 내에서 아직까지 보수와 진보 내지는 좌우익의 논쟁이 있다는 것이 정치적인 원칙에 대한 합의가 없다는 것으로 볼 수 있다면 대한민국 내에서도 국민적인 일체성이 있는지, 나아가 진정한 의미에서의 네이션이 형성되었는지를 의심할 수도 있다.

남북한 사람을 두고 흔히들 '같은 민족'이라고 부른다. 그러나 준봉하고 있는 정치적인 원칙을 달리 하고 있기 때문에 같은 네이션이라고 볼 수는 없다. 같은 민족이라고 부를 때의 민족은 언어, 역사 그리고 문화를 공유하는 인종집단이라는 의미가 강하다. 그런데 남북의 사람들은 근 60년간 다른 역사를 걸어왔다. 분단 이전의 오랜 역사에서 문화를 같이 하였기 때문에 민족이라고 부를 수 있다면, 분단이 장기화되어 문화도 차이가 날 정도로 다르게 된다면 예전에 같은 언어, 역사 그리고 문화를 공유하였기 때문에 같은 민족이라고 부를 수 있다는 근거도 희박해진다. 예를 들면, 오늘날의 독일인과 프랑스인들은 프랑크왕국에서 갈라져서 형성된 것이다. 갈라져서 살게 된 역사가 오래 된 오늘날에 와서 독일인과 프랑스인을 같은 네이션이라든가 같은 민족이라고 부르지는 않는다.

어쨌든 같은 민족인 남북한 사람들이 통일국가를 형성하는 것은 바람직한 일이다. 하지만 통일국가를 향해 접근함에 있어 유의해야 할 점은 이상의 것만이 아니라, 후발국가인 대한민국이 건국될 무렵에 이미 유럽은 오늘날의 유럽공동체에 대한 논의, 즉 결과적으로 국민국가의 해체에 대한 논의가 시작되었다는 점에도 유의해야 할 것이다.

참고문헌

❖ 강광식 외, 1998, 『조선시대 개혁사상 연구』, 성남시 : 정신문화연구원.

❖ 權用基, 1998, 「《독립신문》에 나타난 '동포의 검토'」, 한양대학교 대학원 사학과 박사논문.

❖ 김영국 외, 1993, 『한국의 현대정치』, 서울 : 서울대학교 출판부.

❖ 남광규, 2004, 「해방초 국내외 정치세력의 대외인식과 대외노선을 둘러싼 세력투쟁」, 『한국외교사논총』, 제24집, 제2호, 서울 : 한국정치외교사학회, 49-86.

❖ 朴明圭, 2001, 「한말 '사회' 개념의 수용과 그 의미체계」, 『사회와 역사』 투고논문(2001, 4, 14).

❖ _____, 1998, 「근대 한국의 타자인식의 변화와 민족정체성」, 『사회사연구의 이론과 실제』(서울 : 한국정신문화연구원). 113-155.

❖ 심지연, 1994, 『허헌연구』, 서울 : 역사비평사

❖ 유미림, 2002, 「서학에 대한 인식과 대응의 역사적 추이」, 『한국외교사논총』, 제23집, 제2호. 서울 : 한국정치외교사학회, 33-60.

❖ 장인성, 2002, 「동아시아의 문명과 국제사회」, 『한국외교사논총』, 제24집, 제2호, 서울 : 한국정치외교사학회, 63-92.

❖ 전복희, 1996, 『사회진화론과 국가사상』, 서울 : 도서출판 한울.

❖ 鬼頭淸明, 1994, 「國民國家お遡る」, 歷史學硏究會(編), 『國民國家お問う』, 東京 ; 靑木書店 ; 219-241.

❖ 木畑洋一, 1994, 「世界史の構造と國民國家」, 歷史學硏究會(編), 『國民國家お問う』, 東京 ; 靑木書店 ; 3-23.

❖ Finer, S. E. 1997, *The History of Government From the Earliest Time*, Oxford :

Oxford University Press.

❖ Forsyth, Murray, 1987, "State" in David Miller (ed.), *The Blackwell Encyclopaedia of Political Thought*, Oxford : Oxford Publishing Services ; 503–506.

❖ Hobsbawm, Eric, 1990, *Nations and Nationalism since 1780*, Cambridge : The Press of the University of Cambridge.

제 1 장

다산 정약용의 부국강병형 국가개혁사상

김기승 (순천향대)

Ⅰ. 머리말

조선 후기 실학에 대해서는 해방 이후 한국 사학계의 집중적 연구대상이 되었다. 그것은 한국사 자체 내의 발전논리를 탐구하여 자생적인 근대화 가능성을 확인하기 위한 작업이었다. 그리고 실학에 대한 연구는 조선 후기 사회의 변화상에 대한 연구와 함께 이루어졌다. 이렇게 조선 후기 사회에서 근대사회로의 이행 가능성을 확인하기 위한 일련의 연구시각을 '내재적 발전론' 이라고 불러왔다.

'내재적 발전론' 에서는 조선 후기 실학을 탈성리학으로 규정하고 근대사상의 맹아를 형성한 것으로 파악하였다. 그리하여 정치적으로는 민권의식의 발아, 경제적으로는 농민적 토지 소유의 가능성과 상품화폐 경제로의 변화 가능성을, 사회적으로는 신분제의 해체와 평등사회에의 지향성 등을 강조했다. 그러나 최근에는 실학적 사유가 원시 유학으로의 회복이라는 목표지향과 사유방식이었다는 점이 강조되고, 또 성리학적 사유의 발전론적 변화라는 각도에서도 새롭게 조명되고 있다. 그리고 정치 · 사회 · 경제제도의 개혁론도 기존 왕조체제의 틀을 근본적으로 벗어나지 않았다는 점이 지적되고 있다. 이 점에서 실학파의 국가개혁론은 근대국가로의 지향성보다는 왕조국가 체제를 다시 구축하고자 했다는 '국가재조론'이라는 관점에서 파악되기도 한다. 즉 실학파의 사상적 변화를 국가 '개혁' 혹은 '혁신'이라는 점에 중점을 두고 근대적 지향성을 강조하느냐, 아니면 위기에 처한 왕조체제를 정비 · 보완하는 '재조'라는 측면을 강조하느냐의 차이가 나타나고 있다.

실학파의 국가론에 대한 '개혁론'과 '재조론'의 대립은 실학의 역사적 성격 규명에 대한 차이를 반영한다. 특히 근대 형성에 있어서의 실학의 역할을 볼 때, 두 입장은 근본적 차이를 나타내게 된다. 즉 실학파의 개혁적 성격을 강조하는 견해는 기존 왕조체제로부터의 탈피와 근대국가상에 대한 접근을 중시한다. 이 점에서 자생적 근대화로의 가능성을 열어두고 있다. 그러나 국가재조론의 입장에서는 실학파의 유교적 사유구조와 왕조체제에 대한 근본적 관심에 중점을 두었다. 이에 따라 실학파의 국가사상은 근대적 국가구상보다는 왕조체제의 재편과 보완으로 그 성격이 규정된다. 이 경우 근대 국가사상의 확립은 주로 외래적 요인에 의해 설명될 수밖에 없다. 실학파의 국가론에 대한 두 입장 차이는 결국 한국 근대화의 자생성과 외래성에 대한 보다 큰 문제에 대한 인식 차이를 반영한다.[1]

현재 실학파의 국가사상의 역사적 성격에 대해서는 위와 같이 근본적 대립이 나타나고 있다. 각각의 견해는 나름대로의 논거를 제시하고 있다. 그러나 각각의 견해는 서로의 강조점에서 차이가 있는 것으로 보인다. 즉 국가개혁론과 국가재조론은 실학파의 사상내용을 중심으로 각기 논지를 전개하고 있다. 즉 사상내용 중 근대적 요소와 전통적 요소 둘 중 어느 하나를 강조하는 방식이다. 결국 두 관점의 차이는 각각의 관점이 실학파의 특정 측면에 의거한 일면적 평가라는 점을 서로가 말해주는 셈이라고 볼 수 있다. 이렇게 본다면 실학파의 국가사상에 대해서는 두 관점의 대립과 차이를 극복할 새로운 관점과 방법이 필요하다고 생각된다.[2)]

본 연구는 실학파의 국가사상에 대한 '개혁론'과 '재조론'이 가

1. 조선 후기 실학연구사에 대한 기존 연구로는 지두환, 「조선 후기 실현연구의 문제점과 방향」, 『태동고전연구』 3(1987), 『조선시대 사상사의 재조명』(역사문화, 1998)에 재수록 ; 김현영, 「실학연구의 반성과 전망」, 『한국 중세사회 해체기의 제문제』 상(한울, 1987) ; 조광, 「조선 후기 실학연구의 동향과 전망」, 『하석 김창수 교수 화갑기념사학논총』(범우사, 1992) ; 조성을, 「근대의 모색과 실학사상」, 『한국사상사학』 19(2002) 등이 있다.
2. 실학사상을 국가개혁론이라는 관점에서 본격적으로 분석했던 김태영은 다산 정약용을 중심으로 한 실학파의 국가개혁론을 중세를 부정하고 근대를 지향했던 것이라는 역사적 의미를 강조했다. 그러면서도 국가공동체 일체화론과 같은 역사의 발전방향과는 역행하는 주장들도 있다고 했다. 이렇듯 상반되는 두 요소의 혼재에 대해 그는 다산의 개혁론은 중세 해체기에 새롭고 가장 선진적인 국가 체제개혁론이었지만 결코 '근대'의 실현을 추구한 것은 아니었다고 했다. 결국 그는 다산의 국가개혁론을 "이상적인 국가공동체를 실현하려는 전근대 우리나라 국가 체제개혁론의 최후의 원형을 이루게 되었다"고 보았다. 이러한 성격 규정은 다산의 국가개혁사상에 대한 평가의 복잡성과 난해성을 잘 보여주고 있다고 하겠다. 김태영, 『실학의 국가개혁론』(서울대학교출판부, 1998), 216-229쪽.

진 이원적이고 대립적인 평가를 지양하고 새로운 관점에서 평가를 시도하고자 한다. 이를 위해 필자는 실학의 집대성자이며 국가개혁론의 완성자라고 평가받고 있는 정약용을 중점 연구대상으로 선정했다. 또한 다산 정약용의 국가개혁사상에 대한 새로운 접근방법으로서 3가지 점에 주목하였다.

첫째, 다산의 국가개혁사상에 대한 분석작업에서 스프래건스의 정치이론에 대한 분석틀을 원용하고자 한다. 이 경우 다산의 국가개혁사상에 대한 일반화 작업이 가능해지고, 이를 토대로 다른 국가사상과의 비교작업도 기대할 수 있을 것이기 때문이다. 스프래건스는 정치이론을 위기와 무질서의 인식, 진단, 질서와 상상, 처방 네 주제로 나누어 분석했다.[3] 본고에서는 이러한 분석틀을 정약용의 국가개혁사상에 적용해 보았다. 그런데 다산의 경우에는 그의 국가개혁사상이 질서에 대한 상상적 재구성에 중점을 두었다. 자신의 개혁구상 실현을 위한 실천 프로그램을 구체화하지는 못했다. 따라서 여기서는 위기인식과 진단을 함께 다루었으며, 질서와 상상에서는 개혁의 모델과 방법을, 처방에서는 부문별 개혁구상을 다루는 방식으로 바꾸었다.

둘째, 이러한 구도에서 본 연구에서는 정책별 개혁안의 구체적 내용보다는 여러 정책을 포괄하는 전체로서의 국가개혁사상의 특성을 해명하는 데 중점을 둔다. 이를 위해 정약용의 사유방식과 지식생산 방식에 주목한다. 즉 그의 개혁구상이 갖고 있는 담론구조에 유의하면서 그의 지식생산이 어떤 사회적 조건에서 어떠한 과정을 거쳐

3. 토마스 아더 스프래건스 2세 저, 이종은 역, 『현대정치이론의 이해』(나남, 1991).

이루어졌는가에 주목한다. 정약용의 지식생산 과정은 제자와의 집단 작업 혹은 공동작업이라는 성격을 띠고 있다. 이것은 이전에는 보기 어려운 지식생산 방식이다. 공동작업의 가능조건은 목적의 동일성, 자료와 정보에 대한 통일적 파악, 자료 처리방식에 대한 일정한 합의 등을 전제로 한다. 이러한 작업과정을 통해 형성된 지식의 성격에 주목하고자 한다.

셋째, 다산의 사상이 후대에 근대 한국사에서 어떻게 활용되었는가에 유의한다. 이 문제는 이미 실학사상과 개화사상과의 관련성이라는 각도에서 나무어진 적이 있었다. 그리고 실학사상의 근대적 전회라는 각도에서 조명되기도 했다. 다산의 국가개혁론의 근대성 문제는 그 사상 자체의 성격뿐만 아니라 그 이후의 역사 속에서 어떻게 이용되었는가를 통해서도 접근할 수 있기 때문이다. 더구나 한국의 근대란 서구적 근대의 수용과 침투과정인 동시에 그러한 근대에 대한 비판과 저항의 일면도 지니고 있다. 한국의 근대는 전통과 근대의 길항관계 그 자체라는 관점에서도 볼 수 있는 것이다. 근대 한국의 특성에 유념하면서 다산 사상이 전통과 근대의 길항관계 속에서 어떤 위치를 점하고 있는가를 주목하고자 하는 것이다. 이것은 한국 근대사를 서구적 근대의 이식사가 아니라, 한국인 스스로 만들어 가는 한국적 '근대' 상을 탐구하는 작업과 관련된다.

Ⅱ. 위기의식과 진단

다산은 자신이 살고 있었던 당대를 국가적 법체계의 총체적 위기에 직면한 국면이라고 파악했다. 특히 임진왜란 이후 법도가 무너져서 모든 일이 어수선한 무질서한 상황으로 파악했다. 그는 『경세유표』 「인」에서 다음과 같이 말했다.

> 임진왜란 이후 온갖 법도가 무너져 버렸고 모든 일이 어지러워졌다. 軍門이 여러 번 증설되어 國用이 탕진되었다. 田制가 문란해졌고 부세제도는 편벽되었다. 生財의 원천은 있는 힘을 다해 막았고, 재물을 소비하는 구멍은 마음대로 뚫었다. 이에 오직 기관을 혁파하고 인원을 줄이는 것으로 구급의 처방을 삼았다. 이익이 되는 바는 되와 말이었는데 손해보는 바는 산더미였다. 百官이 갖추어지지 않았고 올바른 선비는 녹을 받지 못했다. 탐학의 풍조가 크게 일어나 생민들이 초췌해졌다. 일찍이 내가 생각하건대 병들지 않은 터럭이 하나도 없다. 지금 개혁하지 않으면 반드시 나라가 멸망하고 말 것이다. 이 어찌 충신과 지사가 수수방관할 바이겠는가?

다산은 당시의 상황을 법질서가 완전히 무너져서 병들지 않은 것이 없기 때문에 개혁하지 않으면 곧 나라가 멸망하게 될 총체적 위기상황으로 파악했다. 그런데 그의 위기상황 인식에서 특징적인 점은 총체적 위기를 법질서의 문란으로 규정하면서 그 구체적인 내용에 대한 묘사에서는 경제적 관점에서 접근하고 있다는 점이다. 그는 군비 확충으로 인한 국용의 탕진, 재물을 생산하는 길은 막혔는데 재물이 낭비되는 것은 끝이 없다는 점을 지적했다. 그리고 이에 대한 대책이 기구축소와 감원과 같은 비용절감이라는 응급처방이 오히려 이익보다는 손해가 더 많게 하였다고 보고 있다. 그 결과 관리들의 탐학이 만연하고 생민이 빈곤 속에서 고통을 당하고 있다고 보았던 것이다.

그는 국망의 직접적인 원인를 경제적 관점에서 접근하고 있는바, 국가의 총체적 궁핍에 있다고 보았던 것이다. 그런데 이러한 국가적 궁핍문제는 비용절감이라는 임기응변적인 처방으로는 해결될 수 없다는 것이다. 그는 국가의 법제를 총체적으로 바꾸는 근본적 개혁만이 망해가는 나라를 살릴 수 있는 길이라고 보았다.

이러한 관점에서 그는 국가의 법과 제도를 총체적으로 개혁하기 위한 자신의 구상을 『경세유표』라는 책으로 저술했다. 그는 '경세'를 다음과 같이 정의했다.

> **'경세' 란 무엇인가? 관제 · 군현제 · 전제 · 부역 ·** 貢市 · 倉儲 · 軍制 · **과거제** · 海稅 · 商稅 · 馬政 · 船法 · 營國之制 **등을 현행 제도에 구애받지 않고 날을 세우고 벼리를 풀어 우리의 오래된 나라를 새롭게 만들고자 생각하는 것이다.**[4)]

그는 「자찬묘지명」에서 『경세유표』의 저술동기를 국가의 제도를 근본적으로 개혁하여 낡은 우리나라를 새롭게 만들려는 데(新我之

4. 정약용, 「자찬묘지명」(집중본).

舊邦) 있다고 했다. 정약용은 자신이 살고 있던 나라를 '옛 나라' 라고 하면서 기존의 일체 제도에 구애받지 않고 근본적으로 나라를 새롭게 하고자 했다. 제도개혁을 통한 새로운 나라의 건설이 그의 목적이었다. 그는 낡고 부패한 나라가 된 근본적인 이유는 요와 순의 선왕에 대한 잘못된 인식에 있다고 보았다.

> 천하에서 요순보다 근면한 이가 없는데도 무위라고 속이고, 천하에 요순보다 綜密한 이가 없는데도 소략하고 우활하다고 속여서 사람의 군주된 자로 하여금 매번 무엇인가 해보려고 할 때마다 반드시 요순을 기억나게 하여 스스로 그만두게 하였다. 이것이 날마다 썩어서 새롭게 할 수 없게 된 소이이다.[5)]

새롭게 되지 못한 이유는 요순과 같은 성왕을 잘못 파악하고 있기 때문이라고 했다. 즉 성왕의 미덕은 '근면' 과 '종밀' 인데 '무위' 와 '소략' 이라고 하여 신하들이 왕을 잘못 보필함으로써 군주로 하여금 아무 일도 하지 못하게 한 데 있다고 보았다. 군주가 하고 싶은 일을 할 수 있도록 해야 나날이 새롭게 된다는 것이다. 이것은 두 가지 의미를 지니고 있다. 성왕은 무위가 아닌 '유위' 의 군주로 보아야 한다는 점이며, 따라서 군주의 미덕은 소략함이 아니라 치밀한 국사집행에 있다는 점이다.

그는 자신이 생각하는 성왕을 다음과 같이 규정했다.

5. 정약용, 『경세유표』, 「인」.

> 내가 보건대 奮發興作하여 천하의 사람들로 하여금 시끄럽게 하여 어지럽게 만들고 열심히 힘들게 일하도록 하여 일찍이 일순간의 편안한 휴식을 도모할 수 없도록 한 임금은 요와 순 임금이 바로 그 사람이라고 생각한다. 내가 보건대, 綜密嚴酷하여 천하 사람들로 하여금 두려워서 부들부들 떨고 몸을 움츠리고 당황하게 하여 일찍이 털끝만큼의 거짓도 감히 꾸미지 못하도록 한 임금은 요와 순 임금이 바로 그 사람이라고 생각한다.

다산이 생각하는 성왕은 속유들이 말하듯 "팔짱을 끼고 고요히 앉아 있는데도 도덕적 교화가 향기로운 바람처럼 널리 사람들에게 미쳤던" 그러한 군주가 아니었다. 그는 요와 순과 같은 선왕을 도덕적 감화를 중심으로 하는 군주상이 아니라, 끊임없이 일을 만들고 치밀한 법을 제정하여 엄정하고 가혹하게 적용하여 천하의 모든 사람들로 하여금 쉴 새 없이 일하도록 만들고, 무서움에 벌벌 떨면서 거짓을 감히 범하지 못하도록 하는 강력한 힘을 갖고 그것을 엄정하게 행사하는 군주로 그려내었다.[6)]

다산은 요순의 예를 들어 신하들이 왕이 하고자 하는 일을 막고자 했음에도 불구하고 강력하게 일을 추진한 왕을 성왕으로 파악했다. 따라서 임진왜란 이후 대동법을 시행한 효종, 노비법과 군포법을

6. 박현모는 이러한 정약용 등 남인의 '성왕론'을 노론의 '성학론'에 대비시키면서 정조는 남인의 국왕 중심의 '성왕론'을 적극 수용했다고 보았다. 박현모, 『정치가 정조』(푸른역사, 2001), 103-107쪽.

개혁한 영조를 높이 평가했다. 특히 영조의 개혁에 반대하는 신하들에게 "나라가 망하더라도 이 법을 고쳐야만 한다"고 한 영조의 말을 대성인의 말씀이라고 했다.

그는 왕이 중심이 된 개혁을 나라의 부패를 막고 나라를 새롭게 만드는 첩경으로 보았던 것이다. 이를 위해 그는 속유들의 성군론이 잘못되었음을 비판했다. 그가 보는 성군은 도덕적 교화에 힘쓰는 군주가 아니라, 천하 사람들로 하여금 쉴 새 없이 일하도록 하고 두려워서 법을 어기지 못하도록 하는 강력한 권한을 가진 군주였다. 신하들의 반대 의견을 묵살하고 자신의 의지를 관철시킬 수 있는 군주를 성군이라고 보았던 것이다.

쉼 없이 일을 만들고 단호하게 법집행을 하는 왕이 있을 때, 신하들은 어떤 역할을 담당해야 하는가? 다산은 요와 순 임금 시대에 대신들도 역시 맹렬하게 분발하여 임금의 팔과 다리가 되고 귀와 눈의 역할을 다하였다고 했다. 임금과 대신들이 분주했기 때문에 이상적인 정치가 이루어졌다는 것이다. 그런데 오늘날의 대신들은 "大體를 지킨다"는 세 글자로 천하 만사를 다한 것처럼 여기고 있다고 비판했다. 신하 역시 국사 하나하나를 구체적으로 파악하고 실질적인 업무를 집행해야 한다고 보았다.

다산은 『경세유표』 「인」에서 당시를 국가의 재정상태가 고갈된 망국의 위기상황으로 보았다. 그리고 그러한 위기를 극복하기 위해 낡은 나라를 새롭게 하는 방법으로 제시했던 것은 올바른 군주상의 정립이었다. 그것은 도덕적 교화를 중시하는 성왕이 아니라, 쉼 없이 일하고 법집행을 엄정하게 하여 천하 사람들로 하여금 쉬지 않고 일하도록 하고 두려워하여 법을 어길 수 없도록 하는 성왕상을 정립하는 것이었다. 정다산은 그러한 후대의 성왕에게 올리는 표문형식으로 『경세유표』를 저술했다.

Ⅲ. 질서와 상상 : 개혁의 방법과 논리

1. 이상국가싱

다산 정약용은 『경세유표』의 책제목을 처음에는 '방례초본'이라고 했다. 『경세유표』「인」에 서술된 내용은 실제로는 왜 자신의 책 이름을 '방례초본'이라고 했는가에 대한 이유 설명방식으로 되어 있다. 말하자면 나라를 일신하는 개혁사상을 '나라의 예'라는 '방례'라고 표현한 이유를 제시하고 있다.

다산의 『경세유표』는 『주례』를 모델로 하여 저술되었다. 『주례』의 육전체제를 원용하였는데, 이것은 주대의 제도를 이상적인 국가제도로 보았기 때문이다. 그리고 그는 자신이 『경세유표』에서 논한 바는 법이라고 했다. 실제는 법인데 예라고 한 것 또한 주대의 예법일치사상을 받아들였기 때문이라고 했다. 주대의 국가제도는 그 이전의 요순의 선왕들이 정치를 법제화한 것이었다. 따라서 다산 역시 요순 시대 선왕의 정치를 이상으로 삼았다. 그리고 이에 대한 재해석을 통해 과거 역사상에 존재했던 모든 사례들을 비판적으로 검토하는 방법으로 자신의 국가개혁사상을 피력했다. 그리고 자신이 새롭게 구상한 국가란 선왕의 이상국가를 현실에 적합하게 구현한 국가, 즉 유교적 이상국가라고 파악하였다.

그는 자신의 국가개혁사상이 유교적 원리에 부합하는 것임을 입증하기 위해 유교의 경전에 대한 주석학적 탐구, 중국 및 한국 역사상의 여러 제도 및 견해에 대한 조사 및 탐구 등에 심혈을 기울였다. 중국 및 일본의 최근 정세도 참고되었는데, 특히 중국을 통해 서학을 수용하고 서양의 자연과학 및 기술에 대한 정보수집은 새로운 방법이었다. 그러나 다산에게 무엇보다도 중요한 학문방법은 당시 조선의 실제상황에 대한 객관적이고 실증적인 조사를 토대로 하고 있다는 점이다. 특히 그는 자신의 경험을 구체적으로 기록하여 자료로 남겼고, 이를 자신의 저술작업의 기본적 자료로 적극적으로 활용했다. 이 결과 그의 국가개혁사상에는 자신만의 고유한 새로운 것들이 많이 나타났는데, 그는 「자찬묘지명」에서 자신만의 새로운 주장들을 별도로 정리할 만큼 사상의 독창성을 의식적으로 추구했다.

다산 정약용은 1822년 「자찬묘지명」에서 자신의 저술작업의 의미를 다음과 같이 말했다.

> 六經四書를 가지고서 修己하고 '一表二書'를 가지고서 천하국가를 다스리고자 했으니, 본말이 구비되었다고 할 것이다.
>
> 성인의 경전에 근본을 두고 시의에 알맞도록 힘써 서술해 두었으니, 없어져 버리지 않는다면 혹 이를 취해 쓸 자가 있을 것이다.

그는 자신의 국가개혁사상이 표현된 대표적인 저서로 『경세유표』, 『목민심서』, 『흠흠신서』 세 가지를 꼽았다. 그런데 그것들은 모두 성인의 경전에 근본을 두면서 시의에 맞게 고쳤다고 했다. 그리고 그것은 후대에도 쓸모가 있을 것이라고 생각했다. 따라서 그의 국가개혁사상은 자신의 개혁구상을 받아들여 실천할 미래의 군주에게 올리는 「유표」형식을 취했다. 자신은 국가개혁을 구상하고 그 개혁안을 미래의 성군에게 건의하여 실현한다는 자세였다. 성인의 경전에 근본을 두고 있고 또 군주에 의지하여 문제를 해결하려고 했다는 점에서 그의 기본적 사고는 유교적 왕조체제의 틀 내에서 이루어지고 있었다고 하겠다.

2. 지식생산의 특성

정약용의 국가개혁 구상은 군주제 틀 내에서 이루어지고 있었지만 그의 지적 작업과정에서는 새로운 요소가 작용하고 있었다. 즉 정약용과 그 제자들의 국가개혁 구상작업은 이전과는 다른 독특한 환경 속에서 새로운 방법으로 이루어지고 있었다.

다산 정약용의 저술작업은 일종의 공동작업이었다. 「사암 선생 연보」에는 다음과 같은 기록이 있다.

> 그 제자로서 경사를 고열하는 자가 수인이며, 입으로 부르면 나는 듯이 받아쓰는 자가 3인이요, 항상 번갈아가며 초고를 다듬고 정서하는 자가 수삼인이며, 옆에서 도와 책지를 가다듬고 책을 꾸미며 바로

> 잡아 장황(粧潢)하는 자가 삼사인이었다. 무릇 한 책을 저술함에는 먼저 그 자료들을 수집하여 서로 대비하고 서로 참고하여 완색하며 빗질하듯 정밀하게 골라 배열하였다.

위의 글을 보면 정다산과 제자집단이 저술작업을 할 때에는 일종의 분업체제가 확립되었음을 알 수 있다. 그 지위에 있지 않은 재야의 지식인들이 국정 전반에 걸친 자신들의 사상을 집단적인 공동작업을 통해 책자로 생산하는 시스템이 확립되어 있었던 것이다. 집단작업이 국가 주도에서 정다산 개인의 주도로 바뀌었다. 지위에 오르지 않은 자가 국정에 대한 저술을 하는 것 자체에 대해 정다산 자신은 모험적인 새로운 시도임을 자각하고 있었다.

> 주역에는 "생각이 그 지위를 넘어서지 말라"고 했다. 군자(공자)는 "그 자리에 있지 않으면 그 정치를 논하지 말라"고 했다. 쇠에 연루된 신하가 또 나라의 예를 논의할 수 있겠는가? 그렇기는 하다. 비록 그러하나 반계 유형원은 政法을 논의했으나 죄가 없었다. 그 책이 간행되어 나라에 퍼졌는데 쓰이지 않았을 따름이지 그 말한 것은 죄가 되지 않았다.[7)]

다산 정약용은 성현의 말과는 다른 행동을 하고 있음을 자각하고 있었다. 재야에서 나라의 법과 제도개혁에 관해 자신의 구상을 밝히는 일은 결코 죄가 되지 않는다고 주장했다. 민간에서 국가의 법제

7. 정약용, 『경세유표』, 「인」.

를 근본적으로 개혁하고자 하는 논의를 책자로 간행하여 널리 퍼뜨리는 행위가 결코 죄가 되지 않음을 행동으로 보여주었다고 할 수 있다.

다산과 그 제자들의 새로운 지식생산 행위에는 저술의 생산성과 같은 개념이 적용되었다고도 볼 수 있다. 그것은 제자들의 작업내용과 범위를 분명하게 구별짓는 데서 가능한 것이었다. 그는 제자들의 작업 참여를 저술 속에 표시하였다. 이강회 · 윤동 校 혹은 이청 注라고 표시하여 자신이 편찬한 저술에 제자가 교열 혹은 주석작업에 참여했음을 밝혔다. 또한 정약용은 자신의 저술작업을 구체적으로 구별하기 위해 著 · 說 · 撰 · 纂 · 輯 · 述 · 編次 · 編 · 抄 등으로 세분하여 표시했다. 이것은 자신의 저술작업의 내용을 구체적으로 세분하여 파악하려는 의식을 반영하는 것이다. 또한 자신과 제자를 포함한 일종의 다산학파라는 집단 내에서 자신이 행한 역할을 분명하게 차별화하여 표시하려는 의식도 갖고 있었다고도 이해할 수 있지 않을까 한다.[8)]

다산의 경우, 저술작업의 방법과 성격이 이전과는 달라졌다. 이 집단의 저술작업은 종래의 유학자들이 문집을 생산하는 방식과는 달리 저자, 편집자, 교정작업자, 출판사가 하나의 팀을 이룬 공동작업의 성격을 띠고 있다고 하겠다. 다산과 그 제자집단은 이미 새로운 지식문화세계를 창조했고, 그러한 문화세계 속에서 방대한 저술을 남길 수 있었던 것이다. 이러한 학자집단의 세계에서 통용되는 규준이 무엇일까? 이것은 그와 제자집단 사이에 각자의 역할분담이 이루어지

8. 김영호, 「여유당전서의 텍스트 검토」, 『정다산 연구의 현황』(민음사, 1985), 30–33쪽.

고 각자의 장기와 재능이 발휘될 수 있도록 배려되었을 것이다. 이를 통해 하나의 책자 혹은 공동의 담론을 창출하기 위한 공동작업이 실질적으로 이루어지고 있었다. 다산 사후 그의 제자들의 저술을 분석하면 다산 저술의 연장선상에서 이해될 수 있는 부분이 있다고 한다.[9] 이 점을 감안하면 『방례초본』이라는 서명에서 굳이 초본이라고 하는 것은 후대에도 자신의 저술이 누군가에 의해 계속되어 수정 · 보완되기를 기대한다는 의미로 해석될 수 있다.

3. 직역 재배치론

이러한 공동생산의 모델이 국가개혁 구상에도 반영된 측면이 있다고 생각된다. 그의 국가개혁의 기본적 원칙은 모든 국가 구성원을 적재적소에 배치하는 것이었다. 그리고 적재적소에 배치되는 원칙을 정하고 또 적재적소에 배치되었는지를 검증하고 평가하는 평가제도를 확립하는 것이었다. 지방을 12성으로 재구분하는 것도 산과 강 등 자연지세에 맞게, 즉 토지구획과 생산활동에 적합한 구분이 되도록 해야 한다는 것으로 이해할 수 있다.

직역의 전면적인 재배치, 이를 통한 각 개인의 재능을 극대화함으로써 국가의 생산성을 극대화한다는 것, 이것이 정약용이 추구한 국가개혁의 기본적 구상이라고 생각된다. 다산은 전제개혁론조차도

9. 김영호, 앞의 글, 32-33쪽.

직역배분의 관점에서 사고했다.

> 선왕의 뜻은 천하 백성에게 고르게 전지를 얻도록 하려는 것이 아니라 천하 백성에게 모두 고르게 직을 받도록 하려는 것이었다. 직을 농사로 받은 자는 전지를 다스리고, 직을 공장 일로 받은 자는 기구를 다스리며, 장사꾼은 물화를, 목자는 짐승을, 우자는 재목을, 빈씨는 베짜기를 다스려서 각자 그 직으로써 먹을 것을 얻도록 했다.[10]

이처럼 그는 전제개혁 문제를 천하 사람들의 직역을 효율적으로 배분하는 관점에서 사고했다. 또한 그는 경자유전의 원칙이 결코 백성의 살림을 마련하는 데 있는 것이 아님을 분명하게 말했다. 가난한 농민의 봉양 차원에서 전제개혁을 하는 것이 아님을 강조했다. 경자유전의 원칙은 농사지을 적당한 사람에게 농사를 짓게 하여 곡식 소출을 많게 하고자 하는 데 있다고 했다. 또 군사로 나아갈 자에게는 전지를 주고 그렇지 못한 자에게는 전지를 주어서는 안 된다고 했다. 또한 힘센 군사를 많이 길러 낸 자에게는 상등의 전지를 주고 그렇지 못한 자에게는 하등의 전지를 준다고 했다.[11] 이것은 병농일치제에 의거해 전지의 지급과 군역의 배분을 결합시키되, 그 목적이 농민의 생계가 아니라 농업생산 증대와 군사력의 강화에 있음을 말해준다. 말하자면 정다산의 경자유전의 원칙에 의거한 전제개혁은 민생의 안정

10. 정약용, 『경세유표』, 전제 5, 이익성 옮김, 한길사, 1997[이하 번역본으로 약칭함].
11. 정약용, 『경세유표』, 전제 4, 번역본 2, 512−513쪽.

이라기보다는 농사를 가장 효과적으로 지으면서 군사의 일을 가장 효율적으로 수행하기 위한 방법으로 구상되었다고 하겠다.

결국 다산 정약용의 구상은 천하의 사람들이 각자가 맡은 직역을 충실하게 이행할 수 있는 제도의 확립에 중점이 두어졌다고 하겠다. 그러면 각각의 직역을 맡은 사람들이 가장 충실하게 일하여 최대의 성과를 거두기 위해서는 어떻게 해야 하나? 다산이 제시한 방법은 사 · 농 · 공 · 상 등의 활동에 대한 계량적 평가체계를 확립하고 성과에 따라 보상을 차별화한다는 것이다. 그가 생각한 보상은 바로 벼슬을 주는 것으로서 국가 경영에 참여토록 한다는 것이다. 농공상 등 각각의 직역에서 훌륭한 성과를 나타난 자들에게는 해당 직역을 통솔하는 지위를 부여하고, 더 나아가 지방관 혹은 중앙관직에도 나아갈 수 있는 방안을 구상했다.

이러한 직역의 재배치작업은 절대적 왕권이 확립될 때 비로소 가능한 것이다. 그러나 그는 절대적 왕권확립의 방법에 대해서는 침묵했다. 다만 임진왜란과 같은 전쟁이 벌어져서 사적인 권력집단의 힘이 약화되었을 때를 근본적 개혁의 시점이 될 것이라고 예상하는 정도였다. 그는 정전제 개혁을 구상하면서 바로 그러한 생각을 하였다. 사회적으로 실제로 형성되고 발전되고 있는 개혁세력의 존재 혹은 역사의 발전방향에 대한 정확한 인식에 기초한 개혁론은 아니었다. 구체적인 실천방법론 없이 기득권을 가진 개혁 저해세력이 붕괴되는 시점에서 시행될 수 있다고 기대하는 이상사회론이었다고 볼 수 있다.

4. 다산의 설득기제

다산 정약용의 담론구조, 개혁사상의 당위성을 다른 사람들에게 납득시키는 또는 납득할 수 있다고 믿는 기준과 원리는 무엇이었는가? 또 다른 사람들이 자신의 주장을 듣고서 납득할 수 있다고 본 근거는 무엇인가? 이런 맥락에서 본다면 그가 일차적으로 주력했던 작업은 방대한 경진 주석사업이었다. 이를 통해 그는 선왕의 제도에 비추어 기존의 법과 제도의 문제점을 통렬하게 비판했다. 이러한 점들은 선왕의 권위를 인정하고 또 주석학적 방법론을 토대로 지적 활동을 하고 있었던 동시대의 지식인 일반을 겨냥한 것이다. 자신의 독창적 주장을 받아들이지 않는 반대자들에게 자신의 주장의 정당성을 납득시키기 위해 반대자들이 받아들일 수 있는 방법으로 자신의 개혁사상을 정당화했다고 볼 수 있다. 그런데 여기서 더 중요한 것은 이러한 기존의 근거가 아니라 그가 새롭게 제시하고자 하는 설득기제가 무엇인가에 주목해야 한다는 점이다.

선왕의 뜻을 올바로 해석하고 또 고증학적 방법을 사용하는 것 외에 정약용이 사용하고 있는 새로운 설득방법이 있다고 생각한다. 필자는 그것을 수학적 계량화의 방법이 아닌가 생각한다. 그의 모든 주장에는 바로 구체적인 수치가 등장하고, 계량화되며, 이러한 것들이 그림 혹은 수치로서 제시된다. 여기에는 과거의 수리상수학과 동일한 요소도 있지만, 서학 수용을 통해 새롭게 형성된 수학적 · 자연과학적 사유방식이 확인된다. 수학적 계량화, 이것은 이전의 유학자들에게는 발견하기 어려운 특성이 아닌가 생각된다.[12] 『경세유표』는 국가기구의 수, 기관별 · 직급별 관원의 수를 적정하게 규정하는 것이 기본적 내용이었다. 정부기구 규모의 적정화를 통해 국부를 최대화한다는 전략적 사고가 저술의 바탕을 이루고 있다. 계량화적 관점에서 생산성이나 효율성, 경제성 관념이 등장하게 된다. 정약용의 국가건설 구상의 원칙은 생산성과 효율성을 극대화한 인력 재배치가 아닌가 한다. 이러한 원칙은 정약용의 고유한 원칙으로 새로운 것이었기에 과거의 틀, 경전의 권위, 성현의 권위에 더욱 더 의존해야 다른 사람들이 납득할 수 있었을 것이다. 말하자면 필자는 유교적 이상사회의 복원이라는 방식은 당시 유학자들이 공통적으로 갖고 있었던 설득기제였으며, 이러한 설득기제를 최대한 활용하면서 자신의 새로운 국가건설 사상을 피력한 것으로 이해하고자 한다.

다산 정약용은 자신의 고유한 독창적 생각을 성현의 권위의 우산 속에 위치시킴으로써 성현이 갖는 정통성을 빌려 자신의 사상의 영향력을 증대하고자 하는 전략을 구사했다. 이것은 죄인으로 몰려

12. 예를 들면, 토지등급 사정의 수학적 비례원리를 제시하든가(정약용, 『경세유표』, 전제고 6, 번역본 2, 576–577쪽) 일종의 지적도인 어린도에 토지를 구분하는 경위선을 만들어서 정확하게 그림으로 표시하고 실제 면적도 표시하도록 한 점(『경세유표』 전제 5, 번역본 2, 555), 고적표의 등급을 종래의 3등급에서 9등급으로 세분화하고 점검하는 항목도 54개의 항목으로 세분화하여 점수를 계량화할 수 있도록 한 점, 선비의 학문연구를 농업 노동의 10배로 계산한다든가, 농민이 부담하는 구체적인 세목을 일일이 표로 작성하여 합계한 점 등에서 우리는 다산 정약용이 거의 모든 글에 자신의 주장의 정당성을 입증하기 위해 수리적 방법을 사용하고 있음을 확인할 수 있다. 이러한 수량화는 '부국강병'이라는 계량 가능한 국가개혁의 목표를 설정한 데서 가능한 것이었다.

처형 직전까지 갔다가 유배생활을 하던 다산의 처지에서는 생존을 위한 필연적 선택이었다. 죄인의 몸으로 법에 대해 논하는 것조차 죄가 되지 않을까 염려하면서 반계 유형원에 기대어 죄가 없음을 주장하는 그의 태도는 그가 적대적인 학자들에게 빌미를 주지 않기 위해 세심하게 전략적 고려를 하고 있음을 보여주는 하나의 사례이다.

이러한 다산 정약용의 저술전략이라는 관점에서 『경세유표』를 읽을 때, 그 속에서 그가 진정으로 추구했던 바는 깊숙하게 은폐되어 있는 은미한 곳에서 찾아질 수밖에 없다. 다산은 『경세유표』「인」에서 후대의 수정과 윤색을 기다린다고 하면서 바꿀 수 없는 것 15가지를 열거했다. 그가 말하는 '不可易' 15가지는 고쳐서는 안 되는 것일 뿐만 아니라 그가 '단행되기를 원하는' 사항이었다. 그의 불가역론은 반드시 실행해야 하는 사항임을 강조하기 위해 쓰여진 것이다. 그 중 가장 주목되는 것은 15번째 마지막으로 언급된 부분인데, "이용감을 개설하여 북학의 법을 논의함으써 부국강병을 도모하는 것, 이것은 바꿀 수 없다"고 했다. 앞의 14가지는 이미 이전에 존재했었던 법과 제도를 수정 · 보완하는 내용이었지만 이 15번째 법은 다산 정약용의 창의적인 제안이었다.

이를 통해 다산이 국가개혁사상에서 추구했던 것의 본질은 이용감이라는 기구개설과 북학 진흥법 제정을 통한 '부국강병'이었다고 볼 수 있다. 이것은 그의 위기의식의 실질적 내용이 경제적 망국상황에 대한 인식에 있었던 점과 밀접한 관련이 있다. 국부의 고갈로 인한 국가 멸망의 위기를 의식할 때, 국가개혁의 목표가 '부국강병'이 되는 것은 자연스럽다. 그러나 그 목표는 성리학에서 추구했던 '성군의 덕화'라는 가치와는 모순되는 것이었다. 그가 제시한 국가개혁사상은 당시대의 평가기준으로 보았을 때 파격적이다. 유학자가 국가개혁사상의 목표로 '부국강병'이라는 법가적인 목표를 제시했던 것이다. 그는 『경세유표』를 법에 관해 논한 책이라고 선언했다. 그리고 한비자와 상앙의 법가에서 추구하는 "새기고 조사하는 것을 정밀하고 깊이 있게 하는 것은 실로 末俗을 고르게 다스릴 수 있는 것"이라고 했다. 또한 요순을 덕화의 훈풍을 끼친 임금으로 보기보다는 천하의 사람들을 쉬지 않고 일을 하게 하여 피곤하게 만들고 두렵게 만들어서 법을 지키게 만든 강력한 군주로 해석했다.[13] 다산 정약용에게 있어서 예법일치사상은 법가적 통치술이 유가적 예치의 이상을 실현하는 현실적 방법이라는 의미였다.

Ⅳ. 처방 : 국가개혁 구상의 실제

1. 정치개혁사상

정약용은 『경세유표』에서 주례의 육전체제, 조선의 육조체제를 기본적으로 인정한 바탕 위에서 자신의 개혁구상을 피력했다. 우선 관직수에서는 주는 천자국이므로 360개이지만 조선은 제후국이므로

13. 정약용, 『경세유표』, 「인」.

120개로 제한해야 한다고 했다. 그리고 각 기관별로 합당한 관원수를 제시했다. 또한 청요직 혁파를 주장했으며, 비변사를 폐지하여 중추원이 비변사의 기능을 흡수할 것을 제안했다. 이러한 관제개혁론은 왕권을 제약하고 있었던 신하들의 여론형성과 견제기능을 축소하여 관인의 행정 실무기능과 역할을 강조하는 관점에서 제시된 견해들이다. 따라서 그는 관인들이 행정 실무를 완벽하게 파악하고 맡은 바의 일을 책임을 갖고 실질적으로 이끌어 갈 것을 강조했다.

그는 관인은 정책적 판단을, 행정 실무는 서리가 하는 시스템을 비판하면서 관인들이 행정 실무를 완벽하게 이해하고 장악해야만 서리들의 횡포를 막을 수 있다고 했다. 이런 맥락에서 정약용은 관인의 행정 실무 지침서인 『목민심서』와 『흠흠신서』를 편찬한 것이다. 관인이란 선비들끼리 모여서 국사를 논의하면서 여론을 형성하고 이를 통해 자파의 세력을 확장하는 정치가로서가 아니라, 왕명이나 직책에서 주어지는 업무를 충실하게 집행하는 행정 실무가로서 파악되었다. 따라서 관인들의 업무에 대한 평가도 업무의 능률에 중점이 두어지게 계량화 가능한 지표를 강조하게 되었다. 그가 제안한 고적법은 과거보다 좀더 세밀한 항목이 추가되었고, 등급으로 나누어 총점에 있어서는 양적 평가가 가능하도록 하는 제도였다. 관인채용과 승급평가에 있어서 계량적 평가가 가능하도록 했다.

考績法에 의한 평가와 인재 선발은 각 행정단위에서 상급자가 하급자를 대상으로 하는 것으로 되어 있다. 과거에 의한 관인 선발과 함께 천거제도 · 추천제도를 이야기하고 있다. 이상적으로는 각급의 행정단위별로 추천된 자 중에서 우수한 자가 보다 높은 단위의 관인으로 승급하는 제도를 상정했다. 그런데 그는 동시에 다른 직역에 종사하는 사람 중에서 그 부분에서 탁월한 능력을 발휘하고 업적을 세운 사람을 발탁하여 벼슬을 수여할 것을 구상하기도 했다. 동일한 직역에 관련된 직책만이 아니라 지방관 혹은 더 높은 관직에 오를 수도 있다고 했다. 관인 선발과 승급기준으로 직역에서 이룩한 성과와 능력을 제시했던 것이다.

지방제도의 개혁에서 다산은 산과 하천을 경계로 한 12성 제도로 행정구역을 개편할 것을 제안했다. 그리고 지방관의 실무 지침서인 『목민심서』를 편찬했다. 이것은 향리층과 지역 토호들의 횡포를 방지하기 위한 것이었다. 지역사회에서 민을 수탈하고 억압하고 있는 재지사족과 향리층의 권한과 역할을 약화시키기 위해서는 목민관의 권한과 역할이 확립되어야 한다는 생각이었다. 이를 위해서 필수적인 것은 목민관 자신이 담당 지역의 실정을 정확하고 구체적으로 파악하고 실제적 업무 수행에서 주도적으로 이끌어 갈 수 있어야 한다는 것이었다. 자신이 국가의 전체상을 『경세유표』에서 그렸듯이, 목민관들은 자신이 맡고 있는 지방의 실정을 전체적으로 구체적으로 파악하여 업무 추진 프로그램을 갖고서 일을 추진해야 한다는 것이었다.

다산의 지방제도 개혁구상은 재지사족과 향리층 중심의 향촌자치적 전통을 거부하고 왕—목민관—민으로 직접적으로 연결되는 체제를 지향했다. 이것은 양반 사족 중심의 정치를 지양하고 왕권을 강화하여 왕명이 지방관을 통해 민에게 직접적으로 연결되는, 그리고 왕과 민이 목민관을 통해 원활하게 소통되는 체제라고 할 수 있다.

2. 사회 · 경제개혁사상

지금까지의 연구에서는 다산의 토지개혁론에서는 여전제와 정전제의 차이에 주목했다. 그러나 두 가지 토지개혁론에서 공통적인 요소에 주목할 필요가 있다. 그것에는 경자유전의 원칙이 적용되고 있다는 점이다. 그의 경자유전에 대한 원칙 설명은 매우 특징적이다. 농사 지을 능력이 없거나 여건이 되지 않는 사람에게는 농사를 짓지 않도록 한다는 의미로 해석했다. 또 농민의 농지경작 면적은 상대적으로 균등하게 주어지도록 되어 있다. 그리고 농민의 공동경작, 즉 조법의 의미로 부세를 충당하도록 구상하고 있다는 점이다. 경작지 분배에 있어서 기준이 되는 것은 인구수가 아니라 실제의 노동력이었다. 노동에 따른 분배를 강조하고 있다. 분배의 균등화, 분배의 동질화를 추구하는 것이 결코 아니라는 점이다. 노동일수가 많고 노동의 질이 높은 사람은 그만큼 많은 분배를 받도록 되어 있다.[14] 전제개혁은

14. 다산의 정전제론에서는 3가지 원칙이 확인된다. 첫째, 농업노동이 가능한 자에게만 토지를 부여하며 노동생산성이 높을수록 비옥한 토지를 경작하도록 함으로써 생산량을 극대화하도록 했다. 둘째, 전투력이 있는 자에게만 전지를 분배하여 농업노동의 극대화와 군사력의 극대화를 동시에 기한다. 셋째, 농민의 조세 부담을 경감하기 위해 1/9세로 한다. 이와 유사하게 여전론에서는 여장이 기록한 노동일수에 따른 수확물의 분배를 구상하여 농업노동의 극대화를 꾀했고, 생산과 분배를 관장하는 여장의 지위 하에 군사가 되도록 함으로써 안정적 군사조직의 확보를 추구했으며, 공전에 대한 공동 경작을 통해 조법이 세를 대신하도록 했다.

농민이 열심히 노동하여 많은 수확을 거둘 수 있도록 하는 데 중점이 두어졌던 것이다.

다산이 추구했던 균산은 각각의 능력에 따른 균등한 생산기회의 부여라는 의미로 이해된다. 사회복지적 차원의 균등한 생활보장은 아니었다. 능력 있고 뛰어난 사람에 의해 최대의 생산을 도모할 때, 노동력이 부족한 사람들이 혜택을 받고 살아갈 수 있다는 것이다. 상업, 수공업, 어업, 과수업에 뛰어난 재능을 가진 사람은 그러한 직업에 종사해야 한다는 것이다. 그들에게 농사지을 땅을 지급해서는 안 된다는 것이다. 선비에게도 경작지를 지급하지 않는다. 관료에게 부여하는 것은 오직 수조권일 따름이라는 것이다.

아래의 인용문은 다산의 전제개혁의 목적이 어디에 있었는가를 잘 말해주고 있다.

> 전지를 가르는 법은 중점이 전지를 다스리는 데에 있고, 백성의 살림을 마련하는 데에 있지 않는데 누가 식구를 헤아려서 전지를 가른다고 하는가? 부대의 행오와 같이 편성하고, 굳센 병졸을 선발하듯 하여 그 인원의 많고 적음과 그 힘의 강하고 약함을 헤아려서 강한 자는 상등 전지를 얻고 약한 자는 하등 전지를 얻었는데, 누가 식구를 헤아려서 전지를 가른다고 하는가? …. 생각컨대 선왕이 힘을 요량해서 전지를 갈라준 것은 재능을 요량해서 관직을 제수하는 것과 같다. 부모 처자와 봉양할 식구가 많더라도 진실로 재능이 없다면 이 관직을 제수할 수 없으며, 부모 처자와 봉양할 식구가 많더라도 진실로 굳센 힘이 없다면 이 전지를 줄 수 없는 것이다 …. 양육할 식솔의 많고 적음은 선왕의 묻는 바가 아니었다. 적당한 사람을 얻어서 전지를 맡겨 그가 힘을 다해서 농

사하면 곡식 소출이 많아질 것이다. 곡식 소출이 많아지면 백성의 먹을 것이 풍족해지고 백성의 먹을 것이 풍족하면 피폐한 자, 병자, 쇠약한 자, 어린이, 공인, 장사꾼, 우자, 형자, 목자, 포자, 빈자들도 그 중에서 먹을 것을 얻게 된다. 이것이 바로 성인의 뜻이다.[15]

다산의 전제개혁론은 철저하게 왕토사상에 입각해 있었다. 개인의 사적인 토지 소유를 인정하지 않았다.

빈전이나 사적인 소유 토지를 없앤다. 임진왜란과 같이 큰 전쟁이 일어났을 때 임자 없는 전지를 정전으로 구획하여 옛 법을 실시하여 옛 법을 행할 것이고, 임자가 있는 것이라도 그 소유가 천맥에 연하였으면 바로 대의로 깨우쳐서 천 묘나 몇 정을 관에 바치도록 하여 軍田이나 士田으로 만들 것이다. 그리고 그 사람의 공을 기록하여 상으로 벼슬을 준다면 광명뇌락하게 목전에서 이룩될 것이다. 이밖의 여러 논의는 많은 날을 보내고 세월만 끌어 반드시 백 년의 세월을 두고 더욱 거듭 밝힌 다음에라야 혹 한두 가지 부익이 있을 것이고, 요순 같은 임금이 나온다 하더라도 본디부터 변역시킬 수 없을 터인데 그 공이 어찌 성취하겠는가? 가령 뜻과 같이 크게 고르게 되었다 하더라도 이것은 그대로 민전일 뿐이고, 관전은 아닐 것이다. 태아의 자루는 여전히 거꾸로 남의 손에 있으니 장차 무슨 이익이 있겠는가?[16]

15. 정약용, 『경세유표』, 전제 4, 번역본 2, 512-513쪽.
16. 정약용, 『경세유표』, 전제 4, 번역본 2, 532쪽.

3. 국방사상

앞서 살펴보았듯이 다산 정약용은 부국강병을 국가개혁 목표로 삼았다. 부국을 위한 구상은 직역을 재배치하여 농공상의 제 부문에서 최대의 생산을 도모하고, 그에 대한 효율적이며 균형적인 조세를 징수하여 국가재정을 확보하는 것이었다. 그렇다면 강병을 위한 구상은 무엇이었는가? 강병부분은 부국부분에 비해 매우 취약하다. 국방과 관련된 몇 가지 주장을 살펴보면 다음과 같다.

전선에 대해서는 평소에도 사용하도록 해야 전시에도 사용할 수 있다고 했다. 이를 위해 전선을 조운뿐만 아니라 민간화물도 운송하고 판매하도록 허용할 것을 주장했다.[17] 또한 그는 선박의 표준화를 주장하여 선박 제조기술의 축적과 발전을 도모해야 한다고 했다. 그에 의하면 대선 9등, 소선 9등, 편선(조각배) 3등, 나룻배 3등으로 나누어 크기와 규격을 표준화해야 한다는 것이다. 현재에는 선박제조가 개인의 눈대중으로 통일성이 없기 때문에 기술축적과 발전이 불가능한 문제를 지적했다.[18]

다산의 국방사상에서 주목할 것은 『아방강역고』를 저술하여 우리나라 역사상 존재했던 여러 국가들의 강역의 변천을 고찰했는 점이다. 조선 후기 숙종 대 이후 백두산 정계비 문제가 대두되면서 강역에

17. 정약용, 『경세유표』, 「전선사용의」, 번역본 3, 1296-7쪽.
18. 정약용, 『경세유표』, 「총론」, 번역본 3, 1290쪽.

대한 관심이 고조되었고, 이러한 맥락에서 『아방강역고』를 저술했다. 왕권이 미치는 지역적 범위에 대한 관심을 보여주는 것이라고 볼 수 있다. 이러한 강역의식은 지역을 산과 하천을 경계로 12성으로 나누는 구상을 한 것과 관련된 것으로 보인다. 기존의 생활권이나 문화권과는 달리 자연적 경계를 인위적 법적 경계로 삼고, 그것을 토지제도의 개혁을 위한 경계와도 관련시켜 파악하고 있다. 국가의 행정력이 미치는 범위에 대한 사고, 그리고 그 범위를 일률적인 기준 하에 구획한다는 사고는 주권에 대한 인식의 단편을 보여주는 것은 아닐까?

그러나 정약용의 경우, 국방의 중요성을 인식하고 있지만 기본적으로 병농일치제를 지향하고 있다. 그리고 「민보의」를 통해서는 주민 스스로에 의한 향토방위 개념으로 국방 개념을 인식하고 있었다. 부국강병에서 강병의 추구는 상비군 전력의 강화방향이 아니라 비상시, 즉 외침시에 대비한 주민의 향토방위군 성격이 강한 것이었으며, 농민을 토지에 긴박시키고 농민을 행정과 군사조직 체계에 묶어놓음으로써 반란을 미연에 방지한다는 내치용으로서의 성격이 강한 것이 아닌가 한다.

Ⅴ. 맺음말

다산 정약용의 사상은 위정척사파나 개화파 사이에 부분적으로 알려졌다. 그리고 1894년 동학 농민항쟁시에도 일정한 관련성이 언급되고 있다. 보다 구체적인 계승과 발전은 구한말과 일제시대에 이루어졌다. 구한말 개신유학자들은 조선 후기 실학에 대한 재평가와 함께 유교개혁을 주장하고 개화를 주장하였다. 일례로 1908년 강화학파의 학자 난곡 이건방은 어려서부터 다산의 저술을 접했다고 했다. 그는 다산이 "고요한 마음으로 독특한 경지에 이르러서 맹자의 말이라도 따르지 않은 바가 있다"고 하여 이미 성현의 권위에서 탈피했음을 날카롭게 지적했다. 그리고 다산의 『경세유표』를 평하기를, 서양의 몽테스키외의 『법의 정신』과 루소의 『민약론』에 비견할 수 있다고 했다. 서구의 학자들은 사상의 자유를 갖고 있어서 자유롭게 표현되어 실행되었지만, 다산은 시대의 한계로 속마음을 드러나게 표현하지 못한 차이가 있을 뿐이라고 했다. 그러면서 그는 황종희의 『명이대방록』과 유사한 맥락에서 다산의 『경세유표』를 천칙(天則)에 기반한 법 앞에 군주는 물론 만인이 평등하다는 원칙, 즉 구주도 법을 지켜야 한다는 사상을 피력한 것으로 해석했다.[19] 서양 근대 정치사상의 영향을 받으면서 다산의 국가개혁사상은 입헌군주론과 유사한 맥락에서 파악되었다.

그리고 일제시대에는 다산에 대한 구체적인 연구도 이루어졌다. 특히 다산학은 1930년대 조선학 운동의 중심을 이루게 되었다. 이것은 다산에 대한 연구가 한국적 근대의 모습을 찾는 주요한 길임을 암시한다.

1930년대 조선학 운동이 일어났을 때, 다산 서거 100주년 기념으로 다산에 대한 연구붐이 일어났다. 이때 다산에 대한 대표적인 연

19. 이건방, 「방례초본서」(1908). 『경세유표』.

구로는 안재홍과 최익학의 연구가 있다. 안재홍의 연구에서는 그가 당시 대표적인 민족주의 지식인이었으므로 민족주의 관점에서 본 다산의 모습이 확인된다. 최익한의 연구에서는 최익한이 사회주의적 지식인으로 활동하였으므로 사회주의적 사회주의 관점에서 본 다산의 사상을 찾을 수 있다. 이때의 다산 연구는 단순한 학문적 대상을 넘어서서 계승과 발전이라는 현실적 필요성에서 이루어진 것이었다. 따라서 다산학의 활용과 응용이라는 관점에서 조명할 수 있다. 민족주의자 안재홍은 다산의 민권사상과 경제사상에 주목하여 자본주의적 국민주의 지향성을 강조했다. 이에 비해 최익한은 다산의 평등주의에 주목하여, 사회주의적 지향성에 주목하여 한국적 사회주의의 원형으로 보고자 했다. 이러한 점들은 민족운동가들의 신국가건설 구상에서 다산이 일정한 위치를 점하고 있음을 보여준다. 여기에 대한 연구에서 우리는 다산학의 근대적 활용사례를 발견할 수 있다.

다산의 국가개혁사상은 유교경전에 근거를 두고 있고 선왕의 정치를 이상으로 삼고 있었다. 그러면서도 당시에 이단시되었던 부국강병을 목표로 제시했고, 그 실현을 위해 이용감이라는 특별기구 설치와 선진기술 습득을 위한 북학진흥법 제정을 단행할 것을 역설했다. 그리고 국가 구성원들의 직역 배치기준으로서 계량화 가능한 양적 지표들이 제시되었다. 다산의 사상 자체 내에는 당시에는 받아들일 수 없는 요소가 있었고, 그 요소를 그 자신이 잘 알고 있었다. 그러기에 그는 그것을 성현의 권위라는 우산 속에 가려두고 있었다. 그것은 반대편을 설득하거나 반대편의 우위에 설 수 있는 방법이기도 했으며, 유배처분을 받은 자신의 보신책이기도 했다.

유교적 왕조체제의 한계를 깨뜨릴 수 있는 요소는 그의 개혁론의 중심에 위치하고 있는 왕에 대한 인식이다. 모든 개인들의 직역 재배치, 재배치 기준과 그 직역에 대한 평가체계, 그리고 그러한 평가에 의해 선정된 사람들, 각각의 직역에서 최선의 성과를 나타낸 사람들이 국가를 경영하는 것, 이것이 정약용이 설계한 국가 경영방식이었다. 그리고 그는 그러한 작업을 실현할 미래의 군주를 기다린다고 했다. 그것은 그 글을 집필할 당시의 군주가 성왕이 아니라는 뜻과 통하는 것이었다. 제 역할을 하지 못하는 군주를 어떻게 할 것인가? 이 문제에 대해 논한 것이 바로 「탕론」이었다. 모든 직역, 관인들이 자신들에게 주어진 역할을 제대로 수행하지 못할 때 바꿀 수 있는 것과 마찬가지로 왕 또한 바꿀 수 있다는 것이 「탕론」의 주장이었다. 그렇다면 왕정의 효과적인 수행 여부를 구체적으로 누가 어떻게 평가할 것이며 어떻게 내칠 것인가? 이에 대한 대답을 정약용은 제시하지 않았다. 이것은 시대의 한계였다.

그러나 구한말의 개화 지식인들, 그리고 일제 식민지시대 학자들이 정약용을 재평가하면서 시대의 한계를 깨뜨리면서 다산의 사상에서 서양적 근대의 모습을 발견하게 되었다. 이 시기 정약용 연구는 단순히 학술적 연구대상으로만 머물지 않았다. 학술적 연구의 대상으로 파악한 것은 해방 이후의 일이다. 구한말과 일제시대는 민족에 의한 근대국가의 수립이 과제로 설정되었다. 근대적 민족국가 수립을 위한 역사적 연원으로 다산의 국가개혁사상이 주목을 받았다. 다산에 대한 이 시대의 탐구는 자신들의 사상의 정당성을 확립하기 위한 실천적 목적에서 진행되었다. 말하자면 한국적 근대사상의 토착화 작업의 일환으로서 정약용에 대해 연구했던 것이다.

한국 근대사에서 정약용의 사상은 서양적 근대사상도 아니지만 그렇다고 왕조체제의 복원을 추구하는 복고사상도 아니다. 정약용이 구상한 그러한 국가상이 동양 역사상에 실제로 존재했던 적은 없었다. 과거의 왕조국가와의 유사성, 그리고 왕조체제라는 한계 속에서 만들어진 사상이라고 하더라도 그것은 정약용과 제자들, 새로운 국가 건설을 지향하는 집단의 공동소산이었다. 그러기에 정다산의 사후 제자들의 연속적 작업이 이루어졌고, 대한제국 시기 지식인들 사이에 새롭게 읽혀졌던 것이다. 그리고 일제시대 지식인들에 의해 근대적 사상으로 재평가되었다. 그는 『경세유표』를 후대에 계속해서 갈고 닦아야 할 '초본'이라고 했다. 그의 사상은 당대에만 존재했었던 사상이 아니라 그의 사후에도 재해석되어 재창조되고 있는 사상이었다. 그의 국가개혁사상은 근대의 맥락에서 한국적 근대사상의 중요한 요소로 생명력을 갖고 있다고 하겠다.

참고문헌

❖ 강만길 외, 1990, 『다산학의 탐구』, 민음사.

❖ 강만길 외, 1990, 『다산의 정치경제사상』, 창작과 비평사.

❖ 김광진, 1962, 『정다산의 경제사상』, 평양.

❖ 김문식, 1996, 『조선 후기 경학사상 연구』, 일조각.

❖ 김상홍, 1990, 『다산학 연구』, 계명문화사.

❖ 김상홍, 1985, 『다산 정약용 문학연구』, 단대출판부.

❖ 김용섭, 1972, 『한국근대 농업사연구』, 일조각.

❖ 김옥희, 1991, 『한국천주교 사상사 2 : 다산 정약용의 서학사상 연구』, 민음사.

❖ 김태영, 1998, 『실학의 국가개혁론』, 서울대학교 출판부.

❖ 민족문화추진회, 1977, 『국역 경세유표』, 민족문화 추진회.

❖ 송재소, 1986, 『다산시 연구』, 창작사.

❖ 실시학사경학연구회 편역, 1996, 『다산과 문산의 인성논쟁』, 한길사.

❖ 안갑준, 1977, 『목민심서와 공직자의 윤리』, 아세아문화사. 『여유당전서』

❖ 유봉학, 1996, 『연암 일파 북학사상 연구』, 일조각.

❖ 윤사순, 1990, 『정약용』, 고려대학교 출판부.

❖ 이승규, 1931, 『정다산 선생전』, 경성.

❖ 장동희, 1986, 『정약용의 행정사상』,

❖ 정약용, 이익성 역, 1997, 『경세유표』 1-3, 한길사.

❖ 정희숙, 1987, 『정약용의 사회교육사상』, 배영사.

❖ 최익한, 1956, 『실학파와 정다산』, 평양, 국립출판사.

❖ 한우근 외, 1985, 『다산 사상의 전개』, 민음사.

❖ 한우근 외, 1986, 『정다산 연구의 현황』, 민음사.

❖ 홍덕기, 2001, 『다산 정약용의 토지개혁사상』, 전남대학교 출판부.

❖ James Palais, 1996, *Confucian Statecrafts and Korean Instutitions*, University of Washington Press.

❖ 강석화, 1989, 「정약용의 관제개혁안 연구」, 『한국사론』 21.

❖ 강석화, 1991, 「조선 후기 지방제도의 운영과 정약용의 개혁안」, 『한국학보』 65.

❖ 김영수, 1989, 「북한의 다산 연구 시각」, 『동아연구』 19집. 서강대학교.

❖ 김영호, 1975, 「실학사상의 발흥」, 『한국사』 14, 국사편찬위원회.

❖ 김용덕, 1976, 「다산의 상업관 연구」, 『역사학보』 70.

❖ 김용덕, 1977, 「다산의 신분관」, 『한국사상』 15집.

❖ 김용덕, 1977, 「조선 후기의 민권사상 : 다산 정약용의 생애와 사상」, 『광장』 49집.

❖ 김용섭, 1973, 「정약용과 서유구의 농업개혁론」, 『창작과 비평』 8－3.

❖ 김용섭, 1975, 「다산과 풍석의 양전론」 『한국사연구』 11.

❖ 김진훈, 1991, 「실학파의 정치사상에 관한 연구 : 반계 · 성호 · 다산의 전제론을 중심으로」, 『단국대학술논총』 15.

❖ 김태영, 1996, 「한국 중세사에서의 국가체제와 농민」, 『인문학연구』 1(경희대).

❖ 김태준, 1935, 「진정한 정다산 연구의 길」, 《조선일보》 1935. 7. 25.

❖ 김한식, 1986, 「조선조의 지식인상 2 : 정약용, 최한기」, 『민족지성』 제1집.

❖ 박종근, 1963, 「다산 정약용의 토지개혁 사상 고찰」, 『조선학보』 28집.

❖ 박찬승, 1986, 「정약용의 정전제론 고찰」, 『역사학보』 110.

❖ 배병삼, 1993, 「다산 정약용의 정치사상에 관한 연구」, 박사학위논문, 경희대학교.

❖ 배병삼, 1993, 「정다산의 정치에 관한 인식」, 『한국정치학회보』 27－1.

❖ 배병삼, 1995, 「조선시대 사상가들의 정치인식 : 이이 · 정약용 · 최한기를 중심으로」, 『동양고전연구』 4.

❖ 석일균, 1991, 「연암과 다산의 현실 참여 연구 : 실학자로서의 개혁의지」,

『한국외대논문집』 24집 1.

❖ 성대경, 1987, 「다산의 농업개혁론」, 『대동문화연구』 21.

❖ 성대경, 1993, 「다산의 교육개혁론」, 『대동문화연구』 28.

❖ 송준호, 「이조 후기의 무과의 운영실태에 관하여－정다산의 오난설을 중심으로」, 『전북사학』 1집.

❖ 신명호, 1993, 「대학공의를 통해 본 다산의 군주론」, 『한국학대학원논문집』 8.

❖ 신용하, 1983, 「다산 정약용의 여전제 토지개혁 사상」, 『규장각』 7.

❖ 심경호, 1992, 「다산 정약용의 학문연구 태도에 대하여」, 『한국학대학원논문집』 7집.

❖ 안병직, 1984, 「정약용의 상업적 농업관」, 『대동문화연구』 18집.

❖ 안재홍, 1934, 「정다산 선생과 그 생애의 회고 : 조선민의 운명을 반영하는」, 『신동아』 36호.

❖ 안재홍, 1935, 「조선사상에 빛나는 다산 선생의 학과 생애」, 《조선일보》.

제 2 장

화서(華西) 이항로(李恒老)의 도덕국가론

탈근대적 국가상을 위한 비판적 검토

이승연(경북대 퇴계연구소)

Ⅰ. 서언

19세기 조선은 시대적 전환기를 맞이하였다. 주자학적 가치체계가 지배하던 구체제가 붕괴되기 시작했고, 새로운 시대 '근대'가 도래하고 있었다. 이 글에서 다루게 될 화서 이항로(1792-1868)는 주지하는 바와 같이 그 전환기에서 새로운 시대의 도래를 거부했던 위정척사파의 중심 인물이다. 개화사상과 더불어 19세기의 시대정신을 대변하는 그의 사상은 그 시대적 특수성으로 인해 한국사상사 연구의 중요한 영역을 차지하여 왔다. 특히 근년에는 조선의 근대화를 방해한 보수 수구세력이라는 종래의 부정적 평가를 뒤집고 '존화양이'를 표방한 그의 사상을 일종의 반외세 · 반침략의 자주적 민족주의로 규정하기도 한다.[1]

그러나 이항로를 둘러싼 이처럼 상반된 평가와 해석들—조선의 근대화를 방해한 보수 수구세력, 모화적 사대주의, 반외세 · 반침략의 자주적 민족주의 등—을 우리는 어떻게 이해해야 좋을까? 무엇이 사대주의와 민족주의라고 하는 극단적으로 상반된 평가를 가능하게 하는 것일까? 나는 그 중심에 '중화'라고 하는, '근대'의 관점으로는 설명될 수 없는 그들만의 '국가'[2]가 있다고 생각한다.

『춘추』를 근간으로 한 '중화주의'는 원래 유가가 타자로부터 자신을 방어하기 위해 구성한 '대항적' 언설이다. 『춘추』에 표명된 공자의 '존주(尊周)'로부터 맹자의 '벽이단(闢異端)', 그리고 『공양전』의 '양이적(攘夷狄)'으로의 전개는 그것이 그들을 위협하는 새로운 타자에 대항하기 위한 대항적 언설이었음을 보여주고 있다.

17세기 우암 송시열에 의해 재연된 조선의 '중화주의' 역시 청이라는 새로운 적에 대항하기 위해 구성된 대항적 언설이었으며, 우암의 계승자임을 자처한 이항로의 '존화양이' 역시 서양이라는 새로

1. 최근에 출판된 오영섭의 『화서학파의 사상과 민족운동』(1999, 국학연구원), 강대덕의 『화서 이항로의 시대인식』(2001, 신서원), 금장태의 『화서학파의 철학과 시대인식』(2001, 태학사) 등이 그 대표적인 예라 할 수 있다. 이 가운데서도 특히 오영석은 이항로의 민족주의를 근대적 의미의 민족주의와 구분하여 '주자학적 민족주의'라 규정하고 화서학파의 전개과정을 그런 관점에서 포착하고 있다.

2. 국가에 따옴표를 쳐둔 것은 이항로의 국가사상에 있어서 근대적 의미의 국가 개념은 존재하지 않기 때문이다. 실제로 그는 서구 근대 국민국가를 직접 체험하지는 못했다. 조선에 근대적인 의미의 국가 개념이 유입되기 시작하는 것은 그의 사후이기 때문이다. 그런 의미에서 그는 근대와 전근대의 경계지점을 산 인물이었고 그 점이 또한 그의 국가사상에 주목한 이유이기도 하다.

운 적에 대항하기 위해 구성된 대항적 언설이었다. 이 대항적 언설은 한편에서는 '이적'으로서의 타자상을 만들어냈고 다른 한편에서는 '중화'로서의 자기상을 만들어냈다. 실제로 '중화'—그들의 '국가'는 바로 그들의 대항적 언설 속에 존재하였던 것이다. 따라서 이 글에서는 이 대항적 언설로서 존재하는 그의 자기상과 타자상을 통하여 그 국가사상의 한 단면을 밝혀보고자 한다.

미리 밝혀두자면 이항로에게 '국가'는 일종의 도덕적 질서였다. 그 도덕적 질서 속에서 '국가'는 확대된 '가'이기도 했고 축소된 '천하'이기도 했다. 『대학』이 천명한 것처럼 가—국—천하는 동일한 연장선 위에 놓인 동일한 질서였던 것이다. 그리고 그 질서를 보증하는 것은 바로 인간의 도덕성이었다. 이항로가 마지막까지 지키고자 하였던 '중화'는 '가'였으며, '국'이었으며, '천하'였으며, 또 동시에 인간의 도덕성이었다. 『춘추』의 '춘추대의'는 바로 그 도덕적 질서를 수호하기 위한 유가의 대항적 언설이었던 것이다. 따라서 여기서는 시간을 뛰어넘어 전승되어 온 『춘추』의 '춘추대의'를 '대항적' 언설의 수직축으로 설정하고, '가'에서 평천하로 확대되는 『대학』의 정치이념을 수평축으로 설정하여 이 두 축의 교차점에 그의 도덕국가를 설정하였다. 이 도덕국가의 모습을 소묘하는 과정에서 우리는 '이적'으로 묘사된 근대 국민국가의 모습을 발견하게 될 것이다. 논제에서 밝힌 것처럼 이항로의 도덕국가론을 통하여 근대 국민국가의 모순과 한계를 지적하고 그 대안적 국가상을 모색하는 것이 이 글의 목적인 것이다.[3)]

---

3. 서구 근대 국민국가는 표면적으로는 민주주의라고 하는 보편적 이상의 세계적 구현을 표방하면서도 실질적으로는 그들 자국의 특수한 이익을 추구하고

서론의 말미에 이항로가 문인 홍재구에게 남긴 다음 말을 인용하여 두고 싶다.

> 양호(洋胡)가 비록 스스로는 장차 우리를 가르치기 위해 온다고 하지만 필경에는 우리에게 배우게 될 것이다. 그 백성이 인간으로서 지켜야 할 도리가 어찌 이적이라 하여 차이가 있겠는가.[4]

신유년, 1861년의 기록이다. 이때 중화적 질서체제 속에 안주하고 있던 동아시아 3국은 몰락하거나 변절되고 있었다.

Ⅱ. 이항로의 도덕국가론의 기초

이항로는 『화동강목』을 편찬하면서 제자와 함께 다음과 같은 문답을 나누고 있다.

> 선생이 답하여 말하기를 이 한 조관은 실은 대성인 순이 이적이

자 하였다. 여기서 모순과 한계라고 한 것은 이 '보편'과 '특수'의 이중성에서 기인하는 것이며, 여기서 근대 국민국가의 대안적 국가사상이라고 하는 것 또한 이 이중성을 극복하기 위한 대안적 국가사상임을 밝혀둔다.

4. 『華西集』 附錄 권7. 語錄, "在龜錄, '洋胡雖自謂將以教我而來, 然畢竟學於我也. 夫民之秉彝, 豈以夷狄而有間乎."

> 중하를 어지럽히는 것을 미워한 것에서 말미암은 것인데 공자가 춘추에다 기록하였고 주자가 강목에 명시하였으며 …[5]

서언에서 『춘추』의 '춘추대의'는 이적인 타자에 대한 유가의 대항적 언설이라 전제하였다. 먼저 '춘추대의'가 성립되는 역사적 경위를 검토함으로써 서언의 이 전제를 해명하기로 한다.

1. 『춘추』 – 내부와 외부의 형성

먼저 맹자의 다음 언설에 주목하기로 하자. 이것은 『춘추』가 공자의 저작임을 밝힌 최초의 일 절이기도 하다.

> 세상이 쇠퇴하고 도가 희미해져 사악한 학설과 포악한 행실이 또 일어나 신하가 자기 임금을 죽이는 자가 생겨나고 … 공자께서 춘추를 지으시자 난신(亂臣)과 적자(賊子)들이 두려워하였다.[6]

주지한 바와 같이 『춘추』는 노나라 패자들의 역사적 기록이다.

---

5. 『華西雅言』 권10, 尊中華, "先生答書曰, 此一款, 實自大舜惡夷滑夏, 孔子書之春秋, 朱子揭之綱目 …."
6. 『孟子』, 藤文公篇 下, "世衰道微, 邪說暴行, 臣弑其君者有之 … 孔子成春秋而亂臣賊子懼."

그러나 맹자는 위의 언설이 시사하는 바와 같이 『춘추』를 단순한 역사서로 한정시키지 않고 거기에 '존주(尊周)'라고 하는 의리적 해석을 부여하였다. '주왕실'과 '난신적자', 그는 주왕실을 내부에 두고 난신적자를 타자화하였다. 그리고 타자화한 것만으로도 "난신적자들이 두려워하였다"고 하였다. 그의 이 말로부터 우리는 두 가지 사실을 유추해 볼 수 있다. 그 하나는 그가 『춘추』를 난신적자에 대한 '대항적 언설'의 역사서로 보았다는 것이며, 또 하나는 '대항적 언설'이 실제적인 '대항적 힘'을 가진다고 생각했다는 것이다.

그러한 맹자의 춘추관을 계승한 것이 바로 '대일통(大一統)'[7]을 표방한 『공양전』이었다. 다음에는 내부와 외부를 둘러싼 『공양전』의 유명한 언설을 보기로 한다.

> 춘추는 그 나라를 안으로 하고 제하를 밖으로 하며, 제하를 안으로 하고 이적을 밖으로 한다.[8]

『공양전』에는 새로운 타자 이적이 등장한다. 단, 『공양전』은 천하와 이적을 양분하여 상대화함과 동시에 국과 제하를 다시 구분하여 상대적인 영역으로 파악하고 있다.

원래 사국(四國)의 이적을 통합하면서 형성된 천하는 춘추전국시대를 거치면서 해체되어 갔고 진에 이르러서야 마침내 재통일을 이

7. 『公羊傳』, 隱公元年, "元年者何, 君之始年也. … 王者孰謂, 謂文王也, … 何言乎王正月, 大一統也."
8. 成公 15年, "春秋, 內其國而外諸夏, 內諸夏而外夷狄."

룩하게 된다(미조구치 유조, 2001). 이른바 천하의 회복이다. 그러나 '국'의 철저한 통제 위에 이룩된 진시황의 천하통일은 그가 채택한 법치주의적 강압성으로 인해 실패로 끝난다. 진의 뒤를 이어 천하를 통일한 한(漢)은 '국'[9]의 자주성을 인정하면서 천하의 회복을 도모하고자 하였다. '국'을 인정하면서 '국'의 경계를 뛰어넘은 천하 개념이 정립된 것이다. 한대에 성립된 것으로 추정되는 『공양전』에서 '천하'가 '국'과 제하로 구분되어 있는 것은 그 때문일 것이다. 『공양전』은 천하의 내부에 '국'을 인정하면서 그 '국'과 '국' 사이의 동질성을 '예'로서 보증하고자 하였다. 『공양전』이 경전의 참뜻을 무시한 예교주의적 정치론으로 비판받게 된 배후에는 그러한 시대적 배경도 작용하고 있었을 것이다(타케우치 히데오, 1985년). 여기서 또 하나의 언설을 참고하기로 한다. 이것은 사마천의 『사기』로부터 인용한 것이다.

> 춘추는 도의로써 어지러운 세상을 다스리고 이것을 정도로 돌아가게 한다 … 그러므로 나라를 지키는 자는 춘추를 알지 않으면 안 된다. … 무릇 예(禮)의 본지(本旨)에 통하지 못하면 임금이 임금이 되지 못하고 신하가 신하가 되지 못하며, 아비는 아비가 되지 못하고 자식은 자식이 되지 못한다. … 그러므로 춘추는 예의(禮義)의 대종(大宗)인 것이다.[10]

9. 물론 이때의 '국'은 오늘날의 국가와는 구분되는 개념이다.
10. 『史記』, 太史公自序, "春秋以道義, 撥亂世, 反之正, … 故有國子不可以不知春秋 … 夫不通禮義之旨, 至於君不君臣不臣, 父不父子不子 … 故春秋禮義之大宗也."

맹자의 춘추관을 답습하고 있는 이 언설은 『공양전』과 마찬가지로 '예의'라는 개념을 통해 그것을 한층 심화시키고 있다. 『춘추』의 의리는 정명사상의 표출이며, 그 정명사상을 사회적으로 구체화한 것이 바로 '예'이다. '예'는 안으로는 상하질서를 규정하여 왕도정치의 초석이 되고 밖으로는 중화주의를 정당화하는 기반이 된다.

『춘추』가 역사 속에서 새롭게 부상된 것은 송대였다. 송대는 흔히 사학의 극성기로 일컬어진다. 오대라는 혼란기를 청산하고 등장한 송은 오대의 혼란을 바로잡고 이민족에 대한 자왕조의 정통성을 확보하기 위해 『춘추』에 주목하였다. 그 결과 손복(孫復)의 『춘추존왕발미』를 비롯하여 다수의 『춘추』 해설서가 출현하였다. 그러나 주자는 『춘추』에 관한 한 주석서를 남기지 않았다. 그 대신 그는 『자치통감강목』을 편찬하였다. 『춘추좌씨전』이 끝나는 주의 위열왕 23년부터 시작되는 이 책의 구성에서 짐작할 수 있는 것처럼 그는 『춘추』의 이념을 밝히고자 한 것이 아니라, 그 이념을 송이라는 시대 속에 구체화하고자 하였던 것이다. 동시에 그것은 새로운 시대에 새로운 대항적 언설의 역사서가 저술되었음을 의미한다. 그럼 여기서 『춘추』의 이념을 둘러싼 그의 발언을 한 구절 소개하여 두기로 하겠다.

> 춘추의 큰 뜻이라 볼 수 있는 것은 난신을 주살하고 적자를 정벌하며 중국을 안으로 삼고 이적을 밖으로 삼으며 왕을 귀하게 여기고 제후를 천하게 여기는 것이다.[11]

11. 『朱子語類』 권83, 春秋, 綱領, "春秋大旨, 其可見者, 誅亂臣, 伐賊子, 內中國, 外夷狄, 貴王賤伯而已."

『공양전』의 '양이적' 의 언설이 되풀이되고 있음을 확인할 수 있을 것이다. 그러나 '양이적' 을 주장한 『공양전』이 그러하였던 것처럼 주자 또한 보편적 중화주의자였다. 그 또한 이적을 타자화하였지만 그러나 그 이적을 향해 자신의 내부를 열어두었던 것이다. 다음에 그 한 예를 들어두기로 한다.

> 논의가 북로(北虜)에 이르렀을 때였다. (이적은) 처음에는 산속의 호랑이가 들판을 떠돌아다니는 것처럼 아무래도 사람이라 할 수가 없었다. … 대개 처음에 나타났을 때에는 이적이었다 하여도 뜻을 충분히 얻으면 우리들과 아무런 차이도 없다.[12)]
>
> 어떤 사람이 말하였다. '갈왕은 仁政에 힘써서 중원 사람들은 그를 작은 요순이라고 부르고 있습니다.' (선생이) 말하기를 '그는 요순의 도를 행하고 있다. 대요순이 되는 것도 그의 마음먹기에 달려 있다'[13)]

중화를 보증하는 것은 예였다. 누구든 예를 실현하면 중화가 될 수 있었다.

이상에서 살펴본 바와 같이 '존주' 에서 '양이적' 으로 전개된 '춘추대의' 는 타자로부터 그들의 천하를 방어하기 위해 구성된 대항적 언설이었다. 단, 그 대항적 언설은 '무력' 이 아니라 '예' 에 근거하고 있으며, 타자에 대항하면서도 그 내부를 열어두었다는 점에서 다

12. 『朱子語類』 권133, 本朝7, 夷狄, "論及北虜事, 當初起時, 如山林虎豹縱於原野, 豈是人 … 大抵當初出時是夷狄, 及志得意滿, 與我何異."

13. 『朱子語類』 권133, 본조7, 이적, "或者說, 葛王在位, 專行仁政, 中原之人呼他爲小堯舜, 曰, 他能尊行堯舜之道, 要做大堯舜也由他."

른 대항적 언설과 구분될 수 있을 것이다.

끝으로 『춘추』에 관한 이항로의 언설을 살펴보기로 한다.

> 중화를 높이고 이적을 물리치는 것은 천지가 다할 때까지의 大經이다.[14]

난신적자에 대한 대항적 언설로 구성된 공자의 '존주론'은 이항로에 이르러 '존화양이론'으로 재구성되었다. '춘추의리'가 시대를 뛰어넘어 전승되었고 새로운 시대가 요청하는 새로운 대항적 언설로 재구성된 것이다. 이항로는 '존화양이'로 표출된 자신의 대항적 언설의 근거를 공자의 언설에 둠으로써 그 절대성을 보장받았으며, 스스로 이적이었기에 '중화'의 근거가 되는 '예'에 더욱 철저하고자 하였다. 다음에 이항로의 또 하나의 언설을 보기로 하자.

> 북로가 그 호칭을 참람되게 하였지만 우리나라는 의를 지키며 그 덕을 이었다. 그 덕이란 무엇인가? 맹자가 말하기를 측은지심은 인이다 … 또 말하기를 부자에게는 친함이 있어야 한다 … 중하가 이적을 가르치는 까닭과 이적이 중화를 사모하는 까닭에 다른 설명은 없다.[15]

'예'에 근거한 보편적 중화주의가 절정에 이른 것은 조선에 이

14. 『華西雅言』 제30, 1조, "尊中華, 攘夷狄, 窮天地之大經."

15. 『華西集』 권25, 雜著, 四海大統說, "北虜僭號, 我東守義, 以綴其德, 其德何也. 孟子曰, 惻隱之心仁也 … 又曰, 父子有親 … 中夏所以教夷狄, 夷狄所以慕中華者, 無他說也."

르러서였다. 조선은 스스로를 이적이라 자인하면서 '중화'를 받아들였고 또 스스로 중화가 되었다. "문왕도 이적이었다"라는 이항로의 말이 보여주는 것처럼 지형이나 인종을 중심으로 한 배타적 중화주의를 그는 거부하였다. 그는 '예'에 입각한, 즉 도덕적 질서에 바탕을 둔 문화적 중화주의를 고수하였던 것이다. 19세기, 서양이라고 하는 미증유의 강력한 적을 만난 조선은 그 '예'에 더욱 철저함으로써 더욱 강력한 대항적 언설을 구성하고자 하였다. 실제로 그들은 도덕성의 회복을 통한 중화의 회복을 도모한 것이다.

다음에는 『춘추』를 통해 '중화'의 계승자가 된 이항로가 도덕성의 회복을 통해 그 중화를 강화하고자 함을 보게 될 것이다. 내부의 도덕성을 강화하기 위해 요구되었던 것이 바로 『대학』이었다.

2. 『대학』 – 내부의 강화

앞에서 언급했듯이 주자는 『춘추』에 관한 한 어떤 주석서도 남기지 않았다. 실제로 그가 그 첫 장에 새로운 주석을 부여하며 자신의 정치이념으로 승화시킨 것은 『대학』이었다. 그렇다면 주자는 왜 『예기』의 한 편이었던 『대학』에 주목하였던 것일까? 그 대답을 다음 이항로의 언설에서 구해보기로 하자.

> 내가 생각건대 대학일편은 천하 국가의 정치를 말함에 갖추지 않은 것이 없으니 반드시 이것은 성정에 근본을 두고, 성정을 미루니 반

> 드시 이것은 격치에 근본을 둔다. 이것을 버리면 천하의 일은 착수할 곳이 없기 때문이다.[16)]

> 아마 명덕과 신민은 그 이름은 비록 다르다 하더라도 그 이치는 하나일 것이다. 제가 치국은 그 장소는 비록 다르다 하더라도 그 법은 하나일 것이다. 그 이치를 얻고 그 방도를 얻으면 한 몸이라도 작다고 하지 않으며 천하라도 크다고 하지 않고 한 가정이라도 적다고 하지 않으며 억조라도 많다고 하지 않을 것이다.[17)]

『대학』이 정치 이념서로서 부상된 것은 역시 송대였다. 같은 개혁가이면서도 제도의 개혁을 통한 사회개혁을 도모하였던 신법당의 왕안석에 대항하여 인간 내면성의 개혁을 통한 사회개혁을 추구하였던 구법당의 사마광은 수신에 바탕을 둔 정치 이념서로서 『대학』에 주목하였고, 구법당의 계보를 이은 주자는 그것을 더욱 구체화하였다.

"정치는 성정에 근본을 둔다"고 하는 이항로의 위의 언설은 수신을 정치의 요체로 삼았던 주자의 정치이념을 잘 표현한 것이라 할 수 있다. 다음에 또 하나의 언설을 참고하기로 한다. 『대학』이 추구한 국가상을 잘 나타낸 구절이라 할 수 있을 것이다.

16. 『華西集』 권12, 書, 答柳穉程, "愚以爲大學一篇, 說天下國家之政, 無所不備, 而必本之於誠正, 推誠正而必本之於格致, 捨此則天下事更沒着手處故也."

17. 『華西集』 권6, 書, 答李元一, "蓋明德新民, 其名雖殊, 而其理一也, 齊家治國, 其地雖異, 而其揆一也. 得其理得其方, 則一身不爲小, 而天下不爲大, 一家不爲寡, 而億兆不爲衆矣."

화(化)란 사람이 스스로 동화하는 것을 말하며 추(推)는 나로부터 미루어 행하는 것을 말한다. 화에는 원근(遠近), 지속(遲速), 천심(淺深), 후박(厚薄)의 다름이 없을 수 없으며 … 그러므로 집으로부터 나라는 동화를 주로 하며 나라로부터 천하는 추행을 주로 한다. 아마 가라고 하고 국이라고 하는 것은 친소 원근의 순서이며, 천하가 평안하다고 하는 것은 한 사람도 그 은혜를 입음에 균형되지 못하거나 공평하지 못한 곳이 없는 것이다.[18]

'가'와 '국'은 '친소 원근의 순서'라고 하는 이항로의 언설에 표명되어 있는 것처럼 그들에게 있어서 '국가'는 일종의 질서였다. '가'로부터 '천하'에 이르기까지 그것은 동일한 연장선 위에 놓여 있는 동일한 질서였다. 따라서 그들에게 있어서는 수신이 곧 평천하였으며, 평천하는 다시 수신으로 수렴되었다. 이항로의 군주수심론은 그렇게 성립되었다.

'춘추대의'에 의해 중화의 계승자임을 보증받은 조선은 『대학』의 이념을 통해 스스로 중화가 되었다. 이항로가 서양에 대항하기 위해 구성한 대항적 언설 속에는 '춘추대의'에 입각한 배타적 타자상과 더불어 『대학』에 입각한 도덕적 자아상이 존재하고 있다.

다음에는 그의 대항적 국가사상이 구체화된 서양상과 조선상을

18. 『華西集』 권6, 書, 答崔用九, "化是人自動化之謂也, 推是自我推行之謂也, 化則不容無遠近遲速淺深厚薄之異 … 故自家而國, 動化爲主, 自國而天下, 推行爲主, 蓋曰家, 曰國, 親疎遠近之序也, 曰天下平, 則無一人不被其澤而有不均不平之處也."

중심으로 그의 국가사상을 좀더 명확히 하도록 한다.

Ⅲ. 도덕국가론에 기초한 조선상(朝鮮像)과 서양상(西洋像)

먼저 다음 언설을 참고하기로 한다. 여기서 이항로는 조선을 동해라는 좌표 위에, 그리고 타자 서양을 서해라는 좌표 위에 설정한 다음 지형적 대치상태를 가치적 대치상태로 전환시키고 있다. 서양이라고 하는 타자에 대한 그의 언설이 근본적으로 대항적 언설이며, 그 서양과 대극에 존재하는 조선상 역시 타자에 대한 대항적 언설로 구성된 것임을 보여주는 예일 것이다.

> 우리나라는 동해의 극에 가깝고 양국은 서해의 완전한 극이다. … 의리를 주로하고 이익을 주로 하여 풍속이 완전히 다르다. … 그 성미를 물으니 동인은 본래 어질고 선하며 예의를 중시하고 궁실에 안거하지만 서인은 성질이 약삭빠르고 각박하며 풍속이 윤기를 멸시하고 배를 이용한다. 그 기량과 언어는 한과 전혀 통하지 않는다.[19]

---

19. 『華西集』 권24, 雜著, 東西南北說, "我國濱東海之極, 洋國盡西海之極, … 主義主利, 俗尙絶異矣. … 問其性味, 則東人性本仁善, 重禮義, 安居宮室, 西人性多巧刻, 俗蔑倫紀, 利用舟楫, 其技倆言語, 漠不相通."

이항로에게 있어서 서양은 분명히 낯선 타자였을 것이다. “그 본래 종족은 서해 밖에 있는데 수족(水族) 가운데 가장 뛰어난 존재로 사람을 방불하게 한다 … 또 큰 바다에 있으면서 물로 집을 삼고 배로 거처하니 어찌 궁실의 내외가 있으며 어찌 남녀 상하가 있을 수 있겠는가”[20]라는 말에서 짐작할 수 있는 것처럼 그의 대서양 인식에는 이질적인 타자에 대한 무지와 편견이 도사리고 있다. 그러나 그가 유시락(柳始洛)에게 보낸 편지 글에서 “내가 소위 서양이라는 것에 관해 처음에는 그 문(文)을 보지 못하였으므로 … 그것이 스며들어(浸漬) 어지럽게(迷眩) 함을 깨닫지 못하여 낭패가 여기에 이르렀다”[21]라고 개탄하고 있는 것처럼 그의 대서양 언설은 동시에 현실적 체험의 바탕 위에서 형성된 것이었다.

타자 서양과 조선에 대해 남긴 그의 언설들을 중심으로 그의 국가사상을 개괄하여 보기로 한다.

1. 반인륜태로서의 서양

그의 대서양 인식은 제자 김평묵과 유중교가 편찬 간행한 『화서

20. 『華西集』 附錄권2, 語錄, 金平默錄, “其本種在西海之外, 只是水族之最靈, 與人彷佛者 … 且在大洋, 以水爲家, 以舟爲室, 豈有宮室內外, 豈得有男女上下.”

21. 『華西集』 권5, 書, 與柳公始洛文, “愚於所爲西洋, 初不見其文 … 以爲其曆算醫藥器物製造精巧, 非中國所及, 慕嚮欽服, 幷與其說而師之, 此不足說, … 初則疑之惜之, 排回春念, 久而不覺其浸漬迷眩, 狼狽至此耳.”

아언』 권10의 '존중화'와 권12의 '양화(洋禍)', 그리고 병인양요를 즈음하여 고종에게 올린 상소문 「동의금소(同義禁疏)」, 「사동부승지겸진소회소(辭同副承旨兼陳所懷所)」에 집약적으로 표명되어 있으며, 그 밖에도 『화서집』 권25, 잡저(雜著)편에 수록되어 있는 '서양역법여요시역법부동변(西洋曆法與堯時曆法不同辨)' 조나 '지구도변(地球圖辨)' 등은 그의 서양문물에 대한 지식을 추측하게 할 뿐만 아니라, 같은 편의 '벽사록변(闢邪錄辨)'에는 '상제여천주상반변(上帝與天主相反辨)'을 비롯한 천주교 교리를 반박하는 글이 실려 있어 그의 천주교에 대한 인식을 엿보게 한다.

먼저 다음 언설을 보기로 하자.

> 중국의 도가 다 없어지면 이적 금수가 이른다. 북로는 이적이다. 그러므로 말할 수가 있다. 그러나 서양은 금수이다. 그러므로 말할 수가 없다.[22]

「남당집기의(南塘集記疑)」[23]에서 남당이 "天地之間, 有中國, 有夷狄, 有禽獸 … "라고 하여 천하를 중국과 이적, 그리고 금수로 구분한 것은 이적 청의 반인륜성을 비판하기 위한 것일 것이다. 그러나 이항로는 이 도식을 그대로 가져와서 서양을 금수로 규정하였다. 그것은 위의 도식에 따르면 그들의 반인륜성이 이적보다 열등한, 즉 금수

22. 『華西集』 부록권2, 語錄, 金平默2, "中國之道亡, 則夷狄禽獸至, 北虜夷狄也, 猶可言也, 西洋禽獸也不可言也."
23. 『華西集』 권18에 수록.

의 수준과 같다는 의미일 것이다. 그렇다면 이항로는 무엇을 근거로 그들을 반인륜적 금수로 규정하였던 것일까?

> 서양의 학문은 즐겁게 죽는 것은 극치라 하고 통화통색을 당연하게 여긴다. 이것은 이적이라도 달갑게 여기지 않을 것이고 또한 이적이라고 용납할 수 없는 것이다. 무릇 성인이 가르침을 설파하고 법을 세움에 여색을 탐하고 재화를 훔치는 일은 사람을 죽이거나 해치는 것과 같은 것으로 보았다. 그들이 여색을 탐하고 재화를 바탕으로 삼는 것은 비록 인물을 살상하고자 한 것은 아니지만 그 화는 반드시 사람을 해치고 죽이는 데 이를 것이다.[24]

재화를 중시하고 남녀의 자유로운 교제를 긍정하는 것, 즉 욕망의 긍정이었다. 그것은 "비록 사람이 모두 원하는 것이기는 하지만"[25] 그의 말처럼 "이적이라 하더라도 달갑게 여기지 않을 것이며 이적이라 하더라도 차마 용납할 수 없는 일"이었다. 그러므로 그는 그들을 이적과 구분하여 금수라 규정한 것이다.

근대는 개인의 욕망을 긍정하는 개인주의에서 출발했다. 19세기 근대 국민국가가 자국의 이익을 절대화하기 위해 개인의 자유를 제한하기도 하였지만, 그러나 그것은 개인적 단위인가 국가적 단위인가의 차이가 있었을 뿐, 욕망의 추구와 긍정을 전제하고 있다는 점에

24. 『華西集』 권9, 연보. "西洋之學, 以樂死爲極致, 以通貨通色爲當然. 乃夷狄之小不屑爲, 而亦夷狄之所不容者也. 夫聖人說敎立法, 凡奸色盜貨之罪, 與殺人傷人者同科, 彼奸色資貨, 雖非本欲殺傷人物, 而其禍必至於害生戕生."

25. 『華西集』 부록권7, 어록, "貨色雖人之所欲 …."

서는 동일한 구도 속에 놓여 있었다. 동시에 그것은 욕망의 억제를 통한 도덕국가의 실현을 목적으로 삼았던 전통적 조선사회와는 근본적으로 대치되는 것이었다. 이항로가 서양문화를 접하면서 느낀 충격의 가장 근본적인 원인은 바로 거기에 있었을 것이다. 그의 대서양 인식의 기저를 이루는 것은 실제로 그들의 욕망긍정, 즉 그들의 반인륜성에 있었다. 그러나 그가 서양을 금수로 규정한 이유는 단순한 욕망의 긍정 때문만은 아니었다.

> 양이가 우리나라에 잠입하여 사학을 널리 전하는 것은 어찌 다른 목적이 있어서겠는가? 그들의 도당을 우리나라에 심어놓고 내외가 서로 호응하여 우리의 허실을 탐지하여 군대를 이끌고 와서 우리 문화를 더럽히고 우리의 재물을 약탈하며 결국 우리의 모든 것을 차지하여 욕심을 채우려는 의도가 있기 때문이다.[26]

이항로의 천주교관은 유학과의 비교를 통해 천주교의 교리를 비판한 「오유살신성인여서양낙사순욕상반설(吾儒殺身成仁與西洋樂死殉欲相反說)」, 「양인칠극오유팔형상반설(洋人七克吾儒八形相反說)」[27] 등에 잘 나타나 있다. 그는 유학의 '살신성인'을 의(義)를 실현하기 위한 행동/천주교의 '낙사순욕'을 형기의 사욕을 채우기 위한 행동, 또 유학의 '팔형'을 강상과 윤리를 위한 것/천주교의 '칠극'을 화리(貨利)

26. 『華西集』 권3, 疏箚, 辭同義禁疏, "自古異端蛊人心術者, 何限而莫甚於洋敎 … 蓋洋夷之潛入我國, 廣傳邪學者, 豈有他哉, 欲植其黨與表裏相應, 偵我虛實, 率帥入寇, 배穢我衣裳, 奪掠我貨色, 以充谿壑之欲也."

27. 『華西集』 권25, 雜著에 수록.

를 위한 것으로 구별하고 유학=인륜/천주교=사욕추구라는 도식으로 천주교를 비판한다. 그의 천주교 비판 또한 그들의 욕망긍정/반인륜태에 바탕을 둔 것이었다. 위의 인용글에서 짐작할 수 있는 것처럼 천주교에 대한 또 하나의 비판은 그들의 교설이 서구 열강의 침탈 야욕을 은폐하는 수단에 불과하다는 것에 있었다. 비록 이 시기 조선에 대한 열강들의 식민지 쟁탈이 본격화되지는 않았지만, 그들의 통상 요구가 초래할 결과에 대해서 그는 이미 정확한 인식을 갖고 있었다. 그런 의미에서 그는 근대 국민국가의 실체를 통찰하고 있었던 것이다.

그리고 이러한 그의 대서양관은 당시 조선의 많은 사람들이 그 우수성을 인정하였고 그의 표현을 빌리면 '흠복' 하고 있었던 서양의 과학기술조차 부정하게 하였다. 물론 그 기술문명의 우수성을 부정한 것은 아니었다. "그 기량 기계가 오히려 중국인이 미치지 못할 만큼 정교한 데가 있으니 단단하게 자신하여 마침내 그 설로써 천하를 바꾸고자 하였으나 이 또한 생각하지 못한 것이 심한 것이다"[28]라는 말에서 짐작할 수 있는 것처럼 그는 그들의 도덕성이 결여된 기술문명을 거부하였다. 다음에 그 대표적인 예를 한 가지 소개하여 두기로 한다.

> 서양역법이 정밀하지 않은 것은 아니지만 단 대본이 서지 않은 것은 무엇 때문인가? 요순 역법은 오직 하늘의 마음을 공경하고 사람의

28. 『華西集』 권25, 雜著, 用夏變夷說, "又其技倆器械, 反有中國人所不及之巧焉, 則斷斷自信, 遂以其說, 思以易天下, 其亦不思之甚也."

> 윤리를 근본으로 삼았기 때문에 시행하는 명령이 오륜 오상에 관한 법이 아닌 것이 없었고 …[29]

서양의 국가, 과학문명, 학문, 종교를 둘러싼 이항로의 언설은 일관되게 그들의 반인륜성을 규탄하고 있다. 조선=인륜태/서양=반인륜태라는 등식이 성립된 것이다. 뛰어난 기술문명을 앞세워 통상에서 유리한 위치를 점유하고 마침내는 무력으로 조선을 지배하고자 한 근대 국민국가는 그에게 있어서 반인륜태 그 자체였던 것이다. 그리고 더 말할 나위도 없이 그의 이같은 서양상은 도덕국가=조선상을 구축하게 된다.

이상에서 살펴본 바와 같이 이항로는 조선=중화=도덕적 질서/서양=금수=반인륜태라고 하는 도식 속에서 서양을 배타적으로 타자화하였다. 그러나 그 도식은 이질적 타문화를 거부하는 그의 배타적 중화주의에 의해 촉발된 것이 아니라 서양 근대국가가 보여준 침탈행위로부터 촉발된 것이었다. 그의 보편적 중화주의를 배타적 중화주의로 재구성하게 한 것은 근대 국민국가였던 것이다.

그럼 다음에는 서양에 대해 대항적으로 성립된 그의 조선상을 통하여 그의 국가사상을 좀더 구체화하여 보기로 하자.

29.『華西雅言』尊中華30, “西洋曆法, 非不精細詳密, 但大本不立, 何也. 堯舜曆法, 專以敬天之心, 明人之倫爲本, 故所行之令, 無非五倫五常之典 ….”

2. 중화로서의 조선상(朝鮮像)

서양의 침탈을 막을 수 있는 방법을 묻는 제자에게 이항로는 다음과 같이 말했다.

> 이같은 도둑떼를 물리치는 일은 매우 쉽다. 무릇 만리나 떨어진 곳으로부터 온 사람은 스스로 군량을 조달할 수 없으므로 반드시 여기서 식량을 얻을 것이다. … 상하 신민으로 하여금 양물을 원수 보듯이 하고 이미 준비해 두었던 것은 모두 취하여 태우고 찢게 하여 양인이 식량을 얻을 방도를 없게 하면 그들이 어떻게 손을 쓸 수 있겠는가?[30)]
>
> 또, 몸이 다스려지고 집안이 가지런해져서 국가가 도덕적으로 되면 양물은 소용없는 물건이 되므로 교역은 끊기게 된다.[31)]

이른바 '양물금단론(洋物禁斷論)'이다. 서양이 조선에서 추구하는 것은 교역을 통한 이익획득이다. 그들은 이익의 증대를 위해 조선의 욕망을 자극하고 욕망의 자극은 도덕성의 해이를 가져왔다. 이항로는 먼저 이 욕망의 억제를 통해 서양의 침탈에 대항하고자 한 것이

---

30. 『華西集』 부록권4, 金平默錄, "如此之寇禦之甚易, 夫從來萬里遠者, 不能自辨軍糧, 其勢必取食於此矣 … 令上下臣民, 讐視洋物, 已儲者悉取而焚裂之, 以絶洋人取食之路, 則彼何能措手也."
31. 『華西集』 권3, 19, "身修家齊而國正, 則洋物無所用之, 而交易之事絶矣."

다. 그러나 그는 스스로 금수라고 규정하였던 서양에 대해 왜 이처럼 소극적인 대응책을 강구한 것일까? 이 소극적인 대응책은 실은 바로 그의 '중화주의'에 입각한 것이었다.

다음에 그의 중화주의의 구체적인 내용을 보기로 한다. 먼저 다음 언설에 주목하기로 하자.

> 원나라의 정통을 삭제하고 인하여 말하기를 우리나라는 중국의 속국이다. 고려 때부터 차근차근 중국을 높여야 하는 의리를 알게 되어 이에 이적을 바꿔가는 실적이 있었고 아조에 이르러서는 순수하게 되었다. … 즉 옛날에 소위 중국으로 진화되었다는 것이 우리나라와 같은 것이 없었고 중국 천지가 멸망하여 서양 사람이 혼란시키고 있었을 때 조차도 바로 중첩된 음의 밑바닥에서 양의 덕이 회복하는 것과 같으니 …[32)]

이것은 서양/금수에 대항하기 위해 편찬한 일종의 중화역사서 『화동강목』을 둘러싼 이항로의 언설이다. 그는 여기서 중화의 역사를 조선을 중심으로 재구성하였다. 중화의 역사를 조선을 중심으로 재편성한 것에 관해 그는 이렇게 변명하였다.

> 군신의 의리는 역시 본국으로부터 미루어서 천하에 이르러야 한

32. 『華西集』 부록권3, 語錄, 金平默錄, "削其元統, 因謂我東中國之屬國也, 自高麗時, 駸駸然知尊周之義, 有變夷之實, 而至我朝, 則純如也. 則古所謂進於中國者, 莫如我東, 而其在神州陸沈, 西洋昏墊之時, 正如重陰之底, 陽德來復也."

다. 공자는 노나라 사람이다. 그러므로 역사서를 저술할 때 노사에서부터 시작하여 천하의 일에 미치게 하였다. 이것은 지극한 뜻이다. 지금 이 책도 중화정통을 주로 하지만 그것이 근본하는 바가 우리나라라는 것은 감출 수가 없다.[33]

근대 유럽은 서양/동양을 문명/야만으로 이분화하고 문명국 서양을 중심으로 세계사 서술을 기도하였다. 세계사를 유럽을 중심으로 재편성한 것이었다. 그리고 동아시아에서 근대 유럽의 계승자라고 자부하였던 제국 일본은 1930년대 일본을 중심으로 동아시아 역사 서술을 기도하였다. 유럽이 유럽 중심의 세계사를 서술함으로써 세계질서를 유럽 중심으로 재편성하였던 것처럼 제국 일본은 동아시아 역사 서술을 통해 유럽 중심의 세계질서에 대항하고자 하였고, 동아시아 역사를 일본을 중심으로 재편함으로써 동아시아에서 주도권을 장악하고자 하였다(고야스 노부쿠니, 2001).

19세기 유럽을 중심으로 한 유럽문명사 서술, 1930년대 제국 일본의 동아사 연구, 그리고 서양을 금수로 규정하며 중화를 조선을 중심으로 재구성한 이항로의 『화동강목』, 그것은 모두가 거의 같은 시기에 타자와 자기를 이분화하고 그 타자에 대항하기 위해 구성된 역사서라는 점에서는 공통점을 지닌다. 그러나 거기에는 분명히 차이점이 있다. 이항로의 다음 언설을 보기로 하자.

33. 『華西集』 권9, 연보, "君臣之義, 亦由本國而推之以達于天下, 孔子魯人也, 其修史, 必因魯史而及天下之事, 此至義也, 今此書, 雖以中華正統爲主, 而其所本之在吾東, 則不可掩."

> 정자가 말하기를 삭방에 성을 쌓자 험윤의 난이 없어졌으니 융적을 막는 도는 수비를 근본으로 삼아야 하며 공격하고 싸우는 것을 앞세워서는 안 된다.[34)]

유럽 근대국가는 그들 중심의 유럽문명사에 의거하여 타자 동양을 야만국으로 규정하고 동양에 대한 자신들의 식민지 지배를 정당화하였다. 1930년대 제국 일본 또한 그들이 동아문명사의 서술을 통해 구성한 동아공영권의 미명 아래 동아시아에 대한 그들의 식민지 지배를 정당화하였다.

그러나 이항로는 결코 전쟁을 원하지 않았다. 이적이라는 타자에 대항하여 배타적으로 구성된 그들의 중화질서는 이적의 복속을 전제하였지만 그것은 도덕적 복속이었지 힘에 의한 복속은 아니었다. 이항로가 『화동강목』을 통해 추구한 것은 그들에 대한 도덕적 우위였으며, 그들에게 요구한 것 또한 도덕적 질서로의 참여였다. 유럽 근대국가와 그들의 계승자가 되고자 하였던 근대 일본이 결코 선택하지 않았던 것, 그는 도덕국가와 도덕적 질서를 희구하였던 것이다.

또 하나의 언설을 보기로 하자.

> 두 개의 사물이 서로 접하는 것을 제(際)라고 하는데 도리로서 서로 접하면 서로 기쁘고 서로 즐거우며 복이 생기지만 형체로서 서로

34.『華西雅言』 권10, 聖王, “程子曰, 城朔方, 而玁狁之難除, 禦戎狄之道, 守備爲本, 不以攻戰爲先也.”

접하면 저촉되고 방해하여 해가 생긴다.[35)]

이기적 이익추구를 목적으로 하는 근대 국민국가가 구축한 국제질서, 그것은 분쟁과 갈등, 그 이상의 것이 될 수 없다. 중화라고 하는 도덕적 국제질서를 무력으로 깨트린 것은 청이었으며 서구 열강이었다. 이항로가 '춘추대의'로 자신의 대항적 언설을 구성한 것은 '춘추대의'가 표방한 '대일통'의 세계야말로 도덕 위에 성립된 천하였기 때문이었다. 그는 '춘추대의'를 축으로 도덕적 천하를 설정하여 그 도덕적 천하의 주인이 되고자 하였으며, 그 도덕적 천하의 진정한 주인이 되기 위해 『대학』의 이념에 충실하고자 하였다. 『대학』의 이념은 도덕성을 국가의 근간으로 하는 도덕국가의 이념인 것이다. 그것은 다음 언설을 통해 더욱 분명히 확인할 수 있을 것이다.

이용 후생의 순서는 반드시 정덕(正德)을 첫번째로 삼는다.[36)]

선비에 뜻을 둔 사람이나 어진 사람은 능히 국가를 위해 자신의 목숨을 바칠 수 있지만 이것은 공명을 위해서가 아니며 임금과 백성을 위해서도 아니고 도리가 스스로 그러할 따름이다.[37)]

---

35. 『華西集』 권17, 52, "兩物相接, 謂之際, 以道理相接, 則相悅相樂, 而福生焉. 以形體相接, 則相觸相擋, 而害生焉."
36. 『華西集』 권17, 23, "利用厚生之序, 必以正德爲首."
37. 『華西集』 부록권2, 8, "志士仁人, 能爲國家殺身, 此非爲功名也, … 非爲君與民也, 道理自合如此."

그들이 '이용후생'을 부정한 것은 아니었다. 다만 '정덕'에 바탕을 두지 않은 '이용후생'을 반대했을 따름이었다. 그것은 그들이 '부국강병'을 부정했던 것과 같은 논리라고 생각한다. 그들은 도덕적 질서를 지킴으로써 천하를 수호하고자 하였고, 천하를 수호함으로써 자국의 안녕을 보장받고자 하였다. 그것이 이항로가 중화를 수호하고자 한 이유였다.

V. 결어

'춘추대의'는 그 출발점부터 자신을 방어하기 위해 만들어낸 유가의 대항적 언설이다. 대항적 언설은 언제나 그 속에 자기 정당화의 논리와 함께 타자 배척의 논리를 내포한다. 17세기 북벌론을 제기한 우암 송시열과 그의 계승자임을 자처한 이항로의 '춘추대의'는 부언할 필요도 없이 적으로부터 자신을 방어하기 위해 재구성된 대항적 언설이며, 대항적 언설이 언제나 그랬듯이 그 속에 자기 정당화와 타자 배척의 논리를 포함하고 있다.

그러나 1930년대 유럽 근대 국민국가에 대항하기 위해 제국주의 일본이 구상했던 대항적 언설이 '국가 절대주의'를 표방하며 무력에 의한 식민지 지배를 정당화하였던 것과는 달리(고야스, 2001), 『대학』의 정치이념에 충실했던 조선의 위정척사파는 '평천하'에 앞서 '수신'을 역설하였다. '춘추대의'의 기치 아래 서양을 금수로 규정하며 배척했던 이항로는 그러나 그들에게 대항하기 위한 방법으로 '군주수심론'을 제창하였던 것이다. 그것은 서양의 무력에 도덕성으로 대항하고자 한 도덕성의 항쟁이었다. 그런 의미에서 위정척사파의 배타성에 대한 비판은 한편으로 타당하면서도 또 타당하지 못하다. 만약 그 비판이 타당하다고 한다면 그 비판은 서구 근대 국민국가의 우월성을 전제하고 있기 때문이다.

동아시아 사람들은 자신들의 나라를 '국가'라고 부르기 전에 '천하'라고 불렀다. 그 '천하'는 '천'으로부터 도덕성을 보증받은 천자에 의해 지배되는 도덕적 세계였다. 그 도덕적 세계는 '평천하'를 인간의 도덕성으로 수렴시킨 『대학』의 이념과 교차하면서 승화되어 갔다. '춘추의리'가 역사의 단절을 긍정하는 초시간성 위에 세워진 초(超)수직적 질서라면, 『대학』은 '가'에서 '평천하'로 확대되는 수평적 질서를 이루면서 그 평천하를 다시 인간의 도덕성으로 회귀시킨 초수평적 질서였다. 이 초수평적 · 초수직적 질서 위에 존재하는 구체화된 질서가 바로 '국가'였다. 그리고 그것이 국민과 영토를 초월한, 도덕적 질서로서의 '그들의' 국가였던 것이다.

다음 이항로의 말을 끝으로 결론을 마무리짓고자 한다.

> 양교는 이단 가운데 가장 아래에 있는 것이니 그러므로 오히려 밝히기 쉽다. 영록이 무슨 뜻인지를 물으니 대답하기를 화색(貨色)은 사람이 원하는 바이지만 만약 그들이 원하는 것처럼 나라 전체에 이것을 통하게 하면 하루 아침에 인류가 화하여 금수가 될 것이다. … 그리고 말하기를 사물은 극에 달하면 반드시 돌아오게 되니 이것은 천리이다. 나는 이로써 우리 도가 다시 밝아질 조짐이라 생각한다.[38]

오늘날 근대 국민국가는 이미 그 한계를 노정하고 있다. 유럽공동체가 보여주고 있는 것처럼 일부에서는 국민국가의 틀을 넘어선 보다 확대된 공동체 건설이 시도되고 있는가 하면, 일부에서는 국민국가의 틀 내에서 지역이나 집단을 중심으로 한 다원화 사회가 추구되기도 한다. 그러나 거기에는 결락된 것이 있다. 시장 경제원리를 축으로 한 유럽공동체는 그것이 더 큰 이익추구를 목적으로 한다는 점에서 근대 국민국가의 연장선 위에 있다. 1930년대 일본이 주장했던 '동아공영권' 건설이 결국 일본의 제국주적 침략을 은폐하기 위한 수단에 불과했던 것처럼 자국의 이익을 목적으로 한 어떤 국가적 행위도 그것이 가져올 수 있는 것은 분쟁뿐이다. 본고에서 이항로의 국가사상을 근대 국민국가의 대안적 국가상으로 제시함은 그 때문이다. 욕망과 이익이 아닌 도덕적 국가상, 도덕적 세계상이야말로 21세기의 가장 필요한 국가상이라고 생각한다.

38.『華西集』 부록, 語錄, 金永祿錄, "洋敎異端中最下者, 故却易明也, 永祿曰何謂也, 曰, 貨色雖人之所欲, 然若如彼之所欲, 擧一國而通之, 則一朝而人類化爲禽獸矣, … 因曰, 物極則必反, 此天理也, 吾以爲吾道復明之兆也."

참고문헌

❖『孟子』.

❖『公羊專』.

❖『史記』.

❖『朱子語類』.

❖『華西集』.

❖ 미조구치 유조(溝口雄三), 丸山松幸, 池田知久, 2001,『中國思想文化事典』, 東京大學出版會.

❖ 사가와 오사무(佐川修), 1983,『春秋學論考』, 東方書店.

❖ 고야스 노부쿠니(子安宣邦), 2001,『日本のオリエンタルズム』, 藤原書店.

❖ 타케우치 히데오(竹內照夫), 김형종 역, 1985년,「춘추와 춘추필법」,『중국의 역사인식(상)』, 창작과 비평사.

❖ 오영섭, 1999,『화서학파의 사상과 민족운동』, 국학연구원.

❖ 강대덕, 2001,『화서 이항로의 시대인식』, 신서원.

❖ 금장태, 2001,『화서학파의 철학과 시대인식』, 태학사.

제 3 장

중화질서 재구축과 문명국가 건설 :
최익현/유인석의 위정척사사상

장현근(용인대)

Ⅰ. 머리말

19세기 말 조선사회는 대외적으로 제국주의 세력에 대항해야 하는 절체절명의 과제를 안고 있었고, 대내적으로 삼정의 문란에서 비롯된 정치부패와 각종 민란 때문에 사회 전체가 밑바닥부터 흔들리고 있었다. 당시 지식인들은 위기의 조선사회를 구하기 위해 다양한 노력을 기울였는데, 크게 세 가지로 요약해 볼 수 있다. 하나는 서양 근대문명의 길을 받아들여 물질적으로 서양식 부국강병을 달성하자는 일종의 서도서기론(西道西器論), 도덕주의적 중화질서를 다시 구축하여 정신적으로 동양식 문명국가를 건설하자는 동도동기론(東道東器論), 정신은 전통적인 길을 지키되 물질적 수단과 방법은 서양의 것을 채용하여 새로운 국가를 수립하자는 동도서기론(東道西器論)이 그

것이다. 화서(華西) 이항로(李恒老)에서 시작된 위 두 번째 흐름을 대표하는 재야 유림 중심의 사상 및 실천운동을 위정척사론(衛正斥邪論) 또는 위정척사운동이라 부른다.

화서의 제자인 경주 최(崔)씨 익현(益鉉, 호는 勉菴)은 명(明) 의종(毅宗) 숭정(崇禎) 206년,[1] 우리 왕조로는 순조대왕 33년, 서양 달력으로는 1833년에 태어났다. 고흥 유(柳)씨 인석(麟錫, 호는 毅菴)은 1842년생이다. 이해는 청(淸)나라가 대영제국의 무력에 굴복하여 남경(南京)조약을 맺은 해이다. 포천 태생의 익현과 춘천 태생의 인석 모두 14세에 가까운 양근(楊根) 벽계(檗溪)에 살던 이항로 문하에 들어가 배웠다. 훌륭한 스승을 따라 위정(衛正)의 삶을 살다 면암은 일본 대마도의 감방에서, 의암은 중국 요녕(遼寧)성에 숨어서 척사(斥邪)의 삶을 마감하였다. 두 분 모두 일흔 네 살이었다.

그로부터 100년 뒤인 지금, 돌이켜 보면 대포와 군함을 앞세운 제국주의 세력이 본국의 자본주의 모순을 해결하려 힘 없는 약소국들을 제멋대로 착취하던 시절이었다. 최익현과 유인석은 바로 그 제국주의 마수가 조선반도에 뻗치기 시작할 무렵 태어나 마침내 국권을 상실한 뒤까지 살다간 지식인들이다. 시대가 말해주듯 바람 앞의 등불 같은 국가와 민족의 앞날을 보고 조선 지식인들의 고뇌는 한없이 깊어갔다. 힘엔 힘으로 맞설 수밖에 없는가? 그냥 문 닫고 우리끼리 살 수는 없는가? 힘만 기를 수 있다면 자존심을 좀 버린 듯 어떠랴, 일본에 좀 기댄들 어떠랴. 아니다. 정신으로 승부해야지 몸으로 승부하

1. 이들은 청(淸)나라를 인정하지 않는다. 명 의종은 1628년 즉위하여 연호를 숭정으로 삼았다.

면 그게 금수지 어디 사람인가. 당시 지식인들 가운데 서양을 배워 힘을 기르자는 전자가 개화파이며, 서양과 만나지 말고 우리끼리 살자는 후자가 위정척사파였다.

위정척사론자는 이 땅의 거의 모든 지식인들과 마찬가지로 유학자였다. 유학자 가운데서도 신으로써 공자님을 모시는 상당히 교조적인 학자들로 보인다. "공자님은 하늘이시니 하늘을 어찌 어길 수 있으리. 백성을 낳고 기르신 만세의 대종사이시도다. 천하를 안정시키는 방법이 어디에 있는지를 내 아나니. 공자님 가르침을 길 삼아 오로지 그 한 길로 돌아가야 하리(孔子其天天可違/生民萬世大宗師/安天下術知何在/敎一爲塗化一歸)."[2] 그리고 그들은 현실보다 이상을, 물질보다 정신을, 폭력보다는 도덕을 추구하는 철저한 주자학자였다. 그래서 현실/물질/폭력의 청(淸)나라를 배격하고 대명(大明)을 숭상한 송시열을 추종하였으며, 소중화(小中華)의 기치를 높이 들어 조선의 정신적 우월성을 자임하였다. 조선 성리학의 성과를 리(理)로 일관되게 정리하여 세상에 리를 구현해야 한다는 리의 정치적 보편성을 강조한 사람들이다. 그리고 몸으로 실천한 사람들이다. 기존의 이기론(理氣論)을 통합했을 뿐만 아니라 사회이념 또는 정치사상으로서 주자학뿐만 아니라 실천덕목으로서 주자학을 몸으로 구현하는 데 일생을 바쳤다는 점에서 화서학파는 조선 성리학의 정점에 올라선 인물들로 여겨진다.

최익현과 유인석은 그 마지막 두 사람이다. 그들은 개화파/서양/일본을 인류 보편적인 리를 거부한 금수로 취급하여 몸으로 저항하다

2. 柳麟錫 저, 金永德 외 역, 1990, 『柳麟錫全集』(一), 黑龍江朝鮮民族出版社, 141쪽 孔子敎.

죽었다. 그들이 세상을 뜨고 일제의 폭압과 미군정, 그리고 오로지 부국강병을 향해 매진한 '근대' 산업화 과정을 거치면서 이제 우리는 전면적인 '개화'에 이르렀다. 위정척사는 반(反)근대적 또는 전근대적 사유로 치부되어 국가발전의 걸림돌로 인식되었다. 그동안 연구가 없었던 것은 아니지만 이렇게 근대에 살고 있고, 개화에 젖어 있는 오늘의 시각으로 다룬 연구가 대부분이었다. 그래서 위정척사파가 시대를 따라가지 못했다느니, 보수적인 체제수호론자라느니, 급변하는 국제정세에 무지한 사람들이었다느니 하는 평가들이 많았다. 반대로 자주적 입장에서 국권을 수호하려는 한국 민족주의의 원형이라느니, 민족주체의식으로 무장한 애국주의자라느니 하는 평가도 그와 같이 현재의 시각을 정당화하려는 시도에 속한다. 이 논문에선 국가건설사상과 관련하여 주권관념, 법치주의, 민권 개념 따위 서양 근대국가 개념을 동원함으로써 생기는 위와 같은 오해를 최대한 피하고 가능하면 최익현과 유인석의 생각에 충실하여 그 시대의 위기인식과 진단, 그리고 그들의 처방에 대해 사상사 내에서의 질문을 해보고자 한다.

위정척사파들은 근본적으로 서양문명을 야만으로 치부하여 철저히 배격하며, 개화파와 같은 근대화론자들의 개념을 결코 받아들이지 않는다. 그들이 구상하는 이상적 중화질서에 의한 도덕주의적 문명국가는 서양(또는 현대) 개념으로서 근대국가(modern state)나 국민국가(nation state)와는 완전히 별개의 것이다. 근대적 개념을 가지고 최익현/유인석을 분석한다는 것은 그들이 반대하는 말을 가지고 그들의 사상을 분석하는 오류를 범하게 된다. 따라서 이 논문에선 최익현/유인석이 상정하는 문명의 의미는 무엇이고 왜 중화주의적 도덕국가를 건설하려 했는지, 그들의 문명국가 건설의 이유가 무엇인지 등을 위정척사론자 자신들의 입을 통해 밝히는 데 초점을 맞추고자 한다.

위정척사파 또는 화서학파에 대한 사학계/철학계의 연구는 상당히 진척되었다고 판단된다. 최익현/유인석의 경우 본인의 문집이 거의 완벽하게 갖추어져 있으며,[3] 적잖은 연구논문과 저술을 통해 근대 한국사상 또는 근대사에서 그들의 주리론(主理論)이 차지하는 위치 및 상소/의병운동을 통한 실천에 대해 상당부분 규명되었다. 최근의 경우만 보더라도 오영섭의 박사논문과 그 확장인 『화서학파의 사상과 민족운동』(국학자료원, 1999)에는 그동안의 역사적 연구성과가 대부분 망라되어 있고, 이상익의 박사논문과 그 확장인 『서구의 충격과 근대 한국사상』(한울아카데미, 1997)에는 그동안의 사상사적 연구성과가 대부분 망라되어 있다. 따라서 여기서는 최익현/유인석이 제기한 문명국가의 이상은 무엇이었는지, 당시 조선 국내질서의 복합적인 변화를 반영하지 않고 있는 그들의 거시적 구상이 어느 정도 수준에서 제기되었는지, 그들이 재구축[4]하려고 한 중화질서는 어떤 모습

3. 면암의 사상은 『勉菴集』(景仁문화사, 1976)과 『국역 면암집』(민족문화추진회, 이정섭 외 공역 1978, 솔출판사 1997년 복간, 이하 『면암집』으로 약칭)에 의암의 사상은 『毅菴集』(景仁문화사, 1973)과 국역본으로는 1984년 서준섭 외 역, 종로서적 출판의 『의암 유인석의 사상 : 宇宙問答』(이하 『우주문답』으로 약칭)에 잘 나타나 있음.

4. 위정척사파 학자들은 정통 유학의 계승자임을 자부했다. 그들은 유가의 전적들을 종교적 성전으로 받아들였으며, 모두 사실로 인식하였다. 따라서 이상적 정치질서의 전형으로 유가경전에 등장하는 요(堯)－순(舜)－우(禹)－탕(湯)－문(文)－무(武)의 시대가 역사상 분명한 사실로 존재하였고, 그것은 최고의 문명국가였으며, 실제로 중화문명이 우주만방에 펼쳐졌었다고 그들은 굳게 믿고 있었다. 물론 후대 중국사에 등장하는 왕조들 또한 유학을 숭상하는 나라들은 그러한 중화문명국가 건설을 열심히 추진한 세력으로 인정하고,

인지를 개화의 입장이 아닌 개화와 대립각을 세운 입장에서 살펴보고자 한다. 선행연구들이 당위적 입장에서 두 사상가의 현대적 의미에 천착한 데 비해, 본 논문에선 그들이 설정한 문제의식의 본질과 그 개념적 함의를 포함한 국가건설 구상의 구체적 내용을 밝히는 데 주안점을 두고 논술하고자 한다.

그렇다고 최익현과 유인석이 완전히 같은 길을 걸으며 같은 생각을 했다는 말은 아니다. 『면암집』과 『의암집』을 보면 금방 알 수 있듯이 두 사람은 성격이 다르다. 삶의 행보가 다르고, 언어규모가 다르다. 최익현은 깐깐한 성격대로 대원군과 고종에게 직설적 비판상소를 올려 유배를 당하고, 돌아와선 또 더 강하게 질타하고 쫓겨가고, 다시 조목조목 따지는 꼼꼼함을 보인다. 유인석은 호방한 성격대로 행동이 크고 말이 세어 의병을 일으켜 쫓겨다니면서도 의(義)를 천하에 빛낸다고 하고 크게 우주에 대해 문답하였다. 택선고집(擇善固執)의 유학자 본의를 잃지 않은 점에서 일치한 두 사람의 정치사상은 면암의 소(疏)와 의암의 『우주문답(宇宙問答)』에 가장 잘 드러나 있다. 이 글에선 그것들을 기본 참고자료로 하면서 면암의 경우 많은 편지글인 서(書)를 통해, 의암의 경우 많은 우국충정의 시(詩)를 통해 보완하고자 한다.

한편으로 필자는 논문의 뒷부분에서 개화에 대한 묵시적 긍정

따라서 역시 세계 최고의 문명을 누리는 나라라고 긍정한다. 이미 문 · 무가 실현했던 최고의 문명국가 건설이 최익현/유인석이 가려는 이상이었고, 정도인 유학을 존숭했던 후대 중국문명도 볼 만한 것이라는 점에서 그들은 중국의 안정과 유교질서의 회복을 온몸으로 기대하였다. 이 논문에서 최익현/유인석이 구상하는 중화문명에 '재구축'이란 말을 사용한 것은 이 때문이다.

은 배제하지만, 근대적 입장에서 화서의 제자 면암과 의암의 생각으로 본인들이 주장한 중화질서와 문명국가에 대해 질문하고자 한다. 그리하여 근대에 사는 우리가 '근대'에 대한 맹목적 긍정을 반성하게 된다거나, 경제우위의 시대에 윤리와 정치의 결합을 생각하게 된다거나, 물질과 자본의 가치보다 정신과 도덕의 가치를 중시하게 된다거나, 학문과 삶을 일치시키려는 노력을 생각하게 된다면 덤으로 얻은 소득이 아닐까 한다. 다시 말해 본 논문은 근대주의자 입장에서 개화적 입장을 견지하며 최익현/유인석의 사상으로부터 근대국가 관념의 일단을 발견하려 시도하지 않고, 오히려 전통유교의 시각에서 위정척사파의 문명관을 살펴본 뒤 그로부터 최익현/유인석이 구축하려 한 중화문명 국가의 모습을 논구하고자 한다.

Ⅱ. 화이(華夷)/왕패(王覇)/정사(正邪)의 뒤틀림

> "천하의 커다란 시비 · 분별이 3가지 있는데, 첫째는 화이(華夷)의 구분이며, 둘째는 왕패(王覇)의 구분이며, 셋째는 정학과 이단의 구분이다."
>
> 이항로

1. 중화(中華)에 대한 이적(夷狄)의 도전

최익현과 유인석은 이항로 학문의 충실한 계승자였다. 이항로는 조선 성리학의 주기론과 주리론 양대 흐름 사이에서 송시열을 주자학의 진정한 계승자로 삼고 존경하면서도 우암의 주기론과는 달리 주리론으로 학문적 체계를 세우며 어느 당파에도 치우치지 않는 독자적 학문세계를 구축하였다. 최익현/유인석의 글 속에도 적잖은 철학적 논의를 발견할 수 있지만, 대체로 화서학설의 철저한 신봉이었지 스승의 길과는 다른 독자적인 논의를 보이지는 않는다.

다만 시대인식과 정치적 행보에선 스승을 추종하면서도 학문과 삶을 동일시한 치열한 행동에선 스승 이항로보다 훨씬 적극적이었다. 최익현은 재야유림의 대표로, 유인석은 의병총대장으로서 정치적 실천의 선봉에 섰다. 최익현/유인석이 이론보다 정치적 실천에 치중한 것은 '개화(開化)' 파의 활동과 깊은 관련이 있어 보인다. 우리가 익히 알고 있듯 1876년 개항에서 1910 한일합방까지 이들이 주로 활동했던 시기의 큰 사건들이 개화파가 일으킨 정치사건과 일정부분 관계가 있음을 보면 알 수 있다. 개화파의 정치활동이 적극적일수록 그들의 반대편에 선 최익현/유인석의 정치주장도 치열해진다. 중화와 자신들을 일체화시킨 경지에 이른 조선말 성리학자들에게 개화는 중화를 버리는 짓인 동시에 그런 자신들의 의식과 실체 자체를 송두리째 부정하는 일로 받아들여질 수밖에 없었다.

따라서 위정척사론자들의 반(反)개화 정치활동은 자신들의 내면화된 중화(中華)의식을 지키려는 데서 출발한 것으로 보여진다. 중국인이 자신들의 우월의식을 보다 넓은 세계로 뻗치려는 적극적 사유가 대중화주의(大中華主義)라면, 중화의 그물망 안에 있으면서 자신이야말로 중화의 본질의식을 갖추고 있다는 소극적 사유가 소중화주의이다. 대중화주의에 함몰되어 알아서 기어들어 갔다면 사대주의이지만, 자신의 독자성을 표방한 것이라면 소중화주의는 사대주의와 무관하다. 일본의 대화주의(大和主義)가 일본의 문화인 것처럼 조선의 소중화는 조선의 문화다.[5] 조선 성리학의 끝단에서 화서학파는 이러한 소중화의식을 완전히 내면화시켜 적극적 중화의식으로 발전시켰다. 그것은 중국이 오랑캐 만주족에게 더럽혀진 지 2백여 년이 흘렀고, "우리나라만이 홀로 중화의 옛 전장(典章)을 보존하여, 의관과 예·악(禮樂)이 거의 삼대의 풍속이 있다"(『면암집 1』, 180)는 강한 자의식에서 성장한 것이다. 따라서 이적들과 더불어 '개화' 운운한다는 것은 세계 유일의 이 문명국가를 야만화시키는 짓이라고 보았다.

> (중화의 인의도덕은) 성인들이 만세의 큰 법으로 세워 만세의 표준을 만든 것입니다. 그러므로 화하(華夏)라고 한 것이니, 화하란 것은 문명이란 뜻으로 곧 그 전장(典章)과 법도가 찬란하게 문명하였음을 말하는 것입니다(『면암집 1』, 178).
>
> (이적들은) 남녀의 분별이 없고 내외(內外)를 구별하지 않으며, 음양의 건순(健順)한 이치에 어둡고 강유(剛柔)와 존비(尊卑)의 차서

5. 장현근, 「문화제국주의와 한국 : 중화주의의 허와 실」(『전통과현대』 1998 · 봄호), 100쪽.

를 방치하여, 또한 금수와 행동이 다름 없고, 거처(居處)함이 거만하고 집들이 기괴하여, 모두 성인들에게 버림받은 자들입니다. 그러므로 이적이라고 하는 것입니다(『면암집 1』, 179).

대지(大地)에 중국(中國)이 있으니 중국은 한가운데 있기 때문에 풍기(風氣)가 일찍 열리고 사람과 나라가 먼저 생기어[居]서 지극히 오래 되었다. 외국(外國)은 변두리에 있기 때문에 풍기가 늦게 열린다. 그래서 나라가 뒤에 이루어지며 오래지 않아 차질이 생긴다. … 중국은 나라가 한가운데에 있어서 그 행하는 바가 상달(上達)인데, 상달이란 도리(道理)에 통달하는 것이다. 외국은 치우쳐 변두리에 있는 나라로서 그 행하는 바가 하달(下達)인데, 하달이란 형기(形氣)를 이루는 것이다. … 중국은 천지가 처음 열릴 때부터 문명을 이룸이 오래되었다(『우주문답』, 4).

(서양) 저들의 정치가 윤상(倫常)과 덕예(德禮)에서 나왔는가? 일체 이와 반대되므로 애초에 논할 가치도 없다. 그들의 물질이 지극히 정교하다고 하나 기술자들의 말단 기예에 불과하다(『의암집』 권33, 9).

중화주의에 입각한 '이적=서양=일본=금수' 논리는 최익현/유인석의 공통된 인식이다. 이들은 중국이 요 · 순 이하 3대의 제왕과 공자 · 맹자 · 정자 · 주자의 성현에 힘입어 좋은 문화를 계승하여 훌륭한 중화문화의 맥을 이어 오고 있다고 믿었으며(『면암집1』, 114 ; 『우주문답』, 4–5), 이 중화의 맥이 오직 조선에서 계승 · 발전되고 있다고 생각했다. 그러므로 서양과 일본의 도전을 중화의 '맥'을 끊는 일로 받아들였고, 개화파를 이적을 끌어들여 맥을 끊어 민족문화를 말살하려는 자들이라고 이해하였다. 위정척사론자들에게 있어 개화파는 자신들의 의식과 존재를 부정하는 철천지원수일 수밖에 없었다.

최익현/유인석은 '이적'의 직접적 도전과 개화파의 득세에 당하여 정치적 수단을 총동원함으로써 적극적으로 대응해 나갔다. 단 하루를 살더라도 중화를 해치는 것이면 적극적으로 투쟁해 나가겠다는 강한 정신을 보여준다. 최익현은 "기자(箕子)의 옛 강토이며 대명(大明)의 동쪽 울타리로서 태조대왕(太祖大王) 이래 중국 문물(文物)로 이속(夷俗)을 고쳐 예절을 제정하고 아악(雅樂)을 만들어 인륜이 크게 펴던 나라가 하루아침에 노린내 나는 서양으로 들어가고 마는 것"(『면암집 1』, 128−129)이라며 서양을 "노린내 나는" 존재로 보고 있다.

최익현/유인석은 당시 정치적 사회적인 모든 문제, 그리고 나라가 망하게 된 근본 원인은 중화에 대한 이적의 도전과 그것을 부추기는 개화론 때문에 생겨났다고 주장한다.

> 한갓 오랑캐 풍속으로 중화를 변화시키고 사람을 금수로 타락시키는 것으로 능사를 삼으면서 이름하기를 '개화'(開化)라고 하니, 이 개화란 두 글자는 용이하게 남의 나라를 망치고 남의 집안을 넘어뜨리는 것입니다. 혹 '자주'(自主)한다는 이름 아래 나라를 가져다가 왜놈에게 주고서 … 혹은 고유한 의상을 찢어버리고 이적의 것을 따르면서 억지로 문명(文明)이라 하고, 혹은 스스로 부강(富强)을 말하면서 군제(軍制)를 없애고 방어를 팽개쳐 나라 형세를 날로 약화시킵니다(『면암집 1』, 140).
>
> 중국과 조선이 서양의 법을 따르면 (서양의) 옷 입는 까닭과 같

이 되어서 옷을 버리는 것이니, (결국) 옷을 벗고 알몸으로 있는 것과 같다(『우주문답』, 38).

나라가 망하는 것은 개화 후에 일어나는 일이다. 개화를 한다면서 그 하는 바는 국모를 시해하고 군부(君父)를 폐하며 인륜을 무너뜨리고 법률과 기강을 문란케 하고 나라를 팔아 결국은 나라가 망함에 이르렀다. 구법(舊法)을 써서 망하더라도 어찌 개화를 해서 망하는 것보다 심하겠으며 비록 나라가 망하더라도 바르게 하다가 망하고 깨끗하게 하다가 망하는 것이니, 개화를 해서 극악하고 더럽게 망하는 것과는 같지 않을 것이다. 비록 수구인을 탓하지만 국모를 시해하고 군부를 폐하고 나라를 팔아 망하게 한 것은 모두 개화인들이 한 짓이요, 망국을 애통하여 순절하며 의거한 자는 모두 수구인들이다(『우주문답』, 95-96).

2. 왕도(王道)에 대한 패도(覇道)의 도전

정치적으로 최익현/유인석이 그토록 지키려 한 중화의 내용은 왕도였다. 성왕 · 선왕의 도, 즉 왕도를 이 땅에 구현하는 일이야말로 사람으로서 반드시 해야 할 바라는 얘기다. 요 · 순(堯舜)과 삼대(三代)의 창업자인 하우(夏禹), 은탕(殷湯), 주(周)의 문 · 무(文武)왕은 직접 왕도를 실현한 적이 있기 때문에 현실적으로 그 원칙을 되살리는 방향으로 나아가기만 하면 왕도, 즉 이상정치에 다다를 수 있다는 것이 역대 유학자들의 궁극적 목표였다. 또한 이 원칙, 즉 인의도덕의 정치를 공자(孔子)와 맹자(孟子) 등 성인이 잘 설명해 주었기 때문에 그 길을 추적해 따라가기만 하면 왕도에 다다를 수 있다는 것이 그들의 방법론이었다. 최익현/유인석도 마찬가지였다.

> 무릇 도는 하나일 뿐이요, 이른바 학술도 역시 하나일 뿐이다. 옛 성왕(聖王)들이 서로 이어서 천하를 다스릴 때 도로써 배움을 삼고, 배운 바로써 천하를 가르쳤고, 도를 천하에 행하니, 인심(人心)이 바르게 되어 하나가 되고 천하가 스스로 안정되어 다스려졌다. … 대체로 도는 하늘로부터 나왔고, 요순(堯舜) 두 임금이 그것으로써 행하시고 공자와 맹자 두 성인이 그것으로써 가르쳤으며, 정자(程子)와 주자(朱子) 같은 후성(後聖)은 그것을 계승하여 일관(一貫)했다(『우주문답』, 64).

최익현 또한 고종에게 올린 상소의 곳곳에서 "맹자가 말하기를"[6)]을 운운하고 있다. 그들은 적어도 이념적으로 힘에 의한 질서를 추구하는 패도(霸道)를 부정하고 있다. 인의도덕의 구현을 '문명'으로 생각하는 그들에게 힘의 경쟁은 문명의 이상으로 보기 어렵기 때문이다.

> 경쟁하는 것을 문명이라고 한다면, 당우삼대(唐虞三代)의 훌륭

6. 예컨대 『면암집 1』, 204쪽 "맹자가 말하기를, '천하를 얻는 데는 도리가 있으니 백성을 얻으면 곧 천하를 얻게 되는 것이요, 백성을 얻는 데도 도리가 있으니 백성의 마음을 얻는다면 곧 백성을 얻게 된다' 고 하였고" 등이 그렇다.

> 한 정치를 하던 시대는 문명이 아니고, 춘추전국(春秋戰國)의 전쟁하던 시대가 문명이라는 말인가. 또한 「경쟁」과 「문명」은 지극히 상반된 말인데, 그와 같은 말이 어째서 서로 뒤섞여 함께 일어나는지 …(『우주문답』, 34).

따라서 최익현/유인석 위기의식의 일단은 힘의 논리가 통하는 세상에 대하여 왕도를 부르짖으며 왕도는 중화요 패도는 이적이라는 논리로 풀어가야 했다. 그리하여 그 뒤틀림을 막아 유가적 이상국가를 만드는 논리를 펴야 했다. 그런데 재미있는 현상은 두 사람의 저술에 패도와 이적을 연결시키지 않고 있다는 점이다. 오히려 패도를 긍정하는 부분이 많다. "만약 제환공(齊桓公)과 진문공(晉文公) 같은 인군이 있다면"(『면암집 1』, 137/230 등)을 자주 운운하는 것을 보면 알 수 있다. 왕도를 추종하면서도 현실적으로 신의를 강조한 패자들도 받아들이고 있는 셈이다. 이처럼 스승 이항로의 견결한 왕패의 구분과 대조를 이루는 것도 스승을 추종하면서도 능가한 정치적 행보로 보인다.

송·명(宋明) 이학자들에게서 첨예해진 왕패논쟁은 인간세상에서 천리(天理)의 구현이라는 관념의 산물이었다. 춘추대의(春秋大義), 즉 한(漢)대 이래 성인이 된 공자가 『춘추』를 지은 목적을 생각하고 올바른 인의도덕의 국가로 대일통(大一統)을 이루어야 한다는 말 그대로 '대의' 명분이었다. 최익현/유인석도 관념으로서 명분은 물론 스승 이항로와 같이 '왕도'를 추앙한다. 그런데 최익현/유인석은 혼란을 극복하고 현실문제를 해결해 주는 수단으로서 패도를 인정하고 있다. 이는 마치 한(漢)대 이전 원시 유가, 즉 공자/맹자/순자에 공통된 경향이었다.

사실 왕도를 추구하는 것과 패도를 긍정하는 것은 같은 일일 수 있다. 순자(荀子)처럼 왕도를 향해 가는 단계로서 패도를 상정하면 그만이기 때문이다. 공자는 왕도를 으뜸으로 하였지만[7] 그렇다고 패도에는 반대하지도 찬성하지도 않았다. 제환공(齊桓公)의 구합제후(九合諸侯)가 무력에 의하지 않았다는 점에서 인(仁)하다고 관중(管仲)을 칭찬하기도 하고[8](『論語』「憲問」), 관중의 그릇이 작다고 비꼬기도 하기[9](『논어』「八佾」) 때문이다. 맹자는 존왕출패(尊王黜霸)하면서, "힘으로 인을 가장한 것을 패도라 하니 패자는 반드시 큰 나라를 필요로 한다. 덕으로 인을 행하는 것을 왕도라 하니 왕자는 나라가 클 필요가 없다"[10](『맹자』「公孫丑上」)고 주장한다. 강대국의 힘으로 인의를 가장한 도가 패도라는 얘기다. 분명히 왕패를 명료하게 구분한 듯하지만 그에게서도 역시 왕도는 "마음으로 기뻐하고 진심으로 복종하는"[11](『맹자』「공손축상」) 관념으로서 경지를 얘기하고 실제 정치의 측면에서는 제환공의 패업을 찬양하고 있다. 불효자를 죽이고 현인을 존중하고 마음대로 적자를 바꾸지 않는 등 도덕윤리적으로 왕도로 나갈 수 있다고 보았기 때문이다[12](『맹자』「告子」).

7. "天下有道, 則禮樂征伐自天子出; 天下無道, 則禮樂征伐自諸侯出" (『論語』「季氏」)할 때의 중점은 '치도(治道)'의 유무에 달려 있는데, 여기서의 도가 왕도이다.

8. "桓公九合諸侯, 不以兵車, 管仲之力也, 如其仁! 如其仁!" "管仲相桓公, 霸諸侯, 一匡天下, 民到如今受其賜; 微管仲, 吾其被髮左被矣."

9. 管仲之器小哉.

10. "以力假仁者霸, 霸必有大國; 以德行仁者王, 王不待大."

11. 以德服人者, 中心悅而誠服也.

유인석이 “만일 시세를 좇아 반드시 내가 할 바를 버린다면, 공자가 춘추시대에 살면서 어째서 당시에 숭상되던 바를 하지 않으면서 「문왕(文王) · 무왕(武王)의 도가 모두 책(冊) 속에 들어 있다」고 했겠는가. 또 맹자가 전국시대(戰國時代)에 살면서 어째서 당시에 숭상되던 바를 하지 않으면서 「선왕(先王)의 법을 준수하여 잘못이 있는 자는 없었다」고 하였겠는가”[13](『우주문답』, 39)고 긍정하면서도 춘추시대의 패업을 다음과 같이 긍정하고 있음에서도 관념으로서 왕도보다 현실의 패업을 긍정하고 있는 그의 생각을 읽을 수 있다.

> 춘추시대에는 존왕(尊王)의 의(義)를 위하였고 불효(不孝)를 베고 수자(樹子)를 바꾸지 않았으며, 어진 사람을 받들고 노인을 공경하여 천명(天命)을 위하는 일이 있었지, 진초(秦楚)의 무리들과 억지로 협약하지는 않았다. 지금 시대는 오히려 그런 점과는 거리가 머니 서로 비슷하지 않다(『우주문답』, 35).

왕패 구별에 대한 최익현/유인석의 생각은 결국 춘추시대의 패도보다 못한 현실에 대한 질타인 셈이다. 즉 개화파를 주축으로 한 부

12. “五覇桓公爲盛, 葵丘之會諸侯, 東牲載書, 而不歡血, 初命曰 : ‘誅不孝, 無易樹子, 無以妾爲妻.’ 再命曰 : ‘尊賢育才, 以彰其德.’ 三命曰 : ‘敬老慈幼, 無忘賓旅.’ 四命曰 : ‘七無世官, 官事無攝, 取士必得, 無專殺大夫.’ 五命曰 : ‘無曲防, 無渴權, 無有封而不告.’ 曰 : ‘凡我同盟之人, 旣盟之後, 言歸于好.’ 今之諸侯, 皆犯此五禁, 故曰 : 今之諸侯, 五覇之罪人也.”

13. 앞의 공자의 말은 『중용』 20장의 “文武之政, 布在方策”을 “文武之道, 具在方冊”이라고 고쳐서 자기 주장을 하고 있으며, 뒤 맹자 인용은 『맹자』 「이루(離婁)」 상편에 있음.

국강병론, 당시 유행한 경쟁과 힘의 논리를 춘추시대의 패도보다 못한 금수 같은 짓이라고 이야기하려는 목적으로 보인다. 즉 최익현/유인석의 패도에 대한 긍정은 당시 힘으로 문명을 지배한다고 여긴 청(淸)에 대한 반대도 한 이유이겠지만, 보다 분명한 목적은 패도에 기대를 건 것이 아니라 왕도보다 훨씬 뒤떨어진 문명으로서 춘추시대의 패도를 얘기함으로써 왕도라는 진정한 중화문명을 부각시키려는 의도로 보인다.

3. 정학(正學)에 대한 이단(異端)의 도전

조선시대는 학문사 · 정치사상사적으로 유학지배의 역사이다. 정학(正學)의 사학(邪學)에 대한 공격의 학문사이다. 정통과 이단을 구분지어 대결한 역사이다. 유교문화권에서도 가장 열렬하고 치밀한 논쟁의 역사이다. 정통은 항상 공 · 맹 · 정 · 주(孔孟程朱)의 학통이고, 거기서 벗어나면 일률적으로 이단이었다. 조선 초기는 유교(정학=정통) 대 불교(사학=이단)의 논쟁이었고, 조선 중기로 넘어가면서는 육왕학(陸王學) 대 정주학(程朱學), 중기 이후 왜란 · 호란을 겪으며 주전론 · 주화론에서 소중화의식의 확립으로 이어지면서 숭명(崇明)하는 파와 청(淸)의 실재를 인정하는 외교 중시 현실론자들의 대립으로 이어진다. 조선 후기의 소위 벽위론(闢衛論) 또한 이 맥락으로 이해할 수 있다. 특히 19세기에 들어서 서학(西學=천주교) 대 정학(正學=주자학)의 대결, 양이(洋夷)에 대결하는 위정척사,[14] 최익현/유인석으로 넘어가면서 왜이(倭夷)도 양이와 같은 맥락으로 보고 대결구도를 더욱 공고히 하였다.

최익현/유인석은 성리학자이다. 이단인 사학을 배척하고 유교인 정학을 지킨다는 스승 이항로의 뜻을 그대로 이어받았다. 이들은 서양이라는 이질세계가 처음으로 끼어든 역사적 상황 하에서 그들이 중화에 대한 이적이며, 왕도를 모르고 힘의 논리만 앞세운 금수(禽獸)로 보았으므로 당연히 배척해야할 이단이었다. 당연히 그들을 추종하는 개화파에 대립각을 세울 수밖에 없었다.

> 아아, 오직 우리 동방(東邦)이 은(殷) 나라 태사(太師, 箕子를 가리킴) 때부터 이미 동이(東夷)의 옛 풍속을 고쳤고, 본조(本朝)에 이르러 역대 성왕들이 계속해서 나시고 여러 현인들이 번갈아 일어나, 그분들이 한 세상에 모범이 되고 너그러운 도리를 후손들에게 남기신 것이 천리(天理)를 밝히고 인심을 바로잡으며, 정학(正學)을 숭상하고 이단(異端)을 물리치는 것이 아님이 없어 일치(一治)의 수를 당한 것이 천지에 어긋나지 않고 백세에 의혹되지 않아 세상이 없어지도록 잊지 못할 일입니다(『면암집 1』, 114-115).
>
> 학술을 바로잡는 것이 천하를 위하는 지름길이요, 급선무(急先務)이다. … 무릇 공맹(孔孟)과 정주(程朱)에 의해 계승된 도학의 술[道術]이 천지 사이에 바른 것이 되었다. 올바른 스승을 섬겨서 두 종

14. 최창규 외 1978, 『한국민족사상사대계 4 근대편 · 현대편』, 서울 : 형설출판사, 263쪽에서 이원순(「위기의식과 민족사상의 팽배」)도 이와 비슷한 주장을 하면서 개화정신의 등장으로 벽이(闢異)정신이 퇴조하였다고 쓰고 있다.

(宗)이 없게 하고 올바른 학문을 배워 이단사설(異端邪說)이 없게 하는 것이 천하에 있어서 가장 큰 일이다(『우주문답』, 64/67).

'없게 해야 될 이단사설'이 바로 서학=양이=왜이=개화이다. 최익현의 척양(斥洋) · 이단배격사상은 한편으로는 대원군 쇄국정책의 사상적 배경이 되기도 하였으나, 다른 한편으론 '정학'에 입각한 「동부승지를 사직하는 상소」를 통해 대원군을 권좌에서 몰아내기도 하였다. 정학을 숭상한다는 정체성(identity)의 철저한 확인을 통해 최익현이 일약 새야성지의 핵심이 된 것을 보면 '정학과 이단'이 갖는 시대적 역할을 충분히 짐작할 수 있다.[15)]

위정척사론자들이 사사건건 개화파의 일거수일투족을 이단으로 몰아간 것은 바로 이러한 역사적 시대인식의 소산이다. 대원군 대 민비, 위정척사파 대 개화파라는 정치논리, 즉 벽이단(闢異端)에 중심을 두고 당시 상황을 보면 최익현/유인석이 척사(斥邪)의 결과로서 위정(衛正)을 했다고 생각할 수도 있다. 그러나 성리학의 정점에 올라 중화의 정학을 자임한 유학자로서 조선조 정학 대 이단의 투쟁이라는 역사논리, 즉 보편적인 리의 세상에의 구현이 이들 사상의 핵심임을 염두에 두고 보면, 다시 말해 숭정학(崇正學)의 입장에서 보면 최익현/유인석의 정치적 실천 즉 척사는 위정의 결과라고 볼 수 있다.[16)]

15. 최익현의 이 상소는 "당시 대원군의 위세를 두려워하여 폐색되어 있던 언로(言路)를 뚫었다는 점에서 장거(壯擧)였지만, 객관적으로는 대원군의 은퇴를 대신하는 민씨일파의 등장을 허용하는 결과가 되고 말았다" (강재언 1986, 『근대한국사상사연구』, 서울 : 미래사)는 시각도 있다.

16. 척사위정인지 위정척사인지에 대한 논리적 다툼에 대해서는 이상익 1997,

Ⅲ. 중화 문명국가의 건설

"옛날 중국에 본성을 본성답게 하여 덕(德)을 선하게 하지 않은 사람이 한 사람도 없었고, 윤리를 윤리답게 하여 행동을 선하게 하지 않은 사람이 한 사람도 없었다."

유인석

1. 개화는 야만이다

위정척사론자들이 이루고자 하는 치세(治世), 즉 질서가 바로 선 세계는 모든 인간이 선한 본성대로 살아가고, 정치가는 덕을 베풀며, 윤리와 정치가 일체화된 '옛날 중국'이었다. 그 "중국은 천하의 도덕국(道德國)이고 조선은 그 다음가는 나라이다"(『우주문답』, 48). 그런데 서양은 인간의 아름다운 심성에 기초한 도덕국가의 건설보다 물질적인 것을 추구하고, 부국강병을 꾀하며, 강한 병기를 만들어 사람을 많이 죽인다. 진정한 문명국가는 그런 부강을 달성할 수 있으면서도 그것이 진정한 정치가 아니라고 보기 때문에 하지 않는다는 주장이다.

161–162쪽 각주 92)에 상세함.

중국이 힘쓰는 것은 원대한 것이어서 그와 같은 기이한 기술은 힘쓰지 않았을 뿐이다. 성인(聖人)의 신묘한 도리는 훌륭한 것이다. 중국의 재지(才智) 있는 사람이 서양인들처럼 힘쓰고 또 힘쓴다면 어찌 그것을 얻지 못하겠는가. 서양보다 훨씬 능가할 것이다. 우리 조선도 또한 거기에 미치지 못할 바 없다(『우주문답』, 74).

오늘날 서양이 병기에 강하며, 이미 그 예리함을 다하고도 또 예리함을 궁구하여 더 예리하게 할 수 없는데도 더 예리하지 못할까 근심한다. 한 번에 백 사람 천 사람을 죽이고도 오직 사람을 더 잘 죽이지 못할까 근심하니, 그들이 병기를 얻은 이래로 사람을 죽인 숫자는 계산 잘하는 만 사람을 동원하여 헤아린다 해도 다 헤아릴 수 없다. 천지는 만물을 생육(生育)시키는 마음을 갖고 있으며, 우리 인간도 그와 같은 마음을 지녔다. 그런 까닭에 만물을 생육하고 사랑하는 것이 우리 인간의 마음이다(『우주문답』, 75).

개화파가 그토록 신봉하는 서양의 기술, 특히 부국강병을 위한 군사기술이라는 것이 결국은 대량살상무기를 양성하여 '인간의 마음' 을 아프게 하는 것들이니 야만이 아니냐는 주장이다. 위정척사론자들이 '생생불식(生生不息)' 의 역(易)철학을 계승하고 "기술은 신중해야 한다"[17]는 맹자의 견해를 받아들이며 기술의 발달을 문명으로 보지 않고 '원대한' 인간의 도덕적 실천을 문명으로 생각하였다. 개화파 또는 서양이 주장한 문명은 사실 야만이며, '인간의 마음' 을 헤아리는

17. 術不可不愼也(『孟子』「公孫丑上」).

도덕 중심의 중화문명이야말로 진정한 문명이라는 얘기다.

> 사람들이 큰 도의 정대함을 알지 못하고 다만 그 말류(末流)의 폐단만 보다가, 하루아침에 갑자기 신기(新奇)하고 이상한 기술을 보게 되자, 대부분 모두 정신을 빼앗기고 붙좇아 다투어 모여들며, '이는 참으로 요 · 순(堯舜)과 삼왕(三王)의 법보다도 낫다' 하여, 드디어 개화니 문명이니 지목하되 그것이 도리어 어둡고 캄캄한 속으로 들어가는 줄을 알지 못합니다(『면암집 1』, 179).

물론 최익현/유인석은 "도덕만 힘쓰다가 외국이 대포를 가지고 쳐들어오면 어떻게 감당한 것인가. 인도와 같은 나라도 도덕만 힘쓰다가 영국의 식민지가 되고 말았다. 실력을 기르는 일에 힘써야만 한다"(『우주문답』, 76)는 질문을 예상하고 있다. 그리고 이렇게 대답한다.

> 진실로 도덕에 힘쓴다면 어찌 외국을 감당하지 못하겠는가. 도는 결코 현허(玄虛)하고 미망(迷妄)한 것이 아니고, 충실하고 현저한 것으로서 그것을 확립하기만 하면 체(體)가 되고, 시행하면 용(用)이 된다. … 그러니 중국의 4억 상하대소인(上下大小人) 모두로 하여금 이 도로 말미암고 이 덕에서 가지런해져서 힘쓴다면, 변화가 무궁하여 외국의 대포라도 어쩔 수 없을 것이다. 저들은 오직 대포만 있는데 우리가 이를 갖추지 않을 수 있겠는가. 조선의 이천만 인이 일찍이 도덕을 힘쓰지 못함을 한스럽게 여겨 금후로 전보다 훨씬 더 힘써야 할 것이다. 인도는 청정적멸(清淨寂滅)을 힘쓰고, 세상일을 돌아보지 않았으므로 현실적인 아무런 일도 하는 것이 없었던 까닭에 서양의 침략 앞

에 호랑이 밥이 됨을 면치 못했던 것이다. … 도덕을 힘써서 생긴 실력이 온전한 실력인 것이다(『우주문답』, 77).

최익현/유인석의 눈에는 서양의 기술을 배우려는 '개화'야말로 어둡고 캄캄한 굴 속으로 들어가는 야만으로 비쳤다.

> "은혜와 원수를 두 가지 다 망각하고 자식과 도적의 분별없는 것이 원래 개화(開化)하는 본색", "오랑캐 풍속으로 중화를 변화시키고 사람을 금수로 타락시키는 것으로 능사를 삼으면서 이름 하기를 '개화'(開化)라고 하니, 이 개화란 두 글자는 용이하게 남의 나라를 망치고 남의 집안을 넘어뜨리는 것", "개화 이후부터 선왕의 법제를 모두 고치고 한결같이 왜놈의 지휘대로 하여, 중화를 오랑캐가 되게 하고 인류를 금수가 되게 하였으니, 이는 개벽 이래 있지 않던 큰 변란", "소위 개화(開化)라는 것이, 그 법이 어떻게 된 것이기에, 오직 죄가 있어도 형벌하지 않고, 가벼운 죄와 무거운 죄를 같이 벌하니, 그것이 곧 난을 가져오게 되는 길입니다"(순서대로 『면암집 1』, 136/140/148/166).

최익현/유인석이 제기한 개화망국론은 나라가 힘이 없어서 망하는 것이 아니라 궁극적으로는 도덕적으로 타락하여 망한다는 말이다. 『면암집』과 『의암집』에 가장 많이 차지하는 내용 가운데 하나는 개화의 허구성을 지적하려 애쓴 부분이다. 거기엔 농산품과 공산품의 교역이 가져올 민생의 폐해를 지적한 경제적 측면, 평등/자유 · 단발/양장 · 신학교/여학교 · 서양 사회와 법률 · 민주제/공화제/입헌제가 윤리적 타락현상과 혼란을 불러올 것이라는 사회적 정치적 측면, 야만적 풍습이 동양세계 가치질서를 전복시킬 것이며 야소학/천주학 등이 동양인의 성정을 빼앗아 서양인의 성정으로 변화시킬 것이라는 사상적 측면에서 나름대로 평가를 내리고 있다. 구체적인 논거가 없이 주장된 그들의 표준은 항상 중화 문명국가였다.

2. 중화가 문명이다

최익현/유인석은 서양=이적=왜이=개화파를 짐승으로 보고 "그들이 말하는 문명은 백 가지 기술과 천 가지 기교가 극(極)에 이르도록 하는 것으로, 그 궁극적 의도는 맛있는 음식, 사치스러운 옷, 웅장한 집, 강한 병사 등의 일을 도모하는 것에 불과하다"(『우주문답』, 34)고 규정한다. 그렇다면 그들이 생각하는 문명은 어떤 모습인가? 앞에서도 언급했듯이 중화문명이요, 공맹의 사상이요, 도덕국가 건설이다.

> 삼강오상(三綱五常)과 중화(中華)를 높이고 오랑캐를 물리치는 것과 같은 대경대법(大經大法)은 근본이고, 부국강병 하는 일과 기예와 술수는 말엽(末葉)입니다. 근본은 마땅히 중하게 여겨야 하고 말엽을 마땅히 가볍게 여겨야 한다는 것은 동서고금을 통하여 바꿀 수 없는 것입니다(『면암집 2』, 121).
>
> 중국은 옛 성왕(聖王) · 성인(聖人)이 이를 밝혀 상달도리(上達道理)하였고, 지금의 서양은 이를 밝혀 하달형기(下達形氣)하고 있으

> 니, 설혹 인양(仁讓)이 있기는 하지만 어떻게 일만으로 경쟁할 수 있겠는가. 상달도리를 문명이라 하겠는가, 아니면 하달형기를 문명이라 하겠는가. 옛날 중국이 오상(五常) · 오륜(五倫)을 밝혔다는 말은 들었으나 오늘날 서양이 오상 · 오륜을 밝혔다는 말은 들어보지 못하였다. 오상 · 오륜은 사람에게 있는 것이어서 일에 있어서는 그것을 밝힐 수 없다. 오상 · 오륜을 밝히는 것이 문명이겠는가, 오상 · 오륜을 밝히지 않는 것이 문명이겠는가(『우주문답』, 33).

구체적으로 삼강오상을 높이고, 성인을 존중하며, 오륜을 밝히는 일이 문명이다. 따라서 이와 같은 문명을 창조하고 그 도통(道統)을 이어온 중국이야말로 문명국가이다. 지금 중국이 잠시 오랑캐의 발굽아래 눌려 문명의 이상을 잃고 있지만 끝내는 다시 천하의 종주국이 될 것이라는 것을 위정척사론자들은 확신하고 있었다. 왜냐하면 "중화(中華)와 오랑캐의 큰 경계와 사람과 짐승의 큰 한계는 진실로 천지의 상경(常經)이며 고금의 통의(通義)이므로 옮기거나 바꿀 수 없는 것이다. 중화의 중화가 된 까닭은 예의와 문물(文物)이 있기 때문"(『면암집 2』, 220)이다.

최익현/유인석의 중국에 대한 숭상은 곧 문명에 대한 숭상이며, 천도(天道)에 대한 숭상이며, 인문주의에 대한 숭상이며, 도덕과 성인에 대한 숭상이다. 곧 도덕이상주의를 말한다. 중화 문명국가를 회복하여 그에 따르는 것을 정치적 질서[治世]의 이상형태로 생각하고 있다는 말은 일견 관념의 감옥에 갇힌 왕정론자, 심하게 얘기하면 봉건체제를 옹호하려는 고집 센 사대주의 유생으로 들릴 수도 있다. 그러나 인간사회에 천리를 구현하려는 궁극적 삶의 목표를 끝까지 밀어올려 성리학의 정점에 오른 이들에게 이상(혹은 관념)과 삶은 일치되어 있었다. 따라서 "차라리 중화의 것을 지키고 사람 노릇을 하다가 망할지언정 이적의 짓을 하고 금수의 짓을 하면서 살 수 없는 것"(『면암집 1』, 203)이었다.

중화 문명국가 건설에 배치되는 양이=개화파는 그들 관념에 있어서의 적, 즉 문명을 포기하고 야만을 선호하는 사람들이며, 동시에 그들 현실적 삶에 있어서의 적, 즉 힘과 경쟁이라는 금수와 같은 삶을 살려는 사람들이었다. 그러니 "양적(洋賊)들의 짐승 같은 행동으로 사람을 현혹시키는 것을 천지 부모의 앞에서 말한다면 이는 바로 용납되지 못할 적자(賊子)요, 중화 성왕(聖王)의 세상으로 말한다면 이는 곧 반드시 죽여야 할 난신(亂臣)이다"(『면암집 1』, 133). 유가의 전통으로 볼 때 난신적자는 사람이라면 모두 죽여야 할 의무가 있다. 바로 이와 같은 이유 때문에 최익현은 개화파들, 갑신정변 주동자들, 갑오경장 입안자들, 을사오적 등을 죽이라고 고종에게 수십 차례의 상소를 올렸던 것이다. 즉 위정척사론자들에게 척양척왜(斥洋斥倭)와 반(反)개화론은 자신들이 정의한 문명을 지키려는 이상적 · 현실적 노력의 일단이었다. 그들에게 관념의 울타리에 갇힌 보수적 유생이라고 비판한다면 이는 당신들의 문명을 포기하라는 말이다.

3. '도리(道理)'로서 중화와 '형기(形氣)'로서 서양 – 도덕국가론

최익현/유인석의 국가건설사상은 한 마디로 '문명국가 건설론'

이다. 그들 나름으로 상정한 문명은 개화파들이 주장하는 야만적인 서양문명이 아니라 선왕 성인들이 가꾸어 온 중화의 도덕문명이다. 오륜 · 오상이 밝게 빛나는 도덕국가야말로 최고의 문명단계라는 주장이다. 위를 향한 한없는 정신적 추구, 그들의 말로는 상달도리(上達道理)가 중화=중국문명의 특질이며, 이것이 인류가 지향해야 할 문명의 이상이다. 분명히 근대 서양에서 비서구사회를 지칭하며 야만(savage)에 대비되는 말로 쓴 문명(civilized)의 개념과는 다른 의미이다.

> 중국은 세계의 딱 한가운데에 위치한 나라이기 때문에 그 행하는 바가 위로 통달하는[上達] 것인바, 위로 통달한다는 것은 도리(道理)에 통달한다는 것을 의미한다. 중국 이외의 나라는 세계의 변두리에 치우쳐 있기 때문에 그 행하는 바가 아래로 통달하는 것을 의미한다. 위로 통달하는 것은 중국의 장기요, 아래로 통달하는 것은 다른 나라의 장기다(『우주문답』, 4).

유인석이 강조하고자 한 것은 중국이 차지하고 있는 우주에서의 '위치'와 역사 문화적 이치 때문만은 아닌 듯하다. 위로 통달하는 이치, 즉 중화의 도덕국가를 이루었다는 관념적 정치이상으로서 중국 중심의 문명관을 피력한 것으로 보인다. 중국은 '세계의 가운데=모든 것의 가운데=도리의 중심=중화문명=도덕국가'라는 것이다. 동양=중화문명의 이런 상달(上達)에 비해 "외국은 치우쳐 변두리에 있는 나라로서 그 행하는 바가 하달(下達)인데, 하달이란 형기(形氣)를 이루는 것이다. … 중국은 천지가 처음 열릴 때부터 문명을 이룸이 오래되었다"(『우주문답』, 4). 하달의 형기를 지닌 서양이 오히려 상달의 도리를 지닌 동양에 복종하고 배워야 한다는 정문일침이다.

최익현이 철저한 위정척사 입장에서 수없이 고민하고 고쳐 쓰고 바로 잡아 상소를 올려 그의 인생역정을 바꾸어 놓은 장문의 「병인의소(丙寅擬疏)」(고종 3년, 1866년)와 그것의 발전형태로 보이는 7천자가 넘는 무술년 10월의 「재소(再疏)」(光武 2년, 1898년)를 보면 정치 · 경제 · 사회 각종 제도에 대한 구체적 건의를 담고 있는데,[18] 중화가 진짜 문명국가임을 다음과 같이 표현하고 있다.

> 북방은 이미 천지가 처음 생겨나는 위치이며, 음 · 양(陰陽) 두 가지 기운도 또한 먼저 생기는 것입니다. 그러므로 정대(正大)하고 청수(淸秀)한 기운이 모두 여기에 모여 성인이 출생하게 되니, 오제삼왕(五帝三王)과 같은 분들이 이들인데, 곧 지금의 중원(中原) 땅입니다. … (인의예지 등) 이는 모두 성인들이 만세의 큰 법으로 세워 만세의 표준을 만든 것입니다. 그러므로 화하(華夏)라고 한 것이니, 화하란 것은 문명이란 뜻으로 곧 그 전장(典章)과 법도가 찬란하게 문명하였음을 말하는 것입니다. … 이적으로 말하면 이미 천지의 지극히 치우친 곳에 살고 산천과 풍기(風氣) 또한 따라서 고르지 못합니다. … 비록 능히 학문을 하기는 하나, 오로지 기기(氣器)만을 숭상하며 잔인하고 방자하여, 우리 유학(儒學)의 이른바 정일(精一)과 극복(克復)으로 기질(氣質)을 변화시키는 공부가 없으며, 비록 능히 이(理)를 말하나, 일찍이 하늘이 명한 사람의 마음 · 성(性) · 정(情)의 오묘한 데와 인륜의

18. 한 편의 긴 논문으로 12가지의 대책을 건의하고 있는데, 최익현의 정치사상이 압축되어 있다. 『면암집 1』, 158−184쪽 참조.

> 일상생활 중에 늘 행동하는 속에서 구하지 못하며, … 위의나 법도와 귀천과 상하의 분별이 없습니다. 심지어 남녀의 분별이 없고 내외(內外)를 구별하지 않으며, 음양의 건순(健順)한 이치에 어둡고 강유(剛柔)와 존비(尊卑)의 차서를 방치하여, 또한 금수와 행동이 다름없고, 거처(居處)함이 거만하고 집들이 기괴하여, 모두 성인들에게 버림받은 자들입니다. 그러므로 이적이라고 하는 것입니다(『면암집 1』, 177-179).

자신과 같은 "정직한 선비를 선발하여 항시 그 소임을 띠고서 임금의 덕을 보도(輔導)하고, 또한 더욱 성상의 학문을 권면하여 기어코 성취되시도록"(『면암집 1』, 162) 하라는 정치적 요구를 담은 이 글에서 최익현도 진정한 문명국가 건설은 위로 도리에 통달하는 중화임을 강조하고 있다. 고종에게 개화파를 권력에서 몰아내고 성주(成周)의 도덕국가 건설을 위해 유교적 성왕의 덕을 닦으라는 주장은 사실 서양과 '동등한' 가치가 아닌 '높은' 가치로서 중국=동양의 정신문명에 대한 자부심에 기초하고 있다.

진정한 문명, 즉 중화적 도덕국가 건설은 정신적인 동양문명으로만 가능한 것이지 물질적인 서양문명으로는 불가능하다는 것이다. 그렇다면 개화파/서양의 주장은 확실히 낮은 가치를 지향하는 셈이 된다. 실제로 구체적으로 어떤 사상/문화 때문에 동양이 정신에 강하고 서양이 기물에 강한지 두 사람의 논의는 더 전개되지 않지만, 최익현/유인석이 곳곳에서 서양을 인정한 듯한 발언은 사실 대부분이 형기, 즉 물질적 성취뿐이다. 이는 형이상(形而上)과 형이하(形而下) 둘로 나누고 형이상을 보편적이고 우월한 가치로 보는 유인석의 견해에 잘 드러나 있다.

> 무릇 하늘에는 신(神)이 있고 이(理)가 있다. 신이란 것은 기(氣)의 영(靈)이어서 비록 지극히 신묘하여 헤아릴 수는 없으나 그것은 형이하(形而下)이다. 그러나 이(理)라는 것은 성(性)의 참된 것이어서, 지극히 진실하며 바른 것이며 떳떳한 것이니, 즉 형이상(形而上)을 말하는 것이다. 무릇 형이하는 마침내 국한(局限)됨을 면치 못하고, 형이상은 본래 스스로 통(通)함이 있는 것이다. 신으로 말하면 하늘은 인간이 될 수 없고, 인간은 하늘이 될 수 없다. 이와 같이 저들은 인간과 신을 섞어서 하늘을 업신여기어 그르칠 뿐이니 어찌 도라 하겠는가(『우주문답』, 108).

서양의 신 위주의 사고도 사실은 낮은 수준이라는 말이다. 도저히 이민갈 수 없는 신의 세계를 상정한 서양의 기독교적 사유와 열심히 천리(天理)의 구현에 힘쓰면 누구나 성인, 곧 천이 될 수 있다는 동양적 사유는 분명히 다르다. 유인석은 여기에 생각이 미쳤으나 단지 그것 때문에 서양사상이 국한된 낮은 차원이라는 인식은 문제가 있어 보인다. 이런 인식은 사실 위정척사론자들의 기(氣)에 대한 리(理)의 우위라는 사고에서 비롯된 것이다. 『화서아언(華西雅言)』에 집중 논의되고 있는 형이하로서 기에 대한 형이상으로서 리의 우위에 대해[19] 최익현/유인석이 사상적 논의를 전개한 글은 없다. 이들은 정치적 실천을 위해 도리(道理)로서 중화를 강조하며 개화파/서양의 주장이 형기의 낮은 차원임을 부각시키는데 주력하였을 뿐이다.

19. 이상익 1997, 96–100쪽 참조.

Ⅳ. 도덕주의적 실천방안 및 그 한계

> "경솔하게 중화의 것을 고치고 이적의 것 따르기를 즐겨 하신다면, 신은 두렵거니와 황천이 돌보지 않고 조종들이 진노(震怒)하시게 되어, 비록 스스로 면하려고 하셔도 되지 않을 것입니다. 알 수 없습니다마는, 성상께서는 장차 어느 것을 택하시렵니까?"
>
> 최익현

최익현/유인석의 정치에 대한 관심은 도덕국가 건설이었다. 그 처방은 성리학적 가치기준에 입각한 위계질서의 재확립이었다. 중화문명국가를 이 땅에 구현하기 위해 그들이 구상한 이념적 원칙과 실천적 방안들 가운데 대표적인 것들을 열거하면 다음과 같다. 대체로 그들의 처방은 군주통치를 전제한 왕정복고라는 점에서 보수적임에 틀림없다. 물론 현대인들이 정의한 시대개념에 따르면 시대착오일 수 있지만, 그들의 의식의 내면을 파헤쳐 그것이 당시에 얼마나 절실한 갈구였는가를 헤아려 보면 그들의 수구를 시대착오라고만 보기는 어려운 점이 있다. 하지만 적어도 그들의 처방에 대한 다음의 비판적 질문들에 대하여 효과적으로 방어할 수 있을 때 비로소 위정척사론자들의 사상적 한계가 극복되어질 수 있을 것으로 생각된다.

① 최익현이 송시열을 추종하는 이유를 밝힌 다음 구절은 중화문명국가를 건설하려는 그들 처방의 대원칙을 잘 보여준다. "첫째는

중화(中華)를 높이고 이적(夷狄)을 물리치는 것이요, 둘째는 흑수(黑水, 白湖 尹鑴를 말한다)를 공격하고 주자(朱子)를 호위하는 것이요, 셋째는 명교(名敎)를 부식(扶植)하고 도학을 천명한 퇴계(退溪)·율곡(栗谷) 이하 여러 선생을 법받고 추념(追念)해야 하는 일들이다"(『면암집 2』, 263). 그리고 정치적으로 춘추대의(春秋大義)를 밝히는 일이야말로 위정(衛正)이라고 한다. 그런데 그 정(正)이라는 요–순–우–탕–문–무와 공맹(孔孟)이 정의한 선왕의 도가 왜 시공을 초월한 진리인지, 시대적 공간적으로 다른 상황에서 누가 어떻게 왜 그것을 주장하고 지키려는 것인가? 자신들이 정의한 정만이 정이라는 위정척사론자들의 인식은 문제가 있어 보인다. 정을 생래(生來)적인 것으로 볼 경우도 마찬가지다. 주관적 관념에 갇혀 객관적 실체를 놓쳤다는 비판들이 전혀 근거가 없지 않아 보인다. 고치(古治)를 회복하고 사서육경(四書六經)으로 복귀하자는 유인석의 주장(『우주문답』, 17)을 볼 때도 그의 정치(政治)에 대해 정의와 법가에 대한 부정이 외유내법(外儒內法)이란 중국 전통정치의 객관적 특질을 현실성 있게 이해하고 있다고 생각되지 않는다.

② 최익현/유인석이 주로 활동하던 시대는 일본의 국권침탈이 구체화되던 시기라 그들의 행동에 대한 처방은 상당부분 어떻게 일본에 대항할 것인가에 모여져 있다. 정치현실상 일본이 서법(西法, 일본) → 개화(開化)시킴 → 독립(獨立)시킴 → 보호(保護)명분 → 합방(合邦) 강행의 길을 가리라는 것을 최익현/유인석은 정확히 예언하고 있다. 특히 최익현의 「지부척화소(持斧斥和疏)」가 '공교롭게도'[20] 예언한 것인지 인간심성에 대한 깊은 천착과 인간사회 내면질서의 운용에 대한

결론인지 모르겠지만 일본에 대한 강렬한 저항정신과 실천의지를 담고 있다. 일본을 금수=이적으로 본 점은 최익현/유인석이 일치하지만, 대항방법에서 최익현은 상소를 통해 고종을 설득하는 방법에 치중하고 있으며, 그보다 아홉 해 뒤에 태어난 유인석은 의병을 동원해 일본을 직접 공격하는 방법을 택한다. 그런데 일본의 국권침탈에 대항한 행동이라면 그 1차 목표는 국권회복일 텐데, 개화파나 서양 장점의 수용 또한 국권회복을 위한 또 하나의 방법일 수 있다는 점은 왜 인정하지 않는가? 장기적으로 중화문명의 이상국을 세우기 위함이라고 아무리 강조하여도, 예컨대 최익현이 동족끼리 싸울 수 없다는 '순수한' 이유로 전투를 포기해 잡힘으로써 뜻 있는 더 많은 의병동지들을 어처구니없게도 죽음으로 몰아넣는 것처럼 동족–민족–국권 등에 대한 객관적 이해가 있었다고 보기 어렵다.

③ 국권상실 직후 그들의 운동목표는 국왕에 대한 충성인 근왕(勤王)과 전통적 왕정을 회복한다는 복벽(復辟)이었다. 그들에게 무슨 근대적 국가관념이란 있을 수 없었고, 전통적 국가관념을 바꾸려는 의식도 노력도 없었다. 오직 전통 국가관념에 입각하여 그것을 정확히 실현함으로써 난국을 헤쳐나가야 한다고 생각한 사람들이었다. 물론 유인석의 경우 만주로 옮겨가 다른 독립운동 세력들과 합류하면서 민족국가 건설론에 동참하기도 하지만[21] 그가 내린 처방은 근본적으

20. 예컨대 강재언, 1986, 『근대한국사상사연구』(서울 : 미래사) 80–81쪽의 시각이 그렇다.

21. 확실히 1905년 이후 유인석의 행보는 시대에 따른 사상적 변모를 보이고 있는 부분이 있다. 전체적으로는 일관된 위정척사론을 벗어나지 않고 있지만

로 근왕과 복벽을 벗어나지 않는다. 군주, 구체적으로는 고종이 정신을 차리고 성인의 도를 밟아가서 단기적으로는 왜양을 극복하고 장기적으로는 국왕이 도덕적 모범이 되어 나라를 이끌어야 한다고 주장한다. 먼저 근본을 다스려야 한다며 군주의 수신(修身)에 모든 것을 기대한다. 최익현이 고종에게 황제를 칭하지 말고 전하로 써야 한다고 주장한(『국역 면암집』 1, 144) 것도 명분과 실상에 맞는 '폐하(陛下)' 여야 한다는 수신론의 연장으로 보인다. 최익현의 고종에 대한 상소는 고종을 가르치려는 의식으로 가득하다. 유가사상이 근본적으로 성인–군자–유생의 학문 권력체계가 군주–신하–백성으로 이어지는 정치권력체계를 이끌고 지도하여 궁극적으로 성왕이 다스리는 도덕국가 건설에 있음을 고려하면[22] 최익현/유인석이 철저한 유학정신에 입각하고 있음을 알 수 있다. 세월이 가고 많은 사건이 벌어지면서 고종에 대한 최익현의 가르침은 성인이 되라는 충고에서 질타로, 마침내는 폭언까지 하고 끝에는 죽으라고까지 질책한다. 그런데 왕정국가론에 대한 보편적 질문, 즉 국왕이 현명해지기만을 '기대' 하는 수밖에 없는데 현명하지 못할 경우 어떻게 하겠는가? 최익현처럼 통한의 질타를

주권 개념을 갖게 되는 것 같으며 새로운 국권의식을 보인 부분도 있다. 이 점에서 진일보한 측면이 있다고 해석될 수도 있으며, 수단으로서 서양을 수용할 필요성을 제기한 부분도 있다는 점에서 맹목적인 서구문명 비판으로부터 사상적 변모를 보인 것이라고 평가할 수도 있다(『우주문답』 후반부 참조). 이 글의 목적에서 벗어난 부분이므로 여기서는 생략했으나, 다만 이로 인해 유인석이 근대적 주권의식을 가졌다고 주장하거나 민중적 성격을 보였다고 주장하는 것은 좀 과장되었다고 생각한다.

22. 장현근, 「도덕이상주의 : 선진 유가의 내성외왕론」(한국정치사상학회 2002년 9월 연례학술대회 발표문) 참조.

하다가 끝내 아무 기대로 할 수 없는 존재임을 알게 되면 눈물을 머금고 자결할 수밖에 없단 말인가. 확실히 최익현/유인석의 논의에서는 눈앞에 발생하는 어쩔 수 없는 현실문제를 타개할 구체적이고 정치적인 대안을 찾아보기가 쉽지 않다.

④ 개화에도 반대하고 자주에도 반대한다. 개화와 자주를 왜놈들과 연계하려는 술책, 중화를 버리려는 술책으로 본다(『면암집 1』, 140). 그래서 내수(內修)책으로 군주통치 · 관료체제 정비 · 사회경제 혁신을 제시하고, 외양(外攘)책으로 서학금절 · 양물금단(洋物禁斷) · 어양(禦洋) · 척왜(斥倭)를 내세운다. 중국을 버리고 일본과 관계하려는 움직임에 대한 당시의 국론 분열상을 보는 듯하다. 오늘날 아시아를 버리고 미국과 관계하려다 요즘은 또 미국을 버리고 중국과 관계하려는 움직임을 보면 한반도에 사는 우리나라 '자주의식의 양면성'을 보는 듯하다. 그런데 아무리 보아도 개화파들이 강제로 머리를 깎는 등 너희를 잘 살게 만들어 주겠으니 시키는 대로 하라는 행위가 자주로 비치지 않듯, 위정척사론자들이 오직 중화만을 지키려 노력하며 살라는 고집 또한 독선으로 보인다.[23]

23. 1870년대 위정척사론자들에 대하여 자주의식이 강한 민족주의자로 평가하는 시각도 있다. 중화에 대하여 '자주' 함에는 반대하나 서양 및 일본에 대해 주체적 시각을 가졌다는 시각이다. 그 결과 이들에 대한 비판도 다음과 같다 : "배타적인 자주의식만 강조하였기 때문에 그 이후의 역사발전에 역기능적인 역할을 하였다고 평가된다. 그들이 고수하려고 한 세계는 중화 · 소화를 포괄한 중국 중심의 화(華)의 세계였고, 그들이 지키려고 한 사회체제는 구질서에 입각한 봉건체제였으며, 따라서 그들이 그토록 파수(把守)하려고 한 조선의 주체는 근대민족으로서의 한국사회였다고 보기 어렵기 때문이다" (최

⑤ 중화를 지키기 위해 중국정치가 왕정으로 복귀하기를 기대하고(『우주문답』), 조선에서는 맹약을 하여 중화 지키기에 나서야 한다고 주장한다. 최익현의 <노성 궐리사에서 강회할 때 맹서한 조약(魯城闕里祀講會時誓告條約)> (『면암집 2』, 219-223)에 적나라하게 표현되어 있다. 그런데 중화를 반(反)자본주의적 문명의 전형으로 본 점을 아무리 긍정하더라도 '중화' 사상 자체가 주변 국가와의 관계성의 산물로 주의(主義)화한 것이란 점에서 볼 때, 그 내면에 중심부와 주변부의 우열의식이 존재하고 있음을 부인할 수 없다. 따라서 최익현/유인석의 논의가 중심지향의 사유이며, 사대주의적이며, 힘의 논리가 개입된 정치 이데올로기로서 중화주의를 비판적으로 인식하지 못했다는 비판을 면하기 어려울 듯싶다. 그러니 중국이 청(淸)을 물리치고 크게 변동하리라는 예상(『우주문답』, 7)은 맞았지만, 결과는 그들이 그토록 그리워한 주자학적 왕정국가가 아니라 그토록 배척한 공화제 국가였다.

⑥ 만국공법 운운하며 서양의 것을 취하는 듯한 부분이 꽤 많다. 그러나 이는 척왜의 수단으로서 말한 것이지 국제정치에 대한 인식이

창규 외 1978, 『한국민족사상사대계 4 근대편 · 현대편』, 서울 : 형설출판사, 209쪽). 그러나 무엇이 순기능인지 무엇이 근대민족인지 정의하지 않고 오늘의 잣대를 그들에게 들이댄 것이어서 이 비판에 동의할 수는 없지만, 위정척사론자들의 사유세계를 정확히 인지한 바탕 위에서 이루어진 비판이란 점에서 위정척사론자들의 사상에 그런 비판을 부를 소지가 내재하고 있음은 분명하다.

있었다거나 자발적으로 국제질서에 참여하려는 의도는 아니다. 서양의 무기를 쓸 수밖에 없다는 현실을 인정한 논리도 마찬가지이다. "우리 전국의 사민들은 한마음으로 서로 맹세하여, 군기(軍器)와 총포(銃砲)를 제외하고는 일체 저들의 물건을 쓰지 말고, 기계(器械)의 편리한 것이라도 본국 사람이 제조한 것이 아니면 사서 쓰지 말 것"(『면암집 2』, 218)을 건의한 경우가 그렇다. 아예 과학기술 자체를 비판하기도 한다.[24] 그런데 어떤 이유에서든 당시의 모순과 혼란은 상당부분 (서양의) '힘' 앞에 나약한 (조선의) 통치 '이념'이 그 이유 중 하나였다. 따라서 왕정으로의 복귀를 주장하려면 '힘'에 대한 최소한의 해답을 주었어야 했다.

⑦ 나라가 망해가면 뜻있는 유생들은 세 가지 길, 즉 거병(擧兵), 부해거수(浮海去守), 자정(自靖)을 선택해야 한다고 처방한다. 나약한 지식인들에게 의병에 참여하든지 망명하든지 순절 또는 숨든지 적극적인 실천을 보이라는 충고이다. "일제(日帝)의 침략에 조선 정부가 무기력하게 붕괴되는 현실을 목도하자 도학파(道學派)가 보이는 입장으로서, 하나는 의거(義擧)하여 적을 토벌하고 물리치겠다는 거의소청(擧義掃淸)의 입장이고, 하나는 목숨을 끊어 절의(節義)를 지키겠다는 치명수지(致命遂志)의 입장이고, 하나는 해외(海外)로 망명(亡命)하여 전통을 지키겠다는 거지수구(去之守舊)의 입장이고, 하나는 깊은

24. 예컨대 최익현의 시 : "평생에 미운 것은 火輪車/하루에 천리길을 달리고 있네/우리 師友들을 태우고 가니/찢어지는 듯 번개같이 달려 가네/저 기차, 저 기선이여/어찌 저렇듯 어질지 못한가/묻노니 누가 만든 것인가"(『면암집 1』).

산(山) 속으로 들어가 은둔하여 안정하겠다는 입산자정(入山自靖)의 입장이 있다."[25] 이 요약엔 화서학파의 방법이 모두 들어 있다. 특히 유인석의 처변삼사(處變三事), 즉 거의소청 · 거지수구 · 자정은 당시 선비들의 행동에 지대한 영향을 미쳤다. 그런데 도의를 지켜야 한다는 중화질서 수호의지를 가지고 유교의 의리에 합치되는 것만을 정당한 행동으로 본다면 개방적 개혁의식을 갖는 혁신적 입장을 받아들이지 못함으로써 "유인석의 정치사상에서 수구와 혁신의 모순은 그의 하층양반지주 지식인으로서의 계급적 입장과 국난을 당하여 발동한 애국심 사이의 모순을 증명하는 것이라고 할 수 있다"[26]는 비판에서 자유로울 수 없다.

⑧ 서양의 정치제도는 동양의 실정에 맞지 않으니 동양은 정신문명을 높이는 데 모든 역량을 모아야 한다고 주장한다. "갑자기 군주제도를 버리고 민주제도를 실시하게 되면, 첫째 정치 혼란을 불러일으켜 제국주의 열강의 침략을 자초하게 되기 때문이며, 둘째 군주제도로 하여 반드시 전제(專制)하고 민주제도라 하여 반드시 민주하는 것이 아니니, 민주하고 전제하느니 군주하고 민주하는 것이 훨씬 바람직한 결과라 할 것"(『우주문답』, 39)이라고 한다. 서양에서 발달한 제도는 동양의 실정에 맞지 않다는 논리다. 그런데 노쇠한 현대 민주주의를 볼 때 상당히 의미심장한 접근이라고 여겨지기도 하지만, 중국

25. 琴章泰 · 高光稙 공저, 1986, 『儒學近百年』(서울 : 박영사), 7쪽.
26. 朱紅星 외 지음, 김문용/이홍용 옮김, 1996, 『한국철학사상사』(서울 : 예문서원), 492쪽.

은 정신문명에 강하고 서양은 물질문명에 강하다는 이분법의 실체는 무엇인지, 입헌군주정이 무엇인지도 정확하게 모르면서 동양의 정신문명만을 추구하라는 요구는 아무래도 설득력이 약해 보인다. 그토록 존경하던 스승 이항로처럼 보편적 정치원칙으로서 리(理)에 대해 논의하고 거기서 그들의 반개화/척왜양이란 정치실천의 근거들을 찾아내었으면 훨씬 더 설득력을 지녔을 것이다.

V. 맺음말

최익현/유인석을 읽고 있으면 우리 어린 시절, 중국사로 예를 들어가며 공맹(孔孟)의 도리를 이야기해 주시던 하얀 도포에 갓 쓴 할아버지 유생이 생각난다. 어려서부터 『천자문(千字文)』에 『십팔사략(十八史略)』을 배워 모든 마을에서 중국의 역사를 자신의 역사로 자임하던 시대는 그 할아버지 시대로 끝나고 지금은 극히 일부 전통을 지켜가는 유림들만이 남아 있을 뿐이다. 일본 제국주의자들의 야만적 폭력에 의한 '왜' 문화의 유입시기와 미국 제국주의자들의 천박한 재력에 의한 '양' 문화의 유입시기를 지나고도 반세기 이상 우리나라 보통 지식인들이 중화주의의 그림자에 놓여 있었음을 생각하면, 100년 전 최익현/유인석의 시대에 이 땅이 얼마나 중화주의적이었는지 짐작이 가고도 남는다. 장터에서 듣던 판소리 사설, 그 어려운 한문구절과 시시콜콜한 중국사 이야기를 이 땅의 보통사람들이 이해하고 있었음이

경이롭다. 상거지 차림의 이몽룡이 남원군수 변학도의 생일잔치에 남겨놓은 "금준미주천인혈(金樽美酒千人血), 옥반가효만인고(玉盤佳餚萬人膏) ~"는 중국 명(明)나라 때 별로 유명하지도 않는 극작가 구준(邱濬)의 시인데, 조선말 지식인들이 그런 책들까지 섭렵하고 있었다는 것이 신기할 따름이다.

확실히 최익현/유인석의 시대는 오늘의 개념으로 보면 시기적으로 '근대'가 맞다. 그러나 그들이 처한 세상은 '근대'가 아니었다. 척사위정파는 근대에 소위 nation state와 같은 서구식 '근대국가'를 건설하려는 생각도, 의지도, 구상도, 아무 것도 없었다. 그들은 건설을 생각하지 않고 복원을 생각했다. 새로운 세계의 개척을 미워하고 아름다운 과거로의 복귀를 그리워했다. 그들의 아름다운 과거는 중화(中華)문명의 세계였다. 철저한 주자학적 질서가 통하는 세계, 정신은 중국적 자부심으로 가득 찬 세계, 도덕국가, 도덕질서의 회복이 그것이었다. 중화를 내면화하고 도덕문명국가를 보편의식으로 만들어야 한다. 이적(서양, 일본)의 도전은 야만화의 길이다. 개화파 정치는 문명의 부정이자 자기 훼멸이다.

위정척사론자들의 자기 존재의 확인은 문명국가 건설을 위해 건설에 방해되는 개화파를 제거하고, 중국이 살아나길 기대하고, 우리만이라도 중화질서 재구축을 이루자는 것이었다. 죽기 직전 최익현은 이렇게 얘기한다. "국권을 회복하지 못하고 강토를 도로 찾지 못하여 4천 년 화하(華夏)의 정도(正道)가 흙탕에 빠지는 것을 붙들지 못하고, 삼천리강토에 있는 선왕의 백성이 어육이 되는 것을 구하지 못하였으니, 이는 신이 죽어도 눈을 감지 못하는 까닭입니다"(『면암집 1』, 238). 따라서 위정적사론자들로부터 근대국가 관념을 끌어내려 한다거나 근대적 관념과의 언어적 일치라도 주장해야 한다거나 등의 주문은 문제제기 자체가 그들을 부정하고 출발하는 것이어서 그들 사상을 제대로 읽어낼 수도 없으며 해답을 얻을 수도 없다.

최익현/유인석은 구조의 틀 안에서 문제를 해결하려고 생각했다. 그들은 구조를 벗어날 수도 있다는 생각 자체를 아예 하지 못한 사람들이었다. 구조의 틀을 부숨으로써 보다 좋은 '정치'에 도달하거나 만들어갈 수 있다는 생각을 하지 못했다. 그들은 어떤 사람이 훌륭한 '정치가'인가에 대하여 새로운 정의를 시도하지도 않았다. 이미 존재한 군주를 인정하고, 분명히 존재했다고 믿는 삼대의 이상정치로 처방을 내릴 뿐이다. 즉 먼저 해답을 가지고 현상을 분석하는 경우에 속한다. 답을 가지지 않고 연역적으로 고민하여 좋은 정치와 훌륭한 정치가를 구상했다면 당시의 현상을 분석하고 이해하는 데 오히려 더 도움이 되지 않았을까. 주자(朱子)처럼 성인의 말을 따르고 해석하는 데 일생을 바치지 않고 공맹(孔孟)이나 선진제자처럼 무언가 새로운 세계를 구상하고 현상을 타파하려는 노력을 기울였다면 창조가 가능했을는지도 모른다.

최익현/유인석을 읽고 있으면 무엇 때문에 학문하는지, 어떻게 공부해야 하는지를 깊이 생각하게 된다. 그들에게 신문 잡지나 읽고 인용하며 늘 정치적 권위를 꿈꾸는 학문태도는 없었다. 주자학자인 그들은 분명한 세계관을 가지고 있었다. 그들이 말하는 중국은 중화를 뜻한다. 즉 문명의 이상으로서 중화질서를 뜻한다. 현상으로서 중국을 얘기하는 것이 아니라 이념으로서 중화를 이야기하고 있다. 주자학적 질서 속에서 철저한 화이론에 기초하여 학문=인생목표=문명이상=치세를 등치시킨다. 그리고 학문과 사상, 앎과 행동을 일치시켜 실천한다. 성리학을 체화(體化)시켜 정점에 오른 사람들이다. 무수한 최익현의 상소와 모든 것을 포기한 유인석의 의병운동을 보면, 조그만 권력을 쥐고 교묘한 위세를 떨치는 말을 서슴지 않는 얄팍한 학문 태도는 없었다. 그들이 근대를 제대로 인식했는지 못했는지, 근대국가의 관념이 있었는지 없었는지, 보수적인지 진보적인지, 수구반동인지 고집이 센 선비인지 따위 그다지 중요하지도 않는 얘기들은 근대병에 걸린 학자들이, 근대라는 관념에 물씬 젖어 있는 스스로가 과거인들보다 우월하다는 맹목적 인식에 근거하여 내린 단정이다. 중요한 것은 공맹을 통해, 정주를 통해 충분히 그려진 문명의 이상을 최익현/유인석이 어떻게 체화시키고 있는가를 그들의 입장에서 살펴봄으로써 학문과 삶에 대해 실마리를 찾는 일이다.

적어도 우리는 최익현/유인석의 위정척사사상을 통해 그들이 문명에 대하여 내린 도덕주의적 정의가 맹목적 서구 추종의 물질주이적 삶을 살아가는 현대의 우리보다 훨씬 주체적이었음을 확인할 수 있다. 또한 중화문명을 우위에 두고 서양을 야만으로 본 그들의 접근방법이 서양 근대 국민국가의 허구성을 폭로하는 데 큰 도움을 준다는 긍정적 측면도 있다. 동서사상의 융합을 생각하면서 우리는 문명에 대한 동양적인 개념 하나를 갖게 된 것이다.

다만 최익현/유인석의 위정척사사상에 대한 아쉬운 사족 하나를 달면 이렇다. 학문과 삶을 일치시키는 노력은 인식과 주장의 일치에서 찾아질 텐데, 그들은 중화문명의 그늘에 가려 한자를 사용하면서 이념으로서의 중화와 실체로서의 중국을 헛갈린 것이 아니었을까 생각해 본다. 말글이 아니라 한자를 사용하였으니 창조적으로 인식하기가 어려웠을 것이다. 조선 성리학 최대 맹점은 문명으로서 중화의 그늘에 서 있다고 자임하면서 부지불식간에 문명이 아닌 실체로서 중국의 그늘에 서 있음을 말하지 못했을 수 있다는 말이다. 문명의 언어로서 한자를 쓰면서 사실은 실체로서 중국의 글자를 썼다. 그들은 결국 우리말을 통해 자신들의 문명의 이상을 중화의 질서와 합치시키는 노력을 하지 못하고 말았다. 그들에게 민족주의적 전향을 주문하는 것이 아니라, 사고와 언어의 등치를 통해 보다 깊은 사유세계를 드러낼 수 있었으면 후학들이 지금 백 년이 지나고도 자기 개념 하나 정립하지 못한 갈증에서 좀 일찍 벗어날 수 있었지 않았을까 하는 아쉬움이 크다. 오늘날 많은 사람들이 근본경전에 대한 실체에 접근하지 못하고 학문과 삶을 일치시키지 못하는 풍토는 이런 유산과 관련이 깊어 보인다.

같은 이유에서 이 글은 최익현/유인석의 중화적 사유를 드러내는 작품에 치중한 나머지 그들의 입체적 사고를 규명하지 못했고, 그들의 내정개혁안이나 의병활동에 대해서도 구체적인 연계를 설정하지 못한 한계가 있다. 특히 100년 전 지식인들의 친중화(親中華)가 어떻게 100년 후 오늘날 지식인들의 친서학(親西學)으로 관념이 전이되었는지, 그 사이의 부자연스러움, 반지성적 · 권력적 · 폭력적 역사성 등에 대한 보다 적극적인 학문적 규명을 못한 아쉬움도 크다.

참고문헌

❖『十三經注疏』.

❖ 이항로,『華西集』,『華西先生文集』.

❖ 최익현, 1976,『勉菴集』, 서울 : 景仁문화사.

❖ 최익현 저, 김주희 외 역, 1997,『국역 면암집』(1/2/3), 민족문화추진회 편, 서울 : 솔출판사.

❖ 유인석, 1973,『毅菴集』(상/하), 서울 : 景仁문화사.

❖ 유인석 저, 김영덕 외 역, 1990,『柳麟錫全集』(一), 黑龍江朝鮮民族出版社.

❖ 유인석 저, 이애희 외 역, 1984,『毅菴 柳麟錫의 사상 : 宇宙問答』, 서울 : 종로서적.

❖ 서울대 국사학과편, 1982,『한국사상사자료선집』, 서울 : 아세아문화사.

❖ 오영섭, 1999,『화서학파의 사상과 민족운동』, 서울 : 국학자료원.

❖ 이상익, 1997,『서구의 충격과 근대 한국사상』, 서울 : 한울아카데미.

❖ 姜在彦, 1983,『근대한국사상사연구』, 서울 : 미래사.

❖ 박성수 외, 1989,『한국독립전쟁사－남북의 시각－』, 서울 : 삼광출판사.

❖ 김윤환 외, 1985,『독립운동총서－1 : 의병들의 항쟁』, 서울 : 민문고.

❖ 최창규 외, 1978,『한국민족사상사대계 4 근대편 · 현대편』, 서울 : 형설출판사.

❖ 한국역사연구회 지음, 1997,『한국사상사의 과학적 이해를 위해』, 서울 : 청년사.

❖ 琴章泰 · 高光稙 공저, 1986,『儒學近百年』, 서울 : 박영사.

❖ 강대덕, 2001,『華西 李恒老의 時代認識』, 서울 : 신서원.

❖ 강재언, 1986,『근대한국사상사연구』, 서울 : 미래사.

❖ 유한철, 1992,『유인석의 사상과 의병활동』, 천안 : 독립기념관 한국독립운

동사연구소.

❖ 朱紅星 외 지음, 김문용/이홍용 옮김, 1996, 『한국철학사상사』, 서울 : 예문서원.

❖ 최영성, 1997, 『한국유학사상사』, 서울 : 아세아문화사.

❖ 이재석 외, 2002, 『한국정치사상사』, 서울 : 집문당.

❖ F. A. Mekenzie 저, 신복룡 역, 1974, 『대한제국의 비극』, 서울 : 탐구당.

❖ 李元淳, 1975, 「조선후기 실학자의 서학인식」, 『역사교육』 제17집.

❖ 이재석, 1991, 「斥邪衛正論에 關한 硏究」, 한국정신문화연구원 박사학위논문.

제 4 장

동학의 국가건설사상 :

'아국(我國)', 민의형성, 전쟁, 혁명

오문환 (경희대)

Ⅰ. 위기의 인식

동양은 19세기 말 서구의 제국주의와 전쟁을 하면서 근대성의 장으로 진입한다. 서구가 자기 성찰에서 근대성의 길을 찾아 시민권을 확장하고 국가주권을 강화하는 길을 모색한 데 반하여, 동양의 경우에는 외부로부터 강력한 함포로 무장한 제국주의 국가와 만나면서 근대로 진입하게 된다. 동양이 서구의 근대성을 실감나게 체험한 것은 아편전쟁(1840)과 영불연합군의 북경함락(1860)이라고 하는 전쟁을 통해서였다.

전쟁에 의하여 초래된 위기에 대하여 동학을 창시한 수운 최제우는 근본적인 종교적 성찰을 하게 된다(「布德文」).[1] 수운은 당시의 조선사회를 "평생에 하는 근심 효박한 이 세상에 군불군 신불신과 부불

부 자부자를 주소간 탄식하니"(「몽중노소문답가」)[2]라고 하여 국가, 관료제, 가정질서가 완전히 붕괴된 시대로 인식했다. 정치사회적 위기뿐만 아니라 생명 자체도 만연한 질병으로 말미암아 위기에 처해 있다는 것이 수운의 위기인식이었다. '괴질운수'(「몽중노소문답가」)가 우리나라에 도래하여 온통 병들었다는 것이다.

수운은 당대의 위기는 기존의 사상체계로는 극복할 수 없다고 보았다. "유도불도 누천년에 운이역시 다했던가"(「교훈가」)라고 하여 기존의 유학과 불교는 불가능하고, 공맹의 덕과 요순의 정치로도 어찌할 수 없는 지경(「몽중노소문답가」)[3]이라고 하였다. 그러므로 '보국안민'의 계책이 나올 수 있을 것인지 의문을 표시하고 있다(「포덕문」).[4] 동학은 당대의 위기를 근본적인 것으로 인식했으며, 근원적인

1. "경신년에 와서 전해 듣건대 서양 사람들은 천주의 뜻이라 하여 부귀는 취하지 않는다 하면서 천하를 쳐서 빼앗아 그 교당을 세우고 그 도를 행한다고 하므로 내 또한 그것이 그럴까 어찌 그것이 그럴까 하는 의심이 있었더니(至於庚申 傳聞西洋之人 以爲天主之意 不取富貴 功取天下 立其堂 行其道故 吾亦有其然豈其然之疑)."
2. 수운 저작의 경우는 『東經大全』과 『龍潭遺詞』 계미판(癸未版)을 저본으로 한다. 韓國學文獻硏究所 編, 1979, 『東學思想資料集 壹貳參』, 亞細亞文化社에 영인되어 있다. 해월의 저술은 「內修道文」, 「內則」, 「遺訓」이 있으며, 서울대 중앙도서관 奎章閣圖書 문서번호 17295 東學書 30책에 실려 있다. 愼鏞廈 교수가 『韓國學報』, 12(1978), 198–202면에 전제하고 해설을 붙였다. 해월의 언설은 손천민(孫天民)이 한자로 옮긴 「理氣大全」, 『韓國學報』, 21(1980), 150–155; 天道教史編纂委員會, 1981, 『天道教百年略史』, 未來文化社 ; 李敦化, 1970, 『天道教創建史(影印本)』, 景仁文化社에 시기별로 정리되어 있다. 이 글에서는 수운, 해월의 저작들은 천도교중앙총부에서 펴낸 『天道教經典』 포덕138년(1998)판을 참고로 한다. 인용은 편명만 본문에 표기한다.
3. "아서라 이 세상은 요순지치라도 부족시요 공맹지덕이라도 부족언이라."

대안이 요청된다고 보았다. 이와 같은 위기에 대한 처방으로 수운은 동학을 제시하였다고 할 수 있다. 수운은 "한울님이 내몸내서 아국운수 보전하네"(「안심가」)라고 하여 자신의 사명은 이 망해가는 조선을 보전하기 위함이라고 천명하고 있다. 수운은 종교적인 천주(天主)와 '아국(我國)'보전이라는 정치를 묘합시키고 있다.

동학에는 구체적인 정치제도에 대한 논의가 없었으므로 김영작 교수는 "동학이 주장하는 후천개벽의 사회를 '천년왕국'이나 '극락정토' 같은 환상적인 미래왕국설로서 '체제구상에서 관념성'을 보인다고 비판한다. 또한 '무위이화(無爲而化)'를 '행동하거나 노력하지 않아도 자연적으로 화출한다'라는 의미로 해석하여 '정치기능의 공동화'를 가져왔다고 비판한다(김영작 1989, 211-222). 동학의 철학적 개념을 정치기구나 제도에 대한 정치구상과 직접적으로 연결시키는 데에는 무리가 있지만 동학에는 '체제구상'이나 '정치기능'에 대한 체계적인 논의가 없었던 것은 사실이다. 따라서 이 글은 동학의 철학구조와 혁명과 전쟁이라는 운동과정을 분석함으로써 동학의 국가건설사상을 형상화하고자 한다.

4. "輔國安民 計將安出."

Ⅱ. 자기 정체성의 확인 : ' 아국(我國)' 의식의 형성

1. 학문적 자주성 : 서학과 유학과의 차별성

동학은 중화주의라고 하는 보편적 문화주의에서 조선을 '아국(我國)' 으로 자각하여 자기 정체성을 정립하고자 하였다.

수운은 경신년(1860) 4월 5일에 "내 마음이 네 마음(吾心卽汝心)"(「논학문」)이라는 영적 체험을 한 뒤 논리와 철학체계로서의 학문은 동학이라 불렀다. '도인즉 천도이나 학인즉 동학이라' (「논학문」) 하여 서학이나 추로지풍(鄒魯之風)과는 전혀 다른 새로운 도로서 자리매김하였다. 동학은 지금 · 여기라고 하는 역사성과 사회성을 내포한 개념임을 알 수 있다. 유학자였던 수운은 공자와 중국에 비교하면서 동학의 자기 정체성을 강조한다. 그러나 동학이 중화주의를 완전히 극복했다고는 보기 어려운 점도 있다.[5] 그렇다고 수운이 성리학자들처럼 유학적 문화주의에서 벗어나지 못한 것은 아니다.

5. 가령 임진왜란 때 구원병을 보내준 명(明) 신종(神宗)의 은의에 보답하기 위하여 숙종이 비원에 1704년에 세운 대보단(大報壇)을 언급하면서 청(淸)을 배척한다는 유학적 의식이 연속되고 있다. "대보단에 맹세하고 한의원수 갚아보세 중수한 한의비각 헐고나니 초개같고 붓고나니 박산일세"(「안심가」).

수운은 자신의 깨달음은 서학(西學)과 공자의 학문과 뚜렷하게 구분된다고 하여 자기 정체성을 인식하고 있었다. 「포덕문」에 의할 것 같으면, 수운은 경신년 천주와의 문답에서 '서도로서 가르쳐야 하는가' 라고 천주에게 질문했으나 그 대답은 예전에는 없었던 새로운 '영부(靈符)' 와 '주문(呪文)' 으로 가르치라는 가르침을 받는다. "그렇지 아니하다. 나에게 영부 있으니 그 이름은 선약이요 그 형상은 태극이요 또 형상은 궁궁이니, 나의 영부를 받아 사람을 질병에서 건지고 나의 주문을 받아 사람을 가르쳐서 나를 위하게 하면 너도 또한 장생하여 덕을 천하에 펴리라" (「布德文」).[6] 수운은 천주로부터 두 가지를 받게 되는데, 그 한 가지가 영부요, 다른 한 가지가 주문이다.

영부의 모양은 태극의 모양이나 활을 두개 겹쳐놓은 듯한 궁을(弓乙) 또는 궁궁(弓弓)이라고도 하였다. 수운은 이 마음을 불사약(不死藥)이라고도 하였다. 영원히 약동하는 하늘마음이라고 할 수 있겠다. 다른 하나는 시천주(侍天主) 주문이다. 이 두 가지는 자주성의 철학적 근거가 된다. 그리하여 수운은 동학의 독자성을 확신하였다. 그렇기 때문에 수운은 "사양지심 있지마는 어디 가서 사양하며 문의지심 있지마는 어디 가서 문의하며 편언척자 없는 법을 어디 가서 본을 볼꼬" (「교훈가」)라고 하여 예전에는 없는 새로운 법을 받았음을 자부하였다. 해월은 동학의 독자성을 다음처럼 말한다. "운인즉 천황씨가 새로 시작되는 운이요, 도인즉 천지가 개벽하여 일월이 처음으로 밝는 도요, 일인즉 금불문 고불문의 일이요, 법인즉 금불비 고불비의 법

6. "曰 然則 西道以敎人乎 曰不然 吾有靈符 其名仙藥 其形太極 又形弓弓 受我此符 濟人疾病 受我呪文 敎人爲我則 汝亦長生 布德天下矣."

이니라”(「개벽운수」). 동학은 독자적인 정체성을 가진 새로운 학문임을 강조한 것이다. 학문적 가기 정체성의 확인은 국가적 자기 정체성과 긴밀한 관계를 갖는다.

영부와 주문을 근거로 수운은 동학을 유가와 서학으로부터 뚜렷하게 구분시켜 자기 정체성을 확립시킨다. 먼저 수운은 서학의 제사에 대한 입장을 인륜을 모르는 소치라고 비판한다. 또한 죽은 부모의 혼령은 없다고 하면서 자신이 죽은 다음에는 천당을 간다고 하는 자기 모순을 비판한다(「권학가」).[7] 수운은 또한 서학이 천주를 위하는 것이 아니라 결국은 죽은 뒤의 자신만을 위하는 이기주의라고 비판하고 있다(「論學文」).[8] 더욱이 죽은 뒤에 귀신이라는 것이 따로 존재하는 것처럼 생각하는 것은 ‘천지 역시 귀신’(「도덕가」)[9]인 줄 모르는 소치라고 비판한다. 수운은 천주체험에서 천주로부터 두 가지 가르침을 받았다고 하는데, 그 가운데 하나가 “귀신이라는 것도 나니라”(「論學文」)라는 것이다.[10] 귀신이 따로 있는 것이 아니라 곧 천주라는 뜻이다. 풀어보자면 귀신은 천주의 작용하는 측면일 뿐이라는 뜻이다. 수운은 ‘귀신’으로 작용하는 천주를 모르므로 서학에는 “몸에는 기화지신(氣化之神)이 없고 학에는 천주의 가르침이 없다”[11]고 비판한다. 기

7. “저사람은 저의부모 죽은후에 신도없다 이름하고 제사조차 안지내며 오륜에 벗어나서 유원속사 무삼일고 부모없는 혼령혼백 저는 어찌 유독있어 상천하고 무엇하고 어린소리 말았어라.”

8. “도무지 한울님을 위하는 단서가 없고 다만 제 몸만을 위하여 빌 따름이라(頓無爲天主之端 只祝自爲身之謀).”

9. “천지역시 귀신이오 귀신역시 음양인줄 이같이 몰랐으니 경전 살펴 무엇하며 도와 덕을 몰랐으니 현인군자 어찌 알리.”

10. “鬼神者吾也.”

화지신이란 몸에서 기운으로 활동하는 천주를 뜻한다. 초월적 · 절대적 유일신 관념은 있지만 귀신이나 음양의 이름으로 우주만물의 일동일정을 예외 없이 간섭하고 명령하는 활동하는 기운의 신을 모른다고 비판하는 것이다.

서학에 대한 비판을 감안할 때 공자에 대한 수운의 평가는 매우 긍정적이다. 공자의 도와 자신의 도는 '대동이소이(大同而小異)'(「修德文」)[12]하다고 하였다. "인의예지는 선성지소교요 수심정기는 유아지갱정이라"(「修德文」)[13]이라 하여 지향하는 본체는 공자와 똑같지만 도달하는 방법만 자신이 새로이 정하였다고 하여 겸양의 표현을 하고 있다. 그렇지만 공자의 도는 10년이 지나도 도성덕립(道成德立)이 매우 어렵지만 자신의 공부는 3년이면 충분하다(「도수사」)[14]고 하여 우위성을 주장한다. 또한 "사람은 공자가 아니로되 뜻은 같다(人無孔子意如同)"(「화결시」)라고 하여 그 뜻이 공자와 동일하다고 하여 공자를 매우 긍정적으로 평가하면서 중요한 것은 마음이라고 하고 있다. 서학에 비한다면 유학에 대한 수운의 평가는 긍정적이지만 "유도불도 누천년에 운이역시 다했던가"(「교훈가」)라고 하여 유학의 종말은 분명히 하고 있다.

---

11. "身無氣化之神 學無天主之敎."
12. "공부자의 도를 깨달으면 한 이치로 된 것이요, 오직 우리도로 말하면 대체는 같으나 약간 다른 것이니라(覺來夫子之道則 一理之所定也 論其惟我之道則 大同而小異也)."
13. "仁義禮智 先聖之所敎 修心正氣 惟我之更定."
14. "십년을 공부해서 도성입덕 되게 되면 속성이라 하지마는 무극한 이내 도는 삼년불성 되게 되면 그 아니 헛말인가."

수운은 서학과 유학과의 차이점을 분명히 함으로써 동학의 정체성을 정립시키고자 하였다. 수운은 동학의 자기 정체성을 분명히 함으로써 '보국안민(輔國安民)'의 도와 덕으로 자부하게 된다. 수운은 「불연기연」에서 새로운 도덕은 반드시 새로운 정치권력과 연계된다는 사실을 천황씨(天皇氏)의 이야기를 통하여 비유적으로 설명하고 있음을 보아 수운은 새로운 국가의 모습을 그려내지는 않지만 새로운 국가건설을 염두에 두고 있었음을 추론할 수 있다. 수운은 "임금은 맨 처음 자리를 전해준 임금이 없건마는 법강을 어디서 받았으며"(「不然其然」)[15]라고 하여 천황씨는 어디에서 통치의 권리를 받았느냐고 질문하고 있다. 유가에 의하면 권력은 천명(天命)에서 나온다. 이 천명을 수운 자신이 받았다고 주장하는 것이다. 해월은 명확하게 "우리 도는 천황씨의 근본 큰 운수를 회복한 것"(「개벽운수」)[16]이라고 하여 동학이라고 하는 새로운 도덕에 걸맞는 새로운 정치체의 등장을 암시하고 있다.

2. 지리적 중심의식 : 중화관과 일본관

학문적 자주성과 함께 동학은 영토적 중심의식을 뚜렷하게 자각하였다.

15. "君無傳位之君而法綱何受."
16. "吾道 回復天皇氏之根本大運也."

조선은 사상과 지리에서 중화질서의 변방이었다. 그러나 명의 멸망과 청의 등장으로 말미암아 중화의 중심이 사라지자 성리학자들은 조선을 '소중화주의'로 자처하기는 하였지만, 그것은 자기 의식의 확인이라기보다는 허위의식의 표현이었다.

동학은 자신의 마음이 곧 하늘의 마음과 동일하다(侍天主, 人卽天, 人乃天)는 각성에서 시작되었기 때문에 우주의 중심을 따로 설정하는 것이 아니라 자신을 곧 우주의 중심으로 인식하였다. 유학 및 서학과 차별성을 가지는 독자적인 자기 정체성을 갖는 학문이라는 자부심을 근거로 동학은 조선을 화이질서의 변방이 아닌 조선을 지리적 중심으로 인식하였다.

수운은 자신이 태어난 천년고도 경주에 대하여 대단한 자부심을 가지고 있었기에 「용담가」를 지어 경주를 칭송하고 있다. 수운은 용담정이 있던 구미산을 중화의 곤륜산에 비유하면서 경주의 주산(主山)으로, 우주의 중심으로 노래하고 있다(「용담가」).[17] 경주를 '소중화(小中華)'로 자부하고 있다. 자기 중심성의 선언이라 하겠다. 이러한 소중화 의식은 우암 송시열과 같은 성리학자의 소중화 의식과는 다르다. 우암의 중화의식이 청에 대하여 보편적 리(理)의 문화중심을 자부하는 것이라면, 수운의 소중화 관념은 중화의 중심인 곤륜산이 따로 있는 것이 아니라 자신이 지금 거처하고 있는 구미산이 중심이라는 지리적 중심인식이다. 추상적 문화중심이 아닌 구체적 지리중심이다. 수운이 「용담가」에서 경주의 풍수, 아름다움, 역사, 지리 등을 극찬하고 있다.

17. "곤륜산 일지맥은 중화로 벌려있고 아동방 구미산은 소중화 생겼구나."

「용담가」의 마지막 부분에 이르러 수운은 물리적 · 지리적 경주보다 더욱 중요한 것은 자신이라는 사실을 제기함으로써 자각적 주체를 특별히 강조하였다. "구미산수 좋은 풍경 아무리 좋다 해도 내 아니면 이러하며 내 아니면 이런 산수 아동방 있을소냐"(「용담가」). 지리를 인간과의 관계에서 보고 있다. 수운은 천주를 모시고 있는 자아성찰에 근거하여 자신의 고향인 경주를 세계의 중심으로 인식하고 있을 뿐만 아니라 자신이 그 중심에 위치하고 있음을 강조한다. "용담의 물이 흘러 네 바다의 근원이요, 구미산에 봄이 오니 온 세상이 꽃이로다"(「絶句」).[18] 수운은 자신이 거처하고 있었던 구미산의 조그마한 연못인 용담을 네 바다의 근원이라 하고, 구미산의 꽃 소식이 천하의 봄을 알려준다고 하여 우주중심으로서의 구미용담(龜尾龍潭)을 자부하였다.

구미용담을 우주중심으로 보는 수운은 당연히 조선을 중심으로, 중국을 변방으로 이해하였다. 일반적으로 중국을 치아로 한국을 입술로 인식하던 전통관념을 극복하고 수운은 중국을 입술로, 한국을 치아로 인식하게 된다. 중국-한국의 관계를 '순망치한(脣亡齒寒)'의 관계로 인식한다. "서양은 싸우면 이기고 치면 빼앗아 이루지 못하는 일이 없으니 천하가 다 멸망하면 또한 순망지탄이 없지 않을 것이라"(「布德文」).[19] 조선이 중심이고 중국은 변방으로 간주되고 있다. 중요한 것은 동양질서를 보전하는 것이 아니라 '아국'을 보전하는

18. "龍潭水流四海源 龜岳春回一世花."

19. "西洋戰勝功取 無事不成而 天下盡滅 亦不無脣亡之歎 輔國安民 計將安出."

문제였다. 수운은 「안심가」 전편에 걸쳐서 멸망직전의 조선의 국운에 대하여 심각한 우려를 표명하면서(「안심가」)[20] 국가를 보전할 만한 인재가 없으며(「안심가」),[21] 천주가 자신을 통하여 국가를 보전하게 하였다는(「안심가」)[22] 강한 국가의식을 표출하였다. 지리적 탈중화주의라 하겠다.

이는 실학자들이 조선의 지리와 현실에 관심을 둔 것과 상통한다. 그러나 동학은 이러한 지리적 중심성이 천주를 모시고 있는 인간이라는 철학적 성찰에 기초하고 있다는 점에서 실학자의 지리적 상대주의와 다르다. 홍대용은 세계의 모든 나라는 '정계(正界)'라 하여 지리적 상대주의와 '화이일야(華夷一也)' (『湛軒書』 內集 補遺 券4 項36)라는 문화적 상대주의를 주장하였다. 홍대용이 지동설과 문화적 상대주의를 근거로 조선의 상대적 자주성을 주장하지만(宋榮培 1994), 수운은 보다 철저하여 인간이 천주를 모시고 있기 때문에 자기에게서 모든 준거를 찾는다고 하는 영적 자기 중심성에 근거하여 경주를 중심으로 인식하고 있다. 동학은 지리적 상대주의가 아닌 자아중심주의에 기초한 지리적 중심주의를 주장한다.

수운은 일본을 적으로 경계했다. 일본에 대하여 수운은 임진왜란을 상기하면서 이때 나라를 지킨 애국충신인 오성(鰲城) 이항복(李恒福)[23]과 한음(漢陰) 이덕형(李德馨)[24]을 들고 있으며, 의병 장군으로

20. "가련하다 가련하다 아국운수 가련하다."
21. "전세임진 그때라도 오성한음 없었으며 옥새보전 뉘가 할꼬 아국명현 다시 없다."
22. "한울님이 내몸 내서 아국운수 보전하네."
23. 임란 때 도승지였던 백사(白沙) 이항복(李恒福)은 국가의 보존한 대표적 관

는 전라도 광주의 김덕령[25] 장군을 들고 있다. 또한 군대를 파견하여 왜적과의 전쟁을 도운 명나라 신종을 기리는 대보단(大報壇)도 상기하고 있다. 이미 260여 년이 지난 임진왜란을 상기시키는 이유는 '아국(我國)'의식의 형성에 효과적이기 때문이 아니었을까?

수운은 임진왜란을 극복하는 데 공로를 세운 많은 충신들 대신 의병출신인 김덕령을 특별히 거론하여 칭찬하고 있는 점이 두드러진

리였다. 보수세력들을 설득해 왕을 의주로 피난시켜 목숨을 구하게 했으며, 명에 원군을 요청하는 현실주의적 외교정책을 폈으며, 모함으로 인하여 정치적인 위기에 빠진 이순신 장군을 적극 믿고 지지해 주었다. 임란 이후 47세에 영의정에 올라 국가재건에 경주했다. 기지와 지혜의 인물로 많은 일화를 남기고 있으며 청빈한 관리의 표상이다.

24. 이항복과 함께 이이에 의하여 발탁된 인물이다. 1592년 임란이 일어나 왕이 평양으로 피난했을 때 일본군이 대동강까지 이르자 단독으로 일본의 겐소와 회남하고 대의로써 공박했다. 그 뒤 정주까지 왕을 호종하고, 구원병을 청하는 사신으로 명에 파견되어 원군을 파병하도록 하는 데 성공했다. 명군을 맞아들였으며 한성판윤으로 이여송(李如松)의 접반관(接伴官)으로 활동했다. 이항복의 진언으로 명의 제독(提督) 유정(劉綎)과 함께 순천에 이르러 통제사 이순신(李舜臣)과 합동으로 적장 고니시[小西行長]의 군사를 대파했다. 1601년 행판중추부사로 경상도 · 전라도 · 충청도 · 강원도 4도체찰사를 겸하여 전란 뒤의 민심수습에 힘썼고, 다음해 영의정이 되었다.

25. 김덕령은 본관은 광산이고 자는 경수, 시호는 충장이다. 광주에서 출생하였고, 임란 때 담양부사 이경린과 장성현감 이귀의 천거로 종군 명령이 내려져, 전주의 광해분조로부터 익호장군의 군호를 받기도 하였다. 1594년 의병을 정돈하고 선전관이 된 후 권율의 휘하에서 의병장 곽재우와 협력하여 여러 차례 왜병을 격파하였다. 1596년 도체찰사 윤근수의 노속을 장살하여 체포되었으나 왕명으로 석방되었다. 다시 의병을 모집하여 충청도의 이몽학 반란을 토벌하려다가 이미 진압되자 도중에 회군하였는데, 이몽학과 내통하였다는 신경행의 무고로 체포 · 구금되었다. 이후 혹독한 고문으로 인한 장독으로 옥사하였다.

다. "만고충신 김덕령이 그때 벌써 살았으면 이런 일이 왜 있을꼬 소인참소 기험하다 불과 삼삭 마칠 것을 팔년 지체 무삼 일고"(「안심가」)라고 하여 김덕령이 소인들의 참소로 죽지 않았다면 전쟁이 불과 3달이면 끝났을 것이라고 하고 있다. 그러나 김덕령은 민란 주모자와 내통하였다는 무고로 피소되어 고문의 후유증으로 죽게 되고 임진왜란으로 조선은 8년간 고통을 당하게 되었다.

수운은 임란을 상기시키면서 국가의식을 고취시키고 있다. 외세침략에 대한 국가보존의 일이 급선무임을 상기시키고 있는 것이다. 의병장에 불과하였던 김덕령을 이렇게 높게 평가한 이유는 여러 가지가 있겠지만 수운은 관직을 맡지 않은 일반 민의 투철한 국가 안보의식을 높게 평가하였던 것 같다. 그러나 새로운 국가건설의 혁명의식보다는 외적으로부터 국가를 보전한다는 자주적 성격이 강하다.

임진왜란을 거론하면서 수운은 극도의 반일감정을 보이고 있다. 수운은 일본을 '개 같은 왜적놈'이라고 부르면서 임진왜란 때 조선을 침략해서 무엇을 얻었는가라고 묻고 있으며, 또한 "개 같은 왜적놈이 전세임진 왔다가서 술싼일 못했다고 쇠술로 안 먹는 줄 세상사람 뉘가 알꼬 그 역시 원수로다"(「안심가」)라고 하여 일본을 원수의 나라로 인식하고 있다. 일본 사람들이 쇠로 만든 숟가락을 쓰지 않는 것은 조선을 정복하지 못한 절치부심으로 보고 있다.

수운은 구미용담을 우주중심으로 보아 중화질서로부터 탈피할 수 있었으며, 임진왜란을 상기하여 일본의 침략주의에 대한 경계와 국가에 대한 충성심을 고취시키고 있다. 사상적 자주성과 함께 지리적인 중심성을 세우게 된다. 수운은 일반 민중들을 위하여 한글로 쓴 가사에서 "십이제국 다 버리고 아국운수 먼저 하네"(「안심가」)라고 하여 아국(我國)을 최우선시하고 있다. 수운은 '아국(我國)'을 『용담유사』에서 다섯 번에 걸쳐서 말함으로써 일반 민에게 국가의식을 불어넣어 애국심을 고취시키고 있다. 이러한 '아국(我國)'의식은 민의 자각과 조직화로 이어졌다.

Ⅲ. 정치적 주체로서의 '민(民)'의 형성

1. 성찰적 주체

동양에서 정치는 공공성에 이른 인격체의 전유물이었다. 『서경』에 묘사되는 요순정치, 공・맹의 덕치, 송명 성리학의 사대부 정치는 공통적으로 천명(天命)과 도덕(道德)이 권력의 정당성의 근본 원천임을 말하고 있다. 역(易)은 지공무사(至公無私)한 정치적 인격체를 대인(大人)이라 하여 공공성을 강조하고 있다. 이러한 인격체가 정치의 주체라는 관념은 유학을 정치이념으로 한 조선에서는 매우 당연한 것으로 받아들여졌다.

요순은 그러한 인격적 경지와 현실적 지위가 합치된 이상정치의 표본이었으며, 공자와 맹자는 현실적 통치자가 되지 못했지만 그러한 마음의 경지를 이룬 성인으로 추존되었다. 송명대에 이르면 대부분의 성리학자들은 사대부가 요순의 도통(道統)을 이은 현실적인 정치적 주체가 되어야 한다고 강조하게 된다. 성리학자는 그러한 인격체가 되는 공부를 '위기지학(爲己之學)'이라 하였으며, 혈통으로 전해지는 왕권보다 도덕적 우위성을 가진다고 보아 이른바 사대부 정치를 지향하였다.

조선의 성리학자들은 엄밀한 의미에서 보자면 성찰적 인격성보다는 천리나 본성과 같은 원리주의적 성향을 강조하였다. 성리학자들 가운데 자아성찰적 철학자들이 없지는 않지만 주류적 흐름은 이기이원론(理氣二元論)의 경향이다. 초월적이고 우주법칙적인 리(理)나 성(性)이 자기 성찰을 앞섰다. 초월주의적 · 보편주의적 성향은 강한 이데올로기성으로 나타났다. 성즉리(性卽理)라는 초월주의적 · 보편주의적 성향에 대하여 심즉리(心卽理)의 양명학(陽明學)은 유가적 정치철학의 자기 성찰성을 강조하였다. 양명학자들의 비판이 리(理)의 초월성에 대한 심의 주체성에 초점이 주어졌다면, 조선 실학자들의 비판은 리의 초월성에 대하여 기(氣)의 현실성에 기초하고 있다. 왕양명이 양지(良知)의 개념에 의거하여 천리(天理)와 자연사물을 통합하는 주체성을 강조하는 일원론적 성향이 강한 데 반하여, 실학자들은 리의 초월주의에 대한 기(氣)의 현실주의를 우선시하는 이원론적 성향이 강하다. 조선의 경우에도 강화도의 정재두 등과 같은 양명학자가 없었던 것은 아니나 지극히 주변적 위치를 점하고 있었다. 심학에 대한 체계적인 전개는 동학에 이르러 발견된다.

동학에서 인간은 천주를 모신(侍天主) 존재로 이해된다. 동학은 시천주 개념을 통하여 근본적인 종교혁명을 이루어낸다. 종교혁명이라고 하는 이유는 천명(天命), 천리(天理)와 같은 형이상은 따로 떨어져 홀로 존재하는 것이 아니라 인간의 본성 또는 본심으로 내재화되었다는 점에서 신성의 세속화가 이루어졌기 때문이다. 신성의 세속화뿐만 아니라 세속적 인간의 신성화도 동시에 이루어진다는 점에서 동학은 서구적 종교혁명과도 다르다.

수운이 심학을 내세우면서 어떻게 성속을 통합하는지를 조금 자세히 분석해 보자. 수운은 모실 시자를 내유신령(內有神靈)과 외유기화(外有氣化), 그리고 일세지인(一世之人) 각지불이(各知不移)로 분석하였다(「論學文」). 의미를 분석한다면 인간존재의 궁극적 내면에는 신령이 존재하고 밖으로는 기화가 있다고 하였다. 존재론적으로 인간은 신령적 존재이면서 기화적 존재로 이해된다. 신령이란 영성 또는 본성으로 이해된다. 신령은 움직이지 않고 '공공적적(空空寂寂)' 하며 '무형(無形)' 이며 '불택선악(不擇善惡)' 하는 고요한 하늘마음으로 표현된다. 반면 기화는 '무사불섭(無事不涉)', '무사불명(無事不命)' 하는 활동적이고 창조적인 기운으로 표현된다. 모신다고 하는 것은 안으로는 천주로도 표현되는 영성을 갖고 있고 밖으로는 우주의 하나의 기운(混元一氣)과 통한 존재로 이해된다. 궁극적 존재인 신성과 현상적 활동인 기화를 안팎의 쌍으로 본다는 점에서 성속의 일원성을 주장한다. 성속의 일원성을 각각의 개인들이 실천하는 것을 수운은 각지불이(各知不移)라 하였다.

동학이 찾아낸 새로운 인간은 서구의 근대적 개인과는 분명한 차이를 보인다. 먼저 의식의 사유능력에서 존재의 근거를 찾는 것이 아니라 근원적 심층의식으로서 영성을 제기한다는 점이다. 수운은 모든 존재자와 그 활동은 근원적 존재와 연계되어 있다는 사실을 '부지어천명(付之於天命)'(「論學文」), '부지어조물자(付之於造物者)'(「不然其然」)라 말하였다. 풀이하자면 일체의 활동은 모두 궁극적 근원인 천명과 조물자와 연결되어 있다는 주장이다. 서구 근대성이 부정한 신성을 동학은 내면화하고 있다. 이 점에서 동학은 서구 근대성과 구분된다.

무위이화(無爲而化)란 인간의 생각, 말, 행위를 모두 천명과 천주에 비추어 한 치의 오차도 없이 그 이치와 기운에 따라서 행한다는 뜻이다. 동학은 노장처럼 '도법자연(道法自然)'이나 유가처럼 도법천명(道法天命)을 주장하기보다는 도법천심(道法天心)을 주장한다고 하겠다. 달리 말하자면, 인간 마음에 이미 천명과 자연이 들어와 있기 때문에 따로 밖에서 법을 구할 필요가 없어진 것이다. 철저한 인간 주체성과 인간중심주의이다. 인간의식의 주체성, 지향성, 구성력 등이 적극적으로 평가될 수 있지만 이때의 인간은 이성적 인간이 아닌 영성적 인간이며, 우주기운과 소통하는 인간이라는 점에서 서구의 합리주의와 다르다. 천명과 자연을 자신 안에 간직한 인간은 본성을 거느리고 자연을 통솔하는 능력을 가졌기 때문에 인위적이지 아니하며 무위이화(無爲而化)한다고 말할 수 있다. 동학은 '입도한 세상사람 그날부터 군자되어 무위이화할 것이니'(「교훈가」)라고 하여 천명과 자연을 거느린 인격체가 되는 것은 단지 무극대로로 표현되는 동학에 들어 수도하기만 하면 된다고 하였다.

군자, 사대부 등으로 일컬어지던 이상적 인격은 신분, 재산, 지위, 성별 등의 차이와 무관하게 누구나 가능하다는 것이다. 여기에서 평등사상이 등장하게 되고 민이 정치적 주체로 등장하는 성찰적 철학이 등장하게 된다.

2. 평등사상을 통한 민의형성

인간은 영성적 · 공동체적 주체이기 때문에 평등하다는 관념은 쉽게 민의 공감대를 형성하였다. 물론 인간들 사이만 평등한 것이 아니라 "인간세상은 자연만물과 한몸"(노태구 2001, 260)이라는 점에서 자연과도 평등한 존재로 그려진다. 성리학의 이기론은 천리를 따르는 대인과 인욕을 따르는 소인의 엄격한 이원론적 정치철학이다. 반면, 동학은 모든 인간은 천리(天理)를 받아 천주를 모신 존재이고 혼원일기(混元一氣)에 통하는 공동체적 존재이다. 그러므로 인간은 본질적으로 평등하다는 평등사상이다.

평등은 불평등한 조선의 현실을 비판하는 가운데서 구체적으로 정립된다. 수운은 노비 두 명을 한 명은 며느리로 한 명은 딸로 삼았다. 해월은 "어린아이도 한울님을 모셨으니 아이 치는 것이 곧 한울님을 치는 것이오니"(「내수도문」)라고 하여 노소차별의 유가질서를 비판하면서 평등을 제시하였다. 또한 청주를 지나면서 서택순의 집에서 며느리가 베를 짜는 소리를 듣고 누가 베를 짜느냐고 물어보았으나 서씨로부터 자신의 며느리라는 소리를 들은 이야기를 하면서 해월은 며느리가 베를 짜는 것이 아니라 천주가 베를 짠다고 하였다. 이는 여성 평등의 근거가 된다.

호남좌도편의장의 자리를 천민출신인 남계천을 임명하자 지역 동학도들로부터 항의를 받자 해월은 동학은 포태지수(胞胎之數)를 다시 정하는 것이라 하여 동학에서 일체의 신분제적 차별을 금지하고 지위는 자격과 도덕에 있다고 하여(天道敎中央總部 1981, 159−160) 신분제 타파를 주장하였다. 동학은 조선에서 가장 큰 차별로 적서와 반상의 차별을 들었다. 적서차별은 가정붕괴의 원인으로, 반상차별은 국가붕괴의 원인으로 제시하였다.[26] 이러한 평등사상을 제기하였다는 사실은 민권의 중요한 표지이다. 해월은 또한 "두목 밑에서 대두목이 많이 나온다"라고 하여 조직적 서열이 곧 도덕의 수준과 일치하지 않음을 강조하였다. 이는 조직적 계서제의 비판이다. 동학은 일체의 불평등을 비판하고 있다.

동학은 불평등한 사유방식, 생활양식, 의례, 제도 등을 비판하면서 새로운 평등주의적 사유구조, 생활양식, 조직과 제도 등을 도입하였다. 운동 초기에는 권력에 대한 정면전이 아닌 유교의 사유방식, 생활양식, 의례제도, 사회제도 등을 뿌리에서부터 교체하는 방식의 전략을 취하게 된다. 1890년대에 들어서게 되면 조선의 왕권체제에 대한 직접적 문제제기로 발전하였다. 평등사상은 민을 정치적 주체로 정립하는 기초적 사상조건이었다.

26. "我國之內에 有兩大弊風하니 一則 嫡庶之別이요 次卽 班常之別이라 嫡庶之別은 亡家之本이요 班常之別은 亡國之本이니 此是吾國內 痼疾也니라." 「포덕」; "神師曰,「自今으로 吾道人은 嫡庶의 別을 有치 勿하고 人間平等의 義를 實遵하라" 「天道敎書」.

3. 접포제(接包制)를 통한 민의 조직화

주체의식과 평등의식은 접과 포라는 민의 자기 조직화로 구체화되었다. 조직화를 통하여 민은 정치적 주체로 등장하였다. 동학의 영성 공동체라 할 수 있는 접은 이미 수운 생존시에 경상도 동북부 지역 대부분에 걸쳐서 조직되었다. 선전관 정운구의 서계에 의하면 "조령에서 경주에 이르는 사백여리의 마을에는 남녀노소를 불문한 동학의 주문소리가 그치지 않을 정도"(『高宗實錄』 癸亥 12月 20日; 『備邊司謄錄』 哲宗 癸亥年 12月 20日 宣傳官 鄭雲龜 書啓)라는 평가를 보더라도 동학이 광범위하게 유포되었음을 알 수 있다. 해월은 1871년 이필제에 의한 영해 신원운동 이후 절멸의 지경에 이른 동학조직을 1878년에 개접을 선언하면서 재건하기 시작했다. "대신사 재세의 시에 있어 기수의 질대성쇠하는 리(理)를 미루어 이미 개접파접의 규례에 말한바 잇엇든 것이니 그럼으로 내 이제 접을 개하고 도를 강하는 것은 전혀 선생의 뜻을 이음이라"(李敦化 1970, 제2편 25)라고 하여 사회역사적 변동에 맞추어 접을 열게 되었음을 말하였다.

접은 대략 50-60호의 가구로 이루어진 것으로 판단된다. 1880년대에 들어서게 되면 동학은 경전을 간행할 정도로 교도들이 급격히 증가하게 되고, 1883년에는 충청도와 경기도 출신인 제자들이 대거 입도하면서 조직의 중추역할을 맡게 된다(吳知泳 1985, 60).[27] 구성원

27. 이때 입도한 인물들에는 김연국(金演局), 손병희(孫秉熙), 손천민(孫天民),

이 증가되면서 1884년 12월 해월은 육임제(六任制)(李敦化 1970, 제2편 34)[28]라는 조직적 분업체계를 마련하여 조직의 체계화를 기한다(崔東熙 1969, 87). 1880년대에는 강원도, 경기도, 충정도 지역에 걸쳐서 접주제와 육임제가 실시되어 동학사상을 공유하고 일반 정보를 나누는 통신망을 구축하게 된다(睦貞均 1984, 233-4).[29]

1880년대 후반에 이르게 되면 동학은 아래로는 호남으로, 위로는 황해도와 평안도까지 확장되게 되면서 동학에 입도하는 숫자가 급격하게 팽창한다. 양적 팽창으로 말미암아 기존의 인맥에 의하여 형성되던 접 조직으로는 효율적 통제가 어려워지게 되면서 지역단위의 조직화가 이루어진다. 이것이 포 조직이다. 동학혁명기에 접포를 구성하는 인원은 매우 유동적이었던 것 같다. 동학혁명기에는 동학조직은

박인호(朴寅浩), 황하일(黃河一), 서인주(徐仁周), 안교선(安敎善), 여규덕(呂圭德), 김은경(金殷卿), 유경순(劉敬順), 이성모(李聖模), 이일원(李一元), 여구신(呂圭信), 김영식(金榮植), 김상호(金相浩), 안익명(安益明), 윤상오(尹相五), 옹택규(邕 宅奎) 등이 있으며, 이들은 장차 해월을 중심으로 한 동학의 중심역할을 맡는다.

28. "교장(校長)은 이질실망후인(以質實望厚人)으로 교수(敎授)는 이성심수도가이전수인(以誠心修道可而傳授人)으로 도집(都執)은 이유풍력명기강지경계인(以有風力明紀綱知經界人)으로 집강(執綱)은 이명시비가집기강인(以明是非可?執紀綱人)으로 대정(大正)은 이지공평근후인(以持公平謹厚人)으로 중정(中正)은 이능직언강직인(以能直言剛直人)으로 정하라 하시다."

29. 목정균은 동학의 정기 비정기 행사를 통한 얼굴 대 얼굴의 커뮤니케이션, 둘째로는 관의 추적을 피하기 위한 발길이 곧 포덕과 통신이었다는 점, 셋째로는 1866년부터 돌리기 시작했다는 「通文」을 통한 커뮤니케이선망, 넷째는 각 지역의 접소를 통한 경전의 보급 등으로 인하여 1864년부터 육임제가 실시되는 1884년까지는 동학의 통신망이 형성되었다고 밝히고 있다.

일종의 군사조직으로 변혁지향적인 일반 농민들을 광범위하게 받아들였을 것이다. 1894년 9월 흥선대원군의 편지에 대한 대도주 안교선의 답장을 보게 되면 지동접주 김기창이 3만 4천 명으로 가장 많은 인원을 거느리고 있고, 가장 적은 수를 거느린 덕지접주 남상원도 2천5백 명으로 기록하고 있다(『東學農民戰爭史料叢書』 5, 108-110).[30] 과장도 있겠거니와 동학혁명기에는 접의 구성은 매우 신축적임을 알 수 있다. 동학혁명기에 운동단위는 주로 대접주 또는 포주를 중심으로 이루어졌다.

접포제가 나름대로 체계화된 것은 1893년 보은집회였다고 할 수 있다. 보은집회를 통하여 최시형을 법헌으로 하는 대도소, 도접주를 주인으로 하는 대도소, 대접주를 주인으로 하는 도소, 접주가 통제하는 접소의 체계성 있는 조직화가 이루어지면서 체계적인 운동체의 모습을 갖추게 된다. 동학은 변혁지향적인 민을 조선의 지배이념과 다른 동학이라는 독자적인 사상으로 의식화시킬 수 있었고, 접포제를 통하여 민을 조직화 · 체계화시킬 수 있었다. 이러한 조직체계가 집강소 시기에도 이어져 해당 지역의 치안 · 행정 · 사법기구로 활용되었음을 현재 남원을 중심으로 하는 전남 동부지역을 총괄하였던 영호도회소(嶺湖都會所)의 조직체계에서도 볼 수 있다. 영호도회소는 순천도호부의 읍성에 본부를 두고서 낙안군 · 광양현 · 좌수영(여수)을 관할하였는데, 현재의 순천 · 광양 · 여수 · 여천시 지역이 해당된다. 도회소의 조직 상층부는 대접주 · 수접주 · 도집강 · 성찰 등으로 편제되

30. 이하에서는 『東學農民戰爭史料叢書』는 『東史』로 약기하여 권과 쪽수를 표기한다.

었으며, 하층부에는 면단위마다 접주 · 접사 · 성찰 · 동몽 · 서기 등이 있었다(김양식 1995, 56). 면과 면, 군과 군을 관할하는 도접주 혹은 수접주가 있었으며, 집강소는 별도로 설치하지 않고 도회소내의 하부기관으로 운영된 것으로 보여진다(김양식 1995, 56–7).

동학의 사상과 조직을 통하여 민은 정치적 주체로 등장하였다. 아래로부터 형성된 동학의 공공성은 민을 조직화하여 사회적 정당성을 획득하여 나아가 '사회권력' 을(이신행 1999, 191)[31] 형성하게 된다.

Ⅳ. 반침략주의와 정치혁명

아국의식의 사상적 토대를 형성하고 아국의 정치적 주체로서의 민을 형성하면서 동학은 역사의 전면에 등장하게 된다. 동학이 인식한 당대의 급선무는 외적의 침략으로부터 국가를 수호하는 문제였기에(輔國) 반침략주의 전쟁에 돌입함으로써 민이 국가수호의 전면에 등장하게 된다. 민이 국가방어에 나서면서 정치적 권리를 주장하고(安民) 왕권체제와 갈등하면서 자연스럽게 민을 억압하는 왕권체제와 혁명에 돌입하게 된다.

31. 민주화를 민의 형성이라는 시각에서 1987년 민주화 운동을 분석한 이신행은 '민의 대표성과 새로운 정당성을 창출하는 하나의 대안적 구상' 을 제시하고 있다.

1. '아국(我國)' 보전의 반침략주의

19세기 말 국가건설의 제1과제는 국가를 외부의 적으로부터 보호하는 일이었다.

일본은 1874년 5월 대만정벌을 단행하고 1876년에는 강화도 불평등조약을 체결함으로써 조선정벌의 야욕을 표출하였다. 동학의 침략주의 경계는 이미 광화문 복합상소에 일본공사관 등에 붙인 격문에서 잘 나타난다. 일본 판리공사의 공식적 항의가 있었다는 기록으로(『統理交涉通商事務衙門日記』 高宗 30年 3月 2日 · 4日)[32] 볼 때 광화문 복합상소를 계기로 동학은 일본을 포함한 외세에 대하여 크게 경계하고 있음을 알 수 있다.

보은집회(1893. 3)에 이르면 일본을 위시로 한 외세에 대한 경계는 강도를 높여간다. "지금 왜와 서양의 도적이 우리나라의 중심부에 들어와 있어 큰 혼란이 극에 달하였다. 진실로 지금 나라의 서울을 볼 때 마침내 오랑캐의 소굴이 되고 말았다"(『東史』 2, 27−28). 국가의 심장부에 들어온 왜와 서양 적(賊)이 위기의 본질임을 인식하고 있었다. 동학인이 발한 한 령(令)에도 이적(夷狄)이 이미 중국을 범하고 이제 아동(我東)에 이르러 국가에 화를 미칠 지경이 되어 성인(水雲)의 가

32. "고종 30년 3월 2일(갑신) 앞서 동학교도들이 경성 각처에 첩을 붙였고 또한 일본국영사관 담벽에도 첩을 걸었는데, 즉 일본인을 막고 이를 물리치자는 내용이었다. 이날 일본국 판리공사 大石正己가 독판교섭통상사무 조병직(趙秉稷)에게 조회하여 이러한 무리의 도를 엄히 처판할 것을 요구하다."

르침에 따라서 충효를 실행하고 있다고 하고 있다(『東史』 2, 40). 왜적(倭賊)은 '같은 하늘을 이고 살 수 없는 적'으로 보고 조선의 '국세는 거꾸로 매달려 있는 형세'처럼 시급하다고(『東史』 2, 41)[33] 보고 있다. 동학도들이 방으로 붙이거나 배포한 적지 않은 문서에서 존망의 위기에 처한 '국가' 보전을 위하여 자신들이 나서게 되었음을 말하는 비슷한 내용들이 산견된다(『東史』 5, 64–65 ; 68–69).

이들 문서들은 한결같이 5백 년간 이어온 종묘사직이 짐승의 무리에 짓밟히고 있는 상황에서 비록 벼슬이 없는 민이지만 국가를 보전하기 위하여 모였다는 점을 강조한다. "우리들은 비록 초야의 어리석은 백성이나 선왕의 법을 이어받고 이 나라의 국토에서 땅을 갈아 부모를 봉양하고 있으니 신하와 백성의 직분이 비록 다를망정 충효야 어찌 다르겠는가? 원컨대 작은 충성이지만 나라에 바치고자 하나 보잘것 없는 백성들의 마음을 상달할 길이 없도다"(『東史』 2, 28). '아국(我國)'보전을 위하여 민이 나서게 되었음을 천명하는 것이다. 민이 국가보전의 주인이라는 애국심이 드러나고 있다. "저희들 수백만은 힘을 합쳐 죽기를 기약하고 왜적과 서양놈을 쓸어내어 나라에 크게 보답하는 의리를 다하고자 합니다. … 우리와 뜻을 같이하고 협력하여 충성심이 있는 선비와 관리를 뽑아 모집하여 같이 국가를 돕기를 천만 번 바라나이다"(『東史』 2, 29). 역설적이게도 조선왕조의 정치적 주체라고 할 수 있는 관리들에게 자신들과 함께 국가보전에 나설 것을 요청하고 있다. 동학의 국민주권 의식과 함께 자주의식을 잘 보여준다. '보국(保國)', '애군충국(愛君忠國)', '보국(輔國)'을 위하여 민이

33. "國勢如倒懸之急."

일어났으며, 힘을 합하여 외세에 대항하자는 주장이다. 나아가 민이 주체가 되어 관리들에게 국방의 의무를 촉구하고 있다. 민이 국가수호의 전면에 나서고 있다.

'척왜양창의(斥倭洋倡義)'라는 깃발을 내건 보은집회의 취지는 왜적에 대하여 국가를 보전하자는 것이었다. 해월의 주도 하에 모인 동학인의 최대 집회였다. 보은집회를 통하여 민의의 결집을 국가에게 보여주었을 뿐만 아니라 민이 국가를 방위한다는 주장을 당당히 개진하였다. 보은집회에서 분출된 반외세의 결집된 의사가 전주함락 이후 집강소 체제로 들어간 뒤 일본군과 전쟁을 개시하는 동학혁명 9월봉기로 구체화되었다.

9월봉기는 일본군에 대한 봉기였다. 압도적 무력을 바탕으로 일본은 6월 21일 경복궁을 점령하고 조선군의 무장해제를 하였다. 이어 민씨 정권을 붕괴시키고 대원군을 세워 친일정권을 수립하였다. 일본공사의 간여로 개화파에 의한 이른바 신정부가 수립되었고, 일본은 조선의 내정에 단독으로 개입하게 되었다(『東史』 6, 289-90). 내정을 장악하고 이어 7월 25일 충청도 풍도 앞바다에서 청국군함에 대한 선제공격을 가하여 1,000명의 사상자를 내고, 청일전쟁을 일으킨 뒤 성환과 평양전투에서 약 2,000명의 사상자를 내면서 청일전쟁에서 승리하게 된다(김창수 2002, 86-88). 친일정권을 수립하고 청일전쟁에서 승전하면서 일본은 안팎으로 조선의 실세로 등장하게 된다. 따라서 동학혁명의 적은 조선정부에서 일본으로 바뀌게 된다.

농민이 대다수였던 동학군은 음력 9월(양력 10월) 이후 각지의 동학접주들에게 통문을 내어 남북접이 연합하여 대일항전에 돌입하였다. 전봉준은 통상을 주장하는 다른 나라들과 달리 군대를 이끌고 서울을 점령한 일본은 국토의 침략자로(『東史』 18, 40)[34] 보았다. 남접은 전봉준이 총대장이 되었고 손화중과 김덕명이 총지휘가 되어 삼례에 집결하였다. 김개남은 남원을 중심으로 독자적인 세력권을 형성하였다. 9월 18일 최시형은 각포 두령들로 하여금 교도들을 거느리고 충청도 청산에서 남접의 전봉준과 합세하여 무력항쟁을 지시하였다. 보은 장내리에 결집하여 손병희를 중군통령으로 삼고 동학농민군을 총지휘하게 하였다. 남북접은 논산에서 합세하여 전국적으로 확산되었다. 9월봉기에서 최대의 격전장은 공주로 들어가는 길목인 우금치 전투였다.

농민군은 10월 16일 농민군 재기의 목적을 재차 천명하고 관군도 즉각 항일 구국전선으로 돌아올 것을 호소하는 글을 충청감사 박제순에게 보냈다(『東史』 10, 336). 10월 하순부터 11월 초순에 걸친 약 20일 동안 공주를 둘러싸고 이인 · 효포 · 우금치 등지에서 농민군과 관군 및 일본군 사이에는 일대 공방전이 벌어졌다. 전략 요충지인 공주로 들어가는 길목에 해당되는 우금치에서 지형상 유리한 위치를 선점하고 일본군의 막강한 화력 앞에서 농민군은 6–7일간의 공격에도 불구하고 막대한 희생자만 내고 패퇴의 길을 걷게 된다. 우금치 전투 이후 11월 12일자로 관군에게 한문과 한글로 된 격문을 띄워 동족끼리의 골육상잔을 즉각 중지하고 공동보조를 취하여 일본군을 격퇴할 것을 호소하였다(『東史』 16, 199).[35] 또 같은 날 동도창의소(東徒倡義所)

34. "各國人은 다만 通商만 ᄒᆞ는데 日人은 率兵ᄒᆞ야 京城에 畓陳ᄒᆞ는 故로 我國境土를 侵掠ᄒᆞ는가 疑訝ᄒᆞᆷ이니다."

35. "自今以後 切勿互相爭鬪 妄殺人命 火燒人家 同扶大義 上輔國家 下安民而已."

의 이름으로 "기실은 됴션기리 상젼ᄒᆞ쟈 ᄒᆞᆫ바 아니"(『東史』 10, 333)므로 관군 및 일반 민중들에게 함께 척왜척화하여 조선이 왜국화되지 않도록 협력하여 대사를 이루자고 호소하였다. 여기에서 민이 앞장서서 민족과 국가를 수호한다는 근대적 국민국가의 성격을 볼 수 있다.

2. 왕권체제의 혁명

전쟁을 통하여 국가수호의 주인으로 등장한 민이 정치적 주체로 전제왕권에 대항한 혁명운동으로 나아가는 것은 자연스러운 역사흐름이었다. 국가는 더 이상 왕이나 사대부의 전유물이 아니었다. 여기에서 동학의 근대 국민국가적 성격이 나타나게 된다.

동학의 혁명성은 왕권체제에 대한 정면 도전에서 잘 나타난다. 동학의 왕권체제에 대한 일차적인 비판은 정당성 문제에 집중되었었다. 수운이 천명을 받고 도통(道統)을 계승하였다는 주장 자체가 혁명적이다. 수운의 죄목이 '좌도난정(左道亂正)'이었으며, 조직화된 동학운동의 제1구호는 수운의 억울함을 풀어달라는 '신원(伸寃)' 운동이었다. 1893년 보은집회 이전까지 동학의 운동에서 핵심적인 이슈가 바로 동학이라고 하는 새로운 사상의 정당성을 주장하는 것이었다. 왕 · 관리 · 사대부들의 전유물이었던 정치에 대하여 민이 '천명(天命)'을 말하면서 정치적 발언을 시작하였다.

수운은 자신을 동양문명의 시원이자 정치의 원조인 천황씨로 자처했다는 자체가 혁명적이다. 조선왕조의 정치적 정통성 대신 동학의 정통성을 주장하는 것이기 때문이다. 수운은 일상의 모든 일들을 "천명에 부쳐보았다"(「논학문」)[36]고 하여 오제(五帝)의 도를 다시 회복하였다고 하였다. 또한 「불연기연」에서는 "조물자에 부쳐보았다(付之於造物者)"(「불연기연」)고 하여 천명을 받았음을 간접적으로 천명하였다. 천황씨를 운운한다는 것은 조선의 종말과 새로운 정권의 등장을 뜻한다. '조선왕조 500년'을 예언하는 정감록의 예언이 흉흉하던 시대적 혼란과 함께 동학의 '천명' 주장을 근거로 계룡산 신도안을 수도로 하는 혁명조정이 세워졌다는 문건이 나돌 정도로(『東史』 5, 47-57) 동학의 수명(受命)설은 강한 변혁사상으로 작용했다.

'보국안민'은 더 이상 왕 · 관리 · 사대부들만의 전유물이 아니었으며, 동학의 핵심적 구호였다. 국가와 민을 보호하기 위해서는 민이 일어나야 한다는 주권의식은 정통성 주장을 통하여 매우 일반화되었었다고 할 수 있다. 삼례집회, 광화문복합상소, 보은집회 등을 통하여 동학은 정통적인 도덕임을 강조했으며, 이제 보국안민의 계책[37]은 민으로부터 나온다는 의식이 일반화되었다고 하겠다.[38] 민권의식과

36. "一動一靜一盛一敗 付之於天命."

37. 수운은 「포덕문」에서 "이러므로 우리나라는 악질이 세상에 가득 차서 백성들이 언제나 편안할 때가 없으니 이 또한 상해의 운수요, 서양은 싸우면 이기고 치면 빼앗아 이루지 못하는 일이 없으니 천하가 다 멸망하면 또한 순망지탄이 없지 않을 것이라. 보국안민의 계책이 장차 어디서 나올 것인가(是故我國惡疾滿世 民無四時之安 是亦傷害之數也 西洋戰勝功取 無事不成而 天下盡滅 亦不無脣亡之歎 輔國安民 計將安出)"라고 하여 보국안민을 걱정하였다.

38. 김우태는 1860년대부터 1910년까지의 한국 민족주의 1단계를 1기(1860년대-1870년대)와 2기(1880년대-1890년대)로 구별한다. 1기는 척사(斥邪)파와 동도서기(東道西器)파에 의한 민족보전이라는 보수적 민족주의로, 2

(金義煥 1959, 45) 자주의식이 동학에서 시작되었다고 하겠다. 일련의 집회는 민권의식의 성장에서 나왔다고 볼 수 있다. 그러므로 일찍이 보은집회 때 양호선무사로 파견된 어윤중도 보은집회를 일종의 '민회(民會)'로 보았다(『東史』 4, 68). 신일철은 동학의 일련의 집회를 조선정부와 대등한 입장을 가지면서 압력을 행사하는 일종의 민회로 평가하였다(신일철 1985, 58). 그러므로 동학운동을 조선의 민권운동의 시발점으로 평가할 수 있다.

동학의 혁명성은 전봉준에 의해서 더욱 구체화 · 현실화되었다. 전봉준의 고부봉기는 동학의 혁명적 근대성을 확연하게 보여준다. 전봉준은 동학접주로서[39] 조선의 부패한 관료제를 정면으로 시정하고자 하였다. 전봉준은 동학의 사상을 매우 좋아하였으며(『東史』 18, 32), 동학의 접주가 지도하여(『東史』 18, 33)[40] 왕권체제의 부패하고 무능한 관료제에 희생된 민을 혁명을 통하여 정치적 주체로 성숙시켜 나갔음을 말하고 있다. 또한 혁명운동은 자신의 지휘 하에 조직적으로 전개되었음을 시인하였다(『東史』18, 36). 전봉준은 교장(敎長), 교수(敎授), 집강(執綱), 도집(都執), 대정(大正), 중정(中正)의 동학의 육임제 조직과 역할에 대하여 명확하게 언급하고 있는 점을(『東史』 18,

기를 개화파와 동학파에 의한 반침략 반봉건을 투쟁목표로 내어건 진보적 민족주주의로 본다(김우태 1984, 90).

39. "심문 : 너가 접주가 된 것도 또한 최시형이 임명한 것이냐? 전봉준 : 그렇다(問汝之爲接主亦崔之差名乎 供 然矣)" (『東史』 18, 80). 전봉준이 동학접주가 아니라는 주장도 있으나 「전봉준 공초」에는 동학접주로 나온다. 전봉준이 동학접주가 아니라는 주장에 대해서는 신복룡 1985, 169-171 참조.

40. "所謂 接主는 皆是東學이요 其餘率下는 忠義之士라."

34–35) 보아 동학조직을 통하여 혁명군을 통솔하였음을 알 수 있다.

백산의 격문에는 동학의 혁명성이 잘 나타나고 있다. 1894년 정월 초사흘 전봉준, 손화중, 김개남은 창의문(倡義文)을 선포하고 고부관청을 함락하고 이틀 뒤 고부 읍내에서 백산으로 진을 옮긴다. 이때 대장기폭에 '보국안민(輔國安民)'을 내걸고 격문(檄文)을 배포하였다. 민을 경제적 피폐로부터 보호하고 외적의 침략으로부터 국가의 안전을 지키기 위해서는 민이 일어나야 한다는 내용이다(吳知泳 1973, 203)[41] 고부봉기 이후 사태가 확산되자 무장현에 모여 "국가의 위기를 좌시할 수 없어 팔로가 마음을 합하고 수많은 백성이 뜻을 모아 이제 의로운 깃발을 들어 보국안민으로써 사생의 맹세"(『東史』 2, 126)를 하는 창의문을 포고하면서 민중과 동학군이 5–6만 명의 규모로 급격히 확산되었다(『東史』 4, 363). 백산에 집결하여 이른바 4대 강령을 포고하였다. 네 번째 강령인 '군대를 몰아 서울에 들어가서 권귀(權貴)를 다 멸할 것'(『東史』 4, 363)[42]은 동학농민군의 정치적 권리의식과 새로운 정권창출의 혁명적 의지를 보여준다. 왕권에 대한 직접적 도전은 보이지 않지만 집권권력층에 대한 혁명의식이 분명히 드러나고 있다. 일반 민중과 하급 관리들이 국가의 주인으로서 나라를 지키고 경제적

41. "창생을 도탄에서 건지고, 국가를 반석위에 두자는데 있다. 안으로는 탐학한 관리의 머리를 베고, 밖으로는 횡포한 강적의 무리를 구축하는데 있다. 양반과 부호 밑에서 고통을 받고 있는 민중들과 방백 수령들 밑에서 굴욕을 당하고 있는 소리(小吏)들은 우리와 같이 원한이 깊은 자다."

42. "① 살생을 하지 말 것, ② 충성과 효도를 다하고 세상을 구제하여 국민을 편안하게 할 것, ③ 서양인과 일본인을 쫓아 없애고 성스러운 도를 밝게 할 것, ④ 군대를 몰아 서울에 들어가서 권귀(權貴)를 다 멸할 것."

도탄에서부터 벗어나자는 주장이다.

일본의《동경조일신문》의 보도를 따르면, 전봉준은 동학을 "마음을 바로한 자의 일치는 간악한 관리를 없애고 보국안민의 업을 이룰"(『사회와 사상』, 1988. 9 창간호 재인용) 수 있는 것으로 보고 있다. 수심정기를 통하여 민은 정치적 주체로의 지배층을 대신하여 보국안민할 수 있다는 민권의식이 잘 표출되고 있다. 민의 정치적 권리를 주장한 것이다. 농민의 국가의식의 형성과 참여를 통한 실천(吳知泳 1973, 263)[43]은 백산거의를 계기로 전라도와 충청도로 급속도로 확산된다.

동학농민군과 전라감사 김문현이 조직한 별초군과 보부상으로 구성된 지방군은 황토현에서 대전투를 치르게 되어 동학농민군이 대승을 거두게 되자 양호초토사 홍계훈의 경군(京軍)이 투입되게 된다. 황토현 대승 이후 발표한 폐정계혁안에는 전운사(轉運使)의 혁파, 균전사의 혁파, 탐관오리의 축출 등 폐정개혁을 위한 13개조의 요구사항을 김문현의 파직 이후 전라감사로 부임한 김학진(金鶴鎭)에게 제시하였다. 그 이외의 여러 문서에서도[44] 동학군은 조선의 삼정(三政)

43. 오지영은 동학혁명의 사망자수를 30-40만 명으로 추산한다. "전후 피해자를 계산하면 무릇 三四十萬의 다수에 달하였었고, 동학군의 재산이라고는 모두 관리의 것이 되고, 가옥 등은 죄다 불 속에 들어갔으며, 기타 부녀강탈과 능욕 등은 차마 다 말 할 수가 없는 정도이다."

44. 4월 4일 부안을 점령한 농민군이 법성포 이향에게 보낸 '동학군통문(東學軍通文)' 9개조와 4월 19일 경군을 이끌고 내려온 초토사 홍계훈에게 제시한 '호남유생원정(湖南儒生原情)' 8개조, 5월 초 전주화약 직전 화약의 조건으로 초토사 홍계훈에게 제시한 27개조 중 14개조, 전주성에서 물러나와 5월 11일경 순변사 이원회에게 제시한 '전라도유생등원정(全羅道儒生等原情)' 14개조와 5월 17일경 '원정열록추도자(原情列錄追到者)' 24개조, 그리고 5

의 혁신, 탐관오리 숙청, 동학도의 신원(伸寃) 등 구체적인 개혁안을 제시하고 있다(『東史』 4, 330–332).[45] 조선 경제의 중추를 형성하고 있던 전제(田制)의 전면적 조세제도 혁신, 군정의 혁파, 그리고 환전과 같은 재정문제의 혁신을 요구하고 있다. 또한 외래 상품의 도래에 따른 국내 상업의 위축과 왜곡을 비판하고 전면적 혁신을 요구하고 있다(박찬승 1997, 107–122). 조선의 경제정책 전반에 대한 근본적 혁신을 요구하고 있다는 점에서 반봉건적 성격은 뚜렷하다(金光載 2002, 102–112). 동학혁명군의 이러한 개혁안은 일본에 의한 수동적 · 피동적 근대적 개혁이 아닌 자주적 근대성의 원형이라는(노태구 2001, 298) 점에는 이견이 없다.

동학혁명은 왕권체제를 철폐한 이후 형성할 새로운 권력체제나 국가상을 제도적으로 구상하지는 못했다. 군주제에 대한 명시적인 부정이 없었을 뿐만 아니라 「전봉준공초」를 포함한 혁명군의 여러 문서를 살펴보아도 왕권체제 이후의 새로운 국가건설의 구상은 찾기 힘들다. 2차봉기에 대한 동기를 묻는 심문관에 대하여 전봉준은 "국사를 들어 한 사람의 세력가에게 맡기는 것은 크게 폐해가 있는 것을 알기 때문에 몇 사람의 명사에게 협합(協合)해서 합의법에 의해 정치를 담당하게" (金光載 2002, 115재인용)[46] 하는 것이 자신의 구상이었음을 내비추고 있다. 또한 1895년 1월 말 일본 영사관에서의 심문에서 전봉준

월 20일경 장성에서 전라감사 김학진에게 제시한 '개혁안' 13개조에 대한 자세한 분석은 鄭診相 1999, 353쪽 참조.

45. 김윤식은 1894년 5월 순변사 이원회 앞으로 도착한 동학혁명군의 원정서14개 항과 재차 도착한 24항을 그대로 전재하고 있다.

46. 「東學首領と合議政治」, 《東京每日新聞》, 1895年 3月 6日字.

은 "원래 우리나라의 정치를 그르친 것은 모두 대원군이기 때문에 인민이 그에게 복종하지 않는다"(정창렬 1999, 509재인용)[47]고 하여 합의제를 그 대안으로 생각하고 있었음을 말하고 있다. 전봉준은 대원군과 협력하여 민씨 정권에 반대하여 새로운 정권구상을 하였다는 주장도 있으나 전봉준은 대원군과의 관계를 일절 부인하고 있다(『東史』 18, 45; 55).[48] 대원군측에서는 동학농민군을 이용할 생각이 없지 않았던 것 같다(신복룡 1985, 153).[49] 그러나 동학농민군은 독자적인 국가건설의 구상을 갖고 혁명운동을 시작한 것 같지는 않으며, 부패하고 탐학한 관리, 약탈적 경제정책과 조세제도, 민씨 정권 타도가 주된 관심사였다.

천명을 받아 새로운 권력체제를 세운다고 하는 정통성 주장에서는 혁명적이었으나 1차봉기 때 나타나는 동학혁명은 주로 경제적 모순과 관료제의 문제점 비판에 치중되고 있으며, 그러한 경제적 모순과 관료제의 부패가 지배구조와 긴밀하게 연관되어 있으며 궁극적으로는 왕권체제가 버티고 있다는 의식으로는 발전하지 못했음을 알 수 있다. 경제적 착취체제와 관료적 부패상에 너무 긴밀하게 속박되어 왕권을 무너뜨리고 새로운 국가를 형성한다는 근본적이고 긴 안목

47. 「東學黨 大頭目과 그 自白」, 《東京朝日新聞》, 1895年 3月 5日.

48. 대원군과 동학군을 연결하는 송희옥(宋喜玉)이라는 인물에 대하여 전봉준은 '부랑배(浮荒之類)'라 하고 일본영사와가 심문할 때 보여준 운현궁 운운하는 서찰도 송희옥의 위조인 것 같다고 말하고 있다. 송의 운현궁에 대한 횡설수설하는 것이 황당하다고 말하고 있다.

49. 신복룡 교수는 "대원군과 전봉준의 관계에 있어서 먼저 손을 내민 것은 대원군이지, 전봉준이 먼저 그를 찾아갔거나 아니면 그에게 어떤 內札을 보낸 것은 아니었다"고 한다.

의 국가건설 구상은 찾기가 쉽지 않다. 새로운 국가형성이라는 전략적 목적이 있었더라면 동학혁명은 보다 조직적이고도 전략적으로 전개되었을 것이며, 전주성 함락 이후 곧장 북상하여 서울로 진격하였어야 했을 것이다.

민이 정치적 권리를 주장하면서 혁명운동을 전개하였다는 점에서 동학의 근대적 정치혁명의 성격을 볼 수 있다. 동학의 민권의식은 동학혁명운동을 추동하였으나 일본이라고 하는 제국주의에 의하여 사상사적 · 역사적 · 주체적 발전과정이 단절되고 국가주의적 근대성이 이식되고 번식하게 된다. 성찰적 주체에 의한 자주적인 사상, 독자적인 생활, 주체적인 정치형성은 좌절되면서 자기 성찰이 없는 국가주의적 근대성만이 비대화될 수 있는 토양이 형성되었다.

V. 맺음말

동학사상과 혁명운동에는 구체적 제도로서의 국가건설안[50]은 찾을 수 없으나 자기 성찰적 민권과 자주적 민권운동을 찾을 수 있었다. 동학이 성찰을 통한 자기 준거점을 찾아낸 점은 매우 독창적이며

50. 수운은 천주가 자신을 보내서 이 나라를 보전할 뿐만 아니라 자신에게 "개벽시 국초 일을 만지장서 나리시고"(「안심가」)라고 하여 국가건설의 설계도를 받았다고 말하지만 현재 전해지는 내용은 없다.

자주적이다. 동학을 위정척사사상이나 개화사상과 뚜렷하게 구분할 수 있었던 점도 '사람이 하늘을 모시고 있다'고 하는 독특한 성찰적 철학 때문이라고 하겠다.

제국주의로부터 국가를 보전하고자 하는 '아국(我國)' 의식은 애국심을 추동하고 국가의식을 형성하게 되며, 무장을 통한 일제와의 전쟁을 통하여 국가를 수호하려고 하였다. 뿐만 아니라 부패하고 무능한 왕권체제의 모순을 시정하려는 혁명운동으로 발전하였다. 자기 성찰성과 자주성은 침략주의적 일제의 국가주의에 의하여 실패하게 되면서 조선의 근대화는 수동적 국가주의로 흐르게 되었다.

그러나 동학에는 정치적 주체로서의 민의 자기 성찰적 자각이 있었다는 점에서 정치철학적 근대성의 문을 열었으며, 대외적 자주국가를 위한 민이 주축이 되어 일본과 전쟁을 하였다는 점에서 자주적이고 근대적인 민족국가 형성의 장을 열었다고 평가할 수 있다. 사상적 자율성과 국가적 자주성의 자각은 일제시대 독립운동과 해방 이후 자주국가 건설운동의 사상적 · 역사적 기반이 되었다고 할 수 있겠다. 현대적 맥락에서 보자면 동학사상은 민의식의 공고화, 민권의 자발적 조직화, 자주적 국가건설의 형성 등에 사상적 기반을 제공할 수 있을 것이다.

참고문헌

❖ 金允植,『續陰晴史』.

❖ 東學農民戰爭史料叢書編纂委員, 1996,『東學農民戰爭史料叢書』1-30, 史芸研究所.

❖ 鄭喬,「大韓季年史」,『東學農民戰爭史料叢書』4.

❖ 崔濟愚,『東經大全』, 癸未版, 慶州.

❖ 崔濟愚,『용담유사』, 癸未版, 慶州.

❖ 洪大容,『湛軒書』.

❖ 金光載, 2002,「東學農民運動의 歷史的 意義」,『東學硏究』11, 한국동학학회.

❖ 金義煥, 1959,『우리나라 近代化史攷』, 三協出版社.

❖ 김양식, 1995,「전남 동부지역의 농민군 활동」,『호남문화연구』23.

❖ 김영작, 1989,『한말 내셔널리즘 연구』, 청계연구소.

❖ 김우태, 1984,「한국민족주의연구」, 부산대학교 정치학박사학위논문.

❖ 김창수, 1987,「동학농민혁명 진압책과 외병차입논의」,『한국근대의 민족의식 연구』, 동화출판공사.

❖ 김창수, 2002,「동학혁명전의 전개」,『동학연구』11, 한국동학학회.

❖ 노태구, 2001,「동학의 사회관」,『동학학보』2, 동학학회.

❖ 睦貞均, 1984,「東學運動의 求心力과 遠心力」,『東學思想과 東學革命』, 청아출판사.

❖ 박찬승, 1997,「1894년 농민전쟁의 주체와 농민군의 지향」, 한국역사연구회 지음,『1894년 농민전쟁연구 5 농민전쟁의 역사적 성격』, 역사비평사.

❖ 宋榮培, 1994,「洪大容의 상대주의적 思惟와 변혁의 논리」,『韓國學報』74, 일지사.

❖ 申福龍, 1985,『東學思想과 甲午農民革命』, 평민사.

❖ 신일철, 1995,『동학사상의 이해』, 사회비평사.

❖ 오문환, 2003,『해월 최시형의 정치사상』, 모시는사람들.

❖ 吳知泳 著, 李圭泰 校註, 1973,『東學史』, 文宣閣, 1973.

❖ 吳知泳, 1985,『東學史(影印本)』, 亞細亞文化社.

❖ 李敦化, 1970,『天道教創建史(影印本)』, 景仁文化社.

❖ 이신행, 1999,「하버마스의 공공권역 : 1987년의 정치변동, 그리고 새로운 정당성의 형성」, 이신행 외,『시민사회운동』, 법문사.

❖ 鄭診相, 1999,「제1차 동학농민전쟁」,『한국사』 39, 국사편찬위원회.

❖ 정창렬, 1999,「동학농민전쟁의 역사적 의의」,『한국사』 39, 국사편찬위원회.

❖ 天道教中央總部, 1981,『天道教百年略史』, 天道教中央總部.

❖ 崔東熙, 1969,「天道教 指導情神의 發展過程」,『3 · 1운동 30주년 기념논집』, 東亞日報社.

❖ 韓國學文獻硏究所 編, 1979,『東學思想資料集』, 壹貳參, 亞細亞文化社.

제 5 장

유길준의 국가건설사상

이종은 (국민대 사회과학대학)

Ⅰ. 서론

19세기에 서양이라는 문화권으로부터 문화요소가 아시아 문화권으로 내습하기 시작하였다. 이에 문화전파(cultural diffusion)로 인한 문화접변(문화변용 ; acculturation)이 일어나지 않을 수 없게 되었다. 이러한 상황에 처하게 된 당시의 조선사회는 정치적 · 경제적인 모순이 심화되어 있었다. 게다가 기존의 문화 혹은 가치에 대한 회의가 일어나고 있었다. 이에 자신의 사회를 돌이켜 보고 위기를 타개하기 위하여 여러 가지 사상과 운동이 나타났다. 그 중의 하나가 개화사상이라고 할 수 있다.

서구로부터의 충격이라는 난국에 직면하여 새로운 가치를 구현할 수 있는 국가의 모습을 새롭게 그려보지 않을 수가 없었다. 이렇게 보면 개화파들의 국가건설사상이란 이질적인 문화권으로부터 새로운 문화요소가 유입됨에 따라 이에 반응하여 제시한 새로운 국가조직 원리라고 할 수 있다. 본고에서는 개화사상의 대표적 인물인 유길준(1856-1914)이 어떠한 국가건설사상을 어떠한 논지에서 전개하였는지를 살펴봄으로써 개화사상이 어떠한 국가건설사상을 담고 있는지를 밝히고자 한다.

여기서 유길준이 어떠한 논지에서 어떻게 국가건설사상을 제시하였는지 분석하는 것이 당면의 과제이다. 이를 위하여 스프래건스가 제시한 정치사상의 분석방법을 이용하여 국가건설사상이라는 정치사상을 보다 분석적으로 고찰하고자 하고자 한다(이종은). 그래서 본고는 (2) 개국으로부터의 위기와 이에 대한 인식, (3) 위기의 원인, (4) 부강하고 독립된 근대국가라는 이상, (5) 문명개화를 통한 부국강병론, 그리고 (6) 결론이라는 순서에 따라 기술하고자 한다. 이렇게 하는 이유는 그의 전반적인 사상의 틀에서 그의 새로운 국가에 대한 사상을 엿볼 수 있다고 생각하기 때문이다.

Ⅱ. 개국으로부터의 위기와 이에 대한 인식

유길준의 생애에서 알 수 있는 것처럼 한말의 위정자나 지식인은 개국(開國)을 받아들이지 않을 수밖에 없었다. 그러므로 피할 수 없는 개국이라는 당면의 과제가 당시의 위기라고 해도 과언이 아니었다. 조선은 서구 열강이 강제하는 개항(開港)에서부터 시작되는 개국에 자의든 타의든 대처해야만 했다. 개국으로 인하여 정치, 경제, 그리고 군사적인 침략뿐만 아니라 서구의 사상이 유입이 시작되었다. 게다가 객관적으로 보아 조선이 우월한 입장에 있다고 말할 수 없는 형편에 있었다. 따라서 사회질서가 전면적으로 파괴되고 국권이 상실될 위험에 처하게 되었다.

그런데 위기를 극복하는 방법에 대한 이견이 노정되었다. 위정척사파는 조선의 문화에 대한 자존감을 바탕으로 하면서 어디까지나 경제적인 자립주의에 의한 '복고적인 부국강병론'에 의존하였다(김영작, 2003, 5). 유길준은 이 방법 자체가 적절하지 못하며 위기를 불러올 조짐이 있다고 보았다. 이와 같이 위기에 대응하는 방법에 대하여서 견해를 달리 하였다. 그 원인은 위기의 내용과 심도에 대한 인식도 달랐기 때문이라고 볼 수 있다. 그래서 개국을 하지 않을 수 있느냐, 없느냐에 대한 견해도 위정척사파와 개화파는 달리 하였다.

그런데 조선이 강국이라면 개국 여부 그 자체가 그다지 큰 문제가 되지 않을 수도 있었다. 그러나 객관적인 사정은 그렇지 못하였다. 그후 서구 열강이 야만이라는 애초의 인식에서부터 위정척사파가 후퇴하여 서구 열강도 우월한 문명을 가지고 있다는 데에 위정척사파도 인식을 같이 하게 되었다. 그렇더라도 하더라도 위기의 심각성과 조선조의 실체와 그리고 서양문화라는 실체에 대한 인식의 정도가 달랐다. 그래서 대처방법이 다르게 되었다. 그들의 우월성을 인정하면서도 우리의 사상과 제도를 고수하면서 주체적으로 위기를 극복하려고 한 것이 위정척사파라면 개화파는 서구의 문물을 수용함으로써, 즉 근대화를 통하여 위기를 극복하려고 한 셈이다. 즉 위정척사파는 봉건적인 제 모순에서 기인하는 조선조의 허약함을 종전의 방법으로 극복할 수 있다고 보았으나 개화파는 새로운 방법을 이용하여야 한다고 생각하였다.

이와 같이 개국 그 자체뿐만 아니라, 개국에 따른 대내외 문제의 해결에 대한 국론의 분열도 객관적으로든 주관적으로든 위기로 인식될 수 있었을 것이다. 그래서 개국을 하는 경우에도 개국의 방법과 내용에 따라서는 자칫 잘못하면 개인과 국가의 사활이 걸린 문제일 수밖에 없었을 것이다(김영작, 2003, 3). 그러므로 우리는 유길준이 인식한 위기는 개국으로부터 기인하는 위기라고 보지 않을 수 없다.

Ⅲ. 위기의 원인

조선의 사활이 걸린 문제에 봉착하여 있다는 위기를 인식하였다면 이 위기의 원인을 규명하여야 한다. 원인을 제거함으로써 위기를 극복할 수 있기 때문이다. 그래서 여기서는 유길준이 이상에서 나타난 위기가 무엇으로부터 기인한다고 보았는지를 알아보고자 한다. 그런데 원인을 규명하는 데에 있어서 사상가에게 중요한 것 중의 하나는 사상가가 인간과 사회에 대하여 어떠한 시좌(視座 ; perspective)를 가지고 있느냐라는 점이다. 그 시좌에 따라서 위기를 가져다 준 원인의 내용이 달라질 수 있을 것이다. 그래서 인간의 본성과 사회, 그리고 정치에 대하여 유길준이 어떠한 관점을 가지고 있느냐라는 점을 살펴보지 않을 수 없다.

1. 진단상의 기본적 시좌

1) 인간의 본성

그는 인간은 욕구를 가지는 것이 자연적이며, 이 욕구를 추구하기 위하여 이기적인 경쟁심을 가진 존재로 보았다. 인간은 '自己의 好惡를 從하여 自己의 趣意를 欲達하는' 존재(西遊見聞, 全書 1, 150 ; 以下에서는 西遊라고 略稱함)라는 것은 부인할 수 없는 것으로 그는 보았다. 요컨대, 인간의 기본적인 생리적 욕구와 그 이상의 욕구도 자연적인 것으로 보고 긍정적으로 인정하였다.

그는 "欲高하는 心性과 進取하는 氣概로 一步라도 人에게 勿屈하고 一毫라도 人에게 勿讓하"는(133–4) 것[1]이 인간이라고 보았다. 이와 같이 그는 인간의 삶을 이기적인 경쟁으로 보고 있다(133–4). 이기적인 경쟁은 스스로가 하는 것이며, 이를 통하여 삶을 꾸려나가는 모든 책임은 개인에게 있다는 것을 강조하여(勞動夜學讀本, 全書 II, 356 ; 以下讀本이라 略稱함) 각기 개인의 책임성과 독립성을 앙양하였다.

요컨대, 인간이 가진 이기심은 배척의 대상이 아닐 뿐더러, 이기심으로 인한 경쟁이 문명발전의 원동력으로 조장되어야 한다고 본 것

1. 출전을 명기하지 않은 것은 전게서를 의미함.

이다. 바로 이 점이 전통적인 유교에 의한 인간론과는 다른 것이다. 유교의 입장에서 보면, 천지자연의 질서를 체현(體現)할 수 있는 도덕적인 본성이 인간에게 부여되어 있으므로 인간은 이기적인 욕망을 절제하여야 한다. 그래서 이(利)보다는 의(義)를 중시하여 자신이 가진 욕망을 억제하는 것을 수양의 본질로 삼았다. 그런데 그는 개인의 욕구와 이익추구를 적극적으로 긍정하였다. 여기에서 인간이 가진 사욕(私慾)을 기본적인 것으로 여겼다는 점에서 근대적인 인간관으로의 전환을 엿볼 수 있다.

이와 같이 유길준이 인간을 이기심을 가진 존재라고 본 이상 그는 이기심을 발양할 수 있는 권리를 인정해야 했으며, 이기심이 무제한적으로 발양됨으로써 나타날 수 있는 무질서에 대하여 대책을 세워야 한다.

2) 사회진화론

그가 욕망을 긍정적으로 평가하고 이 이기심을 발현시킬 권리를 인정한 궁극적인 이유는 어디에 있는가? 그 부분적인 해답은 진화론의 영향이라고 생각이 된다. 1883년경에 집필한 것으로 추정되는 「경쟁론(競爭論)」에서 개개의 인간과 사회의 진보가 가능하다고 하는 점과 이를 가능하게 하는 것이 경쟁이라고 보았다.

그래서 문명화(개화)에 도달할 수 있는 원동력을 그는 사회적인 경쟁에서 찾았다. 사회적인 경쟁이란 각기 자신의 직분에 힘쓰며, 자기가 좋아하거나 미워하는 바에 따라 자신의 뜻한 바를 달성하고자 앞을 다투게 되는 것이라고 정의하였다. 즉 사회 내에서 개인 사이의 경쟁이 개화의 원동력이라고 본 것이다. 게다가 그는 인간사회에 아름다운 이익을 끼침이 바로 이 도를 따라 성취되고 천하의 현실적인 상황이 이 도를 따라 보존되는 것이라고 설명하고 있다.

그렇다면 그의 진화론적인 관점이 그의 사상에서 의미하는 바가 무엇인가? 첫째, 역사가 경쟁을 통하여 진보적으로 발전할 수 있다는 사고는 상고주의(尙古主義)에 젖어 있는 유교사상으로부터의 이탈이라는 점이다. 진화론적인 관점을 가짐으로써 한말의 위기를 극복하는 방법을 강구하는 데에 있어서 위정척사론자의 복고주의 혹은 상고주의(尙古主義)를 극복할 수 있게 되었다. 또한 진화론적인 관점을 가지게 된 것은 개화파로 하여금 주로 군비와 군사제도에 중점을 두는 동도서기론에서부터 광의의 서구 수용을 의미하는 문명개화론으로 이어지게 하였다고 하겠다. 그리하여 문명개화의 필요성은 유길준으로 하여금 서구의 법과 제도의 수용을 주장하게 만든 것이었다.

둘째, 그는 경쟁을 통한 진화론의 적용은 국내의 개개인과 국가 사이에는 차이를 두었다는 점이다. 경쟁을 하게 되더라도 "남에게 손해를 끼침이 없이 각기 부귀영달의 뜻을 따라야 한다"고 그는 기술하였다(西遊, 132). 이로써 경쟁은 남에게 손해를 끼치기 마련인데 남에게 손해를 끼치지 않고 모두에게 이익이 될 수 있다는 입장을 그가 취한 것을 알 수 있다. 얼핏 보면 이것은 이는 서구의 입장에서 보면 경쟁에 대한 자유주의적인 입장이라고 하겠다(田福姬, 112). 그러나 경쟁을 하면서도 남에게 폐를 끼치지 않게 된다는 그의 사고는 욕구가 천리에 의하여 추구되어야 한다는 유교적인 사고 때문이다(西遊, 116). 공경하는 예와 사랑하는 덕으로써 경쟁의 도를 보여야 하는 것은 국내에서의 개개인들에게 적용될 뿐이다. 개개인이 경쟁의 도로써 자기 발전을 함으로써 국가는 강력해지며, 강력해진 국가는 적자생존 경쟁이 적나라하게 전개되는 국제사회에서 도태되지 않을 수가 있게 된다.

셋째, 바로 이 이유 때문에 문명개화론과 개화의 당위성이 도출된다는 점이다. 자유주의는 그가 일본의 게이오 의숙(慶應義塾)에서 접하게 된 허버트 스펜서의 영향이라고 볼 수 있다. 어쨌든 경쟁에 승리하면 진보할 수 있다는 낙관론이 도출되어 각자가 노력함으로써 국내 상황에서는 문명개화를 통하여 조선인이 진보에 이를 수 있는 여지가 생기게 된 것이다.

넷째, 진화론이 조선인에게 낙관론을 안겨주면서도 적자생존과 약육강식을 합리화하는 측면도 있다는 점이다. 조선이 약자로 남을 수밖에 없다면, 진화론은 강자인 일본의 행위를 정당화시키는 데에 기여할 것이다. 개화파의 친일행동은 이러한 측면에서 기인한다고도 볼 수 있다. 그리고 한일합방 이후에 유길준이 무장항거를 하지 않고 교육계몽에 전념한 것은 그가 의존하였던 진화론이 그로 하여금 체념하게 하였다고 볼 수도 있을 것이다.

3) 윤리와 정치의 분리

위정척사파는 중화문명의 우월성을 확신하고 있었기 때문에 서구의 군사적인 우월성을 아무리 실감하였다고 하더라도 서구 열강의 부도덕성과 야만성을 지적하고 이를 폄하하는 데에 급급하였다. 이는 결국 정치와 윤리를 분리시키지 않는 사고에서 연유한다고 하겠다. 반면에 개화사상은 서양의 기술을 도입하여 부국강병을 달성할 수 있다는 것이다. 이는 사상적인 연원으로서는 실학으로부터 찾을 수 있다. 실학은 임진왜란과 병자호란에서 드러난 병제의 결함과 국가재정의 파탄으로부터 벗어나 부국강병을 달성하기 위한 사상적인 대응으로 나타났다고 볼 수 있다(김영작, 2003, 7). 우리의 도덕은 유지하면서 서양의 과학기술뿐만 아니라 정치의 술도 수용하자는 유길준의 주장은 정치적인 현실주의에 기반을 둔 것이라고 볼 수 있다. 이는 정치와 윤리는 분리되어야 한다는 시좌를 그가 가진 것으로 볼 수 있다.

이상에서 보는 것처럼 인간은 이기적인 경쟁심을 가지고 있으며, 사회는 문명개화를 통하여 진보할 수 있으며 정치와 윤리는 분리될 수 있다는 사고가 위기의 원인을 진단하는 유길준의 기본적인 시좌를 이룬다고 볼 수 있다.[2)]

2. 진단의 내용

이상과 같은 시좌를 가진 유길준은 위기의 근본적인 원인이 어디에 있다고 생각하였는가? 아래에서 진단의 내용을 그의 저서에서 추출하였다. 요컨대, 그는 개화의 부진에서 전반적인 답을 찾은 셈이다.

2. 실제로 그는 정치와 윤리를 구별할 필요성이 있다는 것을 명확히 하고 있다(全書 IV, 時代思想, 284-5).

유교적인 도덕률은 인간이 가진 이기심을 드러내도록 장려하지 않는다. 그래서 조선인에게는 진취하는 기상과 독립하는 정신이 결여되어 있다. 이것이 개인뿐만 아니라 사회의 발전을 저해하고 있다. 발전을 저해하는 요인으로 조선에는 남녀차별과 귀천의 차별이 있다는 점을 들 수 있다(世界大勢論, 31–32). 즉 사농공상의 계층적인 질서로 되어 있다. 이에 비하여 서구는 국민주권에 의한 평등한 정치체제를 가지고 있었다.

게다가 조선은 그에 의하면 '군주명령체제', 곧 '압제체제'이다. 이 체제에서는 국민들이 애국하는 충성이 부족하기 마련이다. 그래서 국가의 위급한 사태가 있어도 알지 못하고 국가의 수치가 있어도 분노하는 기운이 일지 않는다. 이 이유는 정부와 국민 사이에 정의(情意)가 통하지 않아서 국민이 정부를 믿지 못하고 원망하기 때문이다. 또한 이 체제에서는 빈부의 귀천과 차등이 심하고, 법률이 공평하지 못하여 세력이 있는 자는 법을 위반하여도 처벌하지 않고 약한 자는 죄가 없어도 불안에 떨어야 한다. 그렇기 때문에 국민은 성격이 활달하지 못하며, 정부를 등한히 여기게 되며, 우국(憂國)하는 성의가 없게 된다(西遊, 150). 이런 국민은 '진취하는 기상'과 '독립하는 정신'이 부족하다.

그래서 외국으로부터의 침범을 당하여 온 국민이 일제히 분기하여 생사를 개의치 않고 즐거이 전쟁터로 나아가지 않게 된다(西遊, 304–5). 이 원인은 상기한 것처럼 정의가 통하지 않기 때문이다. 즉 국민통합이 결여되어 있기 때문이다. 이것은 그가 우리에게 민족의식이 결여되어 있다는 것을 개탄하였다고 볼 수도 있다.

같은 민족이라는 생각에 의한 국민(민족)통합의 기제가 결여된

만큼 또 다른 문제는 조선조가 자주권을 결여하고 있었다는 점이다. 청국에 대하여 예(禮)로써 사대자소(事大字小)하였으며, 일본에 대하여서는 교린(交隣)을 하였다. 그런데 일본과 서구 열강은 만국공법이라는 미명 하에 군사적 · 정치적 · 경제적 · 군사적 그리고 사상적인 침략을 시작하였다. 즉 겉으로는 국제공법을 내세우지만 실제에서는 약육강식이라는 국제질서가 충돌하게 되었다. 게다가 이제까지 야만이라고 생각하였던 서구가 적어도 물리력에 있어서 우월하거나 우월한 문명권에 속한다는 것을 인정하지 않을 수 없게 된 상황에 있는 것이다. 이에 대처하여 독립된 자주국가를 유지하기에는 조선은 자주권을 확립할 수 있는 제반 여건이 미흡하다는 것을 인식하지 않을 수 없었다.

이상과 같이 된 데에는 조선의 문명이 열등하기 때문이라고 그는 보았다. 그는 인류의 역사와 문화의 발전을 보면 '미개화'와 '반(半)개화', 그리고 '개화'의 단계로 나누어진다고 보았다(西遊, 376-7). 그런데 아시아의 동부에 속하는 조선은 반개화상태에 해당한다. 반개화상태라는 것은 구법을 고수하고, 남녀차별과 귀천의 차별이 있으며, 인민이 정치에 참여하지 못하고 군주가 독단적으로 정치를 행하는 나라이다(世界大勢論, 31-32).

여기서 중요한 것은 이제까지 야만으로 치부하였던 구미를 개화국으로 받아들였다는 점과 유교사상에 없었던 경쟁을 통한 진보라는 개념을 수용하였다는 점이다. 또한 간과할 수 없는 것은 지금의 개화국이라고 일컬을 수 있는 구미제국도 진개화(眞開化)에 도달하였다고 볼 수 없다는 점이다(西遊, 376; 世界大勢論, 35). 그렇다면 조선이 구미제국보다 더 빨리 진개화에 도달할 수 있다는 것을 가정할 수 있다.

즉 장래의 어느 시점에서는 서구가 이룩한 개화를 추월할 수도 있다는 것을 의미한다. 그렇지만 그는 당시의 민중의 우매하다고 보았으며, 그래서 그들을 교육과 계몽의 대상으로 보지 않을 수 없었다.

이상과 같은 문명의 차이에서 서양은 자주독립하고 부상한 데에 비하여 조선은 그렇지 못하였다. 그 이유를 제도에서의 차이에서 찾았다(西遊, 128, 246). 그는 제도를 갖추어 인민이 진취하는 기상을 가지고 국가가 자주독립하게끔 하였다. 사실 경장(更張)이 노리는 바가 제도의 개혁이었다. 실제 그는 과거제도가 국익에 증진에 되지 않는다고 생각하여 개인적으로 과거급제에 대한 미련을 버렸다.

이상, 즉 (1) 인성의 억압, (2) 신분질서, (3) 군주전제, (4) 국민통합의 부재, (5) 국가 자주권 부재, (6) 문명의 열등 그리고 (7) 제도의 미비를 유길준이 위기의 원인을 파악한 내용이라고 볼 수 있을 것이다. 그렇다면 그는 이러한 원인이 제거된 사회와 국가는 어떠한 모습을 가지리라고 상상하였겠는가?

Ⅳ. 부강하고 독립된 근대국가라는 이상

그에 의하면 개화란 인간의 모든 사회현상이 지극히 좋고 지극히 아름다운 경지에까지 발전하는 것이다. 이렇게 되면 권리를 가진 인간이 자신이 바라는 바를 하면서 어느 것에도 구애받지 않는 '불기독립(不羈獨立)'(西遊, 109–110)의 정신을 가진 인간이 될 것이다. 아울러 모든 인간은 봉건적인 신분제를 탈피하여 법이 공평하게 인간의 권리를 보장하는 사회에서 인민이 개화를 하면 진취하는 기상을 가지게 되며, 각자가 식산(殖産)에 진력(盡力)을 하게 하여(西遊, 305), 국가의 일이 자신의 일이라고 생각하게 되어 국가가 부강하여질 것이기 때문이다. 인민과 군주가 혼연일체가 되고 이를 흡수할 수 있는 제도를 갖춤으로써 국가가 부강하고 독립할 수 있는 기틀이 다져져서 조선은 근대화된 자주독립국가가 될 것이다.

부강하고 근대화된 자주독립국가가 바로 유길준이 이상으로 삼은 국가의 모습이었다. 이상과 같은 이상적인 국가를 건설하겠다는 목표를 가지고 우리가 "나라가 작다고 스스로 위축되지 말며, 군대가 적다고 스스로 약하게 하지 말고"(全書, IV, 322), 국가들 사이의 경쟁에서 뒤쳐지지 않게끔 노력할 것을 장려하였다. 그런데 현실의 주어진 상황은 이상과 괴리가 있었다. 이에 그는 부국강병의 국가를 만들 수 있는 처방(prescription)을 아래와 같이 권하였다.

Ⅴ. 문명개화를 통한 부국강병론

그는 동도서기론에만 의존하는 것이 아니라, 서구의 법과 제도를 수용하자는 문명개화론을 제창하였다. 서구문명을 도입하고 계몽하여야 하는 이유는 서구의 국제질서가 내포하고 있는 약육강식이라는 현실에 벗어나기 위해 필요한 것이다.

그런데 내부적으로는 봉건의 탈피, 대외적으로는 외세침입에서 벗어나 국가의 독립을 달성하기 위하여 부국강병에 의존하여야 하며, 부국강병을 위하여 정치 · 경제 및 사회의 제도를 개혁하여야 하며, 국가의 독립이나 제도의 실효성을 기하기 위하여 중요한 것은 민족의 통합이다. 문명 일반에 대하여 계몽운동을 전개한 것도 민족의 통합을 위한 것이라고 볼 수 있다. 이 민족의 통합을 염두에 두고 그는 제도의 개혁을 주장한다. 사회에 전통적인 도덕률이 지속되게 한 것도 결국은 주어진 여건 내에서 민족의 통합을 달성하기 위한 방책으로 볼 수 있을 것이다.

1. 인권의 보장

인간이 가진 욕구를 긍정적으로 인정한 이상 그는 욕구가 사회에서 정상적으로 발양하여 개개인과 사회에 이롭게 할 수 있는 기제를 마련하지 않을 수 없었다. 그래서 그는 "其心의 所好하는 대로 何事든지 從할"(西遊, 109) 수 있는 인간의 권리를 인정하였다. 「인민(人民)의 권리(權利)」에서 "人民의 權利는 其 自由와 通義를 謂함이라"(109)고 천명하였다. 여기서 통의(通義)는 정직(正直), 정리(正理), 정권리(權利), 도리(道理)라는 의미를 가진다. 그리고 자유(自由)와 통의(通義)의 권리(權利)는 출생과 더불어 발생하는 온 천하 사람들이 함께 가지고 누리는(同有共享) 것이며, 즉 이는 '천부(天賦)'에 속하며 '천수정리(天授正理)'(119) 한 것으로 불기독립(不羈獨立)하는 정신으로' 으로 무리(無理)한 속박(束縛)과 불공(不公)한 직애(窒碍)를 받지 않는 것(109–10)이라고 이해하였다. 이렇게 보면 통의는 천부인권인 셈이다.

또한 그는 "人上에 人도 無하며 人下에 人도 無하다"(114)라고 하여 인간이 인간 되는 권리의 평등을 주장하였다. 그리고 자유와 통의는 스스로 훼손하기 전에는 "萬乘의 威와 萬夫의 勇이라도 빼앗을 수 없는" "不可奪 不可撓 不可屈한" 것(113)이라고 하였다. 이상과 같이 보면 그가 서양의 천부인권론을 받아들인 것으로도 해석할 수 있다. 그렇다면 그가 주장한다고 여겨지는 천부의 인권은 과연 어떠한 것인가?

그런데 그는 '人身에 在하여' 통의는 세분되어 '天然' 대 '人爲', '無係' 대 '有係'의 통의로 구분된다고 하였다. 여기서 '천연의 자유', '무계의 통의'란 "一人의 身에 속하여 他關係가 更無한 者"(110)라고 하였다. 즉 이는 천부의 자유와 권리로서 어떠한 이유에서라도 빼앗길 수 없는 것이다. 반면에 '인위의 자유', '유계의 통의'는 "世俗에 居하며 世人을 交하여 互相關係하는 者"(110)여서 인간관계를 원활하게 하기 위하여 조절되어야 하는 영역을 지칭한다. 그렇기 때문에 그는 "人은 其 相與하는 際에 法律의 綱紀를 立하여 通義의 界域을 定"(116)한다고 하였다. 즉 유계의 통의는 교제(交際)의 직분(職分)에서 법의 간섭과 보호를 받는다는 것을 분명히 하였다. 무계의 통의를 과용하면 금수(禽獸)의 자유가 되어버리기 때문이다. 그래서 천연의 자유를 제어하여야 하는 것이 유계의 통의이다(118). 이렇게 보면 통의는 자유가 방탕으로 되지 않도록 하는 규범이 된다.

그런데 그는 '良自由와 惡自由 그리고 眞通義'와 假通義를 구분하고(128) 게다가 그는 '天賦의 自由와 대비되는 것으로 處世의 自由'를 들고 있다. 처세의 자유는 "人人이 此世에 처하여 各其人間의 一人되는 身分으로 享有하는" 것이며, "天賦한 自由에 人爲한 法을 加하여 其本趣와 大旨를 累變하여 天下의 普同한 利益"을 꾀한다고 하였다(112).

그가 이상과 같이 구분한 것은 다른 곳에서 "사람이 善(착)한 事(일)에는 自由(자유) 있어도 惡(악)한 事(일)에는 자유 없다"고 하여 선악의 구별을 한 것과 일치한다. 그렇다면 그에게 있어서 천수(天授)한 권리를 행사할 자유는 정리(正理)에 부합할 경우에만 가능하다는 것을 의미하는 셈이다. 요컨대, 정치는 양법(良法)을 만들어 실시하는 데에 그 요체(要諦)가 있으며, 자유와 통의는 천리에 의하여 주장되고 통제되어야 한다는 것을 강조한 것이다. 즉 자유는 천부의 기본적 인권이지만 방탕과는 다르며 법을 준수하는 범위 내에서 향유되어야 한다. 다시 말하면, 천부의 자유로서의 무계의 권리는 유계의 통의와 처세의 자유에 따라서 법적인 권리로 인정을 받아서 행사되어야 하는 것이다.

이렇게 보면 천수(天授)한 권리, 즉 천부인권은 그 자체로서 선(善)하다고 칭할 수 없으며, 자유 및 통의, 즉 인민의 권리는 천지의 이치에 합당하게 행사되어야 한다는 주장을 하고 있다. 나아가서 법은 천리에 의존하여야 한다는 것을 명시하였다고 볼 수 있다. 이로 보면 통의(通義)는 '당연한 정리(正理)'로서, 이에는 이미 '천리(天理)'와 함께 '상경(常經)'에 어긋나지 않아야 하는 '직분(職分)', 즉 도덕적인 의무를 내포하고 있다. 이로 보아 그는 인간이 타고난 자유와 권리를 누리기 위하여 각 개인이 준수하여야 할 사회적 도덕규범이 존재하여야 한다는 것을 지적하고, 이러한 인간사회의 보편적인 규범을 유계(有係)의 통의(通義)라는 개념으로 표현하고 있는 것이다. 그렇다면 그는 인간사회가 성립하기 전에도 인정되어야 하는 자연권이라는 개념으로서의 천부인권이 정치사회에 곧바로 적용되어야 한다고 본 것은 아니라고 말할 수 있다.

이는 인권에서의 법 적용을 강조한 것은 법 자체를 중시하여 천부인권의 포기가 아니고 법을 통한 인간의 윤리적 교화 속의 인권실현에 있었던 것이라는 견해와 상통한다고 하겠다(이기용, 58). 즉 천리(天理), 정리(正理) 혹은 사단(四端)이나 오륜(五倫)으로 상징되는 인륜(人倫)이라는 요소를 천부인권이라는 개념에 그가 첨부했다고 볼 수 있다. 그러나 다른 견해도 있을 수 있다. 즉 인권을 법률의 유보 하에 두어 천부인권론을 실질적으로 포기하고 법부인권론(法賦人權論)를 주장하였다고 할 수 있다(김봉렬, 72-77).

2. 질서의 유지

그는 인간이 가진 권리는 평등하다는 것을 인정한다(西遊, 93, 109 ; 讀本, 269-270). 자유의 행사도 마찬가지이다. 그는 모든 사람의 평등한 자유를 인정하지만 타인의 자유를 침해하지 않는다는 의미에서의 부자유(不自由) 속에 자유가 있다는 것을 강조하였다. 그래서 그는 "사람의 자유는 자유 못하는 가운데에 있다"고 표현하였다(讀本, 324). 그렇지 않으면 세상이 어지럽고 분쟁이 끊이지 않아 '짐승(獸)

의 자유' 만 있게 된다.

그런데 인간은 천지의 정리(正理)를 알고 있다는 점에서 금수와 다르다. 그러므로 자유는 천지(天地)의 정리(正理)에 따르는 경우에(西遊, 111), 즉 "도딕과 合한 연후에 비로소 있는" 것(讀本, 324)이라고 주장하였다. 즉 인간이 법률과 통의의 규제를 받으면서 인간이 욕망을 추구함으로써 인간은 동물과 다르게 되며(西遊, 116), 전체와의 조화와 질서를 이루게 된다. 이는 각자가 가지고 있는 욕망의 대립을 조화시키기 위하여 도덕을 이용하고자 한 것이다. 이렇게 천리에 맞게 욕망을 추구하는 것이 良自由를 행사하는 것이며, 인간이 되는 권리를 인간이 행사하는 점에서 평등한 것이다.

그런데 여기서 우리는 사회에서의 불평등을 인정하여 질서를 유지하려는 그의 입장에 유의하여야 한다. 그는 세상에 태어날 때에 인간이 가지는 '천부인권' 은 모두 평등하지만, 이후에 자신의 능력에 따라 사회적인 지위에서 생기는 불평등은 '自然한 道理' 라고 칭하였다(讀本, 345-6). 즉 그는 현실사회에서의 불평등을 인정하고 있다. 이를 합리화하기 위하여 그는 '地位의 權利' 라는 개념을 도입하여 '人生의 權利' 와 대비시킨다(西遊, 114-5). 즉 무계의 통의와 유계의 통의가 대비되는 것과 같이 인생의 권리와 지위의 권리는 차이가 있는 것이다. 같은 사람으로서 인생의 권리는 평등하지만 사회적인 관계 속에서 생기는 상하의 귀천과 같은 지위의 등분이 생기기 마련이다. 때문에 지위에 따른 통의가 있다. 그래서 지위의 권리가 차이가 나는 것은 불가피하다고 보았다. 이로써 그가 통의에 오륜이라는 상하신분의 윤리를 포함시켰으며 이에 상응하는 지위의 권리를 행사하게 함으로써 질서를 유지시키려고 하였다는 것을 알 수 있다.

그렇다면 그는 자유와 권리를 어떠한 이유에서 제한하려고 하였는가? 그는 상기한 이유에서 무계의 통의에서 연유하는 천부의 권리를 향유할 자유는 인정하지 않을 수가 없었다. 그 이유는 사람에게 '處世하는 자유'를 크게 증가시키는 것(西遊, 116)이며, 그것이 부국강병이라는 보다 큰 목적을 달성하는 데에 필요하다고 보았기 때문일 것이다. 그러나 다른 한편으로 인간의 이기심을 발로시키는 무계의 통의, 즉 천부인권을 향유할 자유를 무제한으로 인정할 수 없기 때문이다(265). 그래서 그는 "자유를 過用하면 放蕩에 가까운 고로 통의로 조종하야 그 度를 均適"(113)한다고 하고, "自由는 良馬라 駕御가 其道를 若失한 則 羈靮을 脫棄하야 斥弛하는 氣習이 層生하는 故로 通義로 其羈靮을 作함"이라고 비유하여 자유와 통의의 관계를 설명하였다. 이렇게 보면 통의는 자유가 방탕에 빠지지 않게 하는 규범이며, 자유와 방탕을 구별하는 것은 욕망을 천리에 의거하여 추구하느냐의 여부에 달린 것이다. 그래서 그는 "自由의 保存함이 실은 實通義의 功用이라"(110) 하였다. 이어서 그는 "駕御하는 道는 法律에 在"한다고 하였다. 이로 보아 그는 통의를 달성하는 도구가 법이며, 법은 천지의 정리를 담고 있다고 본 것임을 알 수 있다.

그런데 물론 유길준도 자유를 규제하는 방법을 법에서 찾았다. 그러나 문제는 그 법의 근거를 천리나 정리에서 찾았던 데에 있다. 즉 필자가 문제로 삼고자 하는 점은 유교적인 관념으로 질서를 유지하고자 하였다는 점이며, 게다가 기존의 사회구조를 그대로 인정함으로써 질서를 유지하고자 하였다는 점이다(讀本, 345-6). 그에게 법률은 '四端'과 '五倫'의 강기(綱紀)와 질서(秩序)에 의거하며(西遊, 127) '禮儀廉恥의 四維를 補'(264)하는 것이라고 보았다. 이로써 그에게 통의를 이루는 것은 사단, 오륜, 사유 등의 상하질서를 전제로 하는 유교의 도덕이라는 것을 우리는 짐작할 수 있다.

3. 입헌군주제

유길준은 서양이 부강한 이유는 적절한 제도가 있었기 때문이라고 보았다. 그래서 그는 조선인 개개인으로 하여금 국권회복에 전력하도록 하기 위하여(全書 III, 波蘭衰亡史, 314) 제도적인 개혁이 필요하다고 생각하였다(世界大勢論, 91). 그런데 조선은 그에 의하면 '군주명령체제', 곧 '압제체제'이다. 이 체제에서는 국민들이 애국하는 충성, 즉 국민통합을 위한 정의가 부족하다. 그리고 압제체제에서는 빈부의 귀천과 차등이 심하고, 법률이 공평하지 못하여 세력이 있는 자는 법을 위반하여도 처벌하지 않고 약한 자는 죄가 없어도 불안에 떨어야 한다. 그렇기 때문에 국민은 성격이 활달하지 못하며, 정부를 등한히 여기게 되며, 우국하는 성의가 없게 된다(西遊, 150). 이런 국민은 '진취하는 기상'과 '독립하는 정신'이 부족하다.

그렇다면 이 목적을 달성하기에 가장 적합한 정치체제는 무엇인가? 『정치학』에서 그는 아리스토텔레스의 혼합정체론을 다음과 같이 소개하고 있다(政治學, 全書 IV, 862). 그가 입헌군주제를 선호한 이유는 인간이 타고난 권리를 군주라도 멋대로 앗을 수 없게 하여 권리를 보전하게 하며(西遊, 144), 혼합정체이므로 사회 각층에 지위의 권리에 상응하는 통의의 분한(分限)을 행사하게 하여 국가를 유기적으로 조직하여 조화와 질서를 이룰 수 있기 때문이다. 또한 군주는 "人民의 心을 合하여 一體를 成하고 其勢力으로 人의 道理를 保守하기에 在한 者"(140)이며, "백성이 각각 그 나라의 근본임을 자임"함으로써 "政府와 心을 同하며", "其國의 富强할 機會을 圖謀하기" 때문이다(149).

그래서 입헌군주제가 "가장 아름다운 규모"라고 찬양하였다. 이 중에서도 영국 정체가 가장 아름답고 가장 잘 갖춰졌으며 세계 제일이라고 극찬하였다(151). 그가 입헌군주제를 선호한 이유는 군주제는 불변하여야 하며(141) 군주로 하여금 "一國의 體貌를 保守하고, 萬姓의 安寧을 維持"(85)하게 할 수 있기 때문이다. 이는 선거제가 가져다 주는 폐단을 세습제로 막을 수 있기 때문이다(全書 III, 波蘭衰亡史, 310). 따라서 군주는 입법, 사법, 행정의 3대강(大綱)을 장악한 원수로서 통치권의 정점에 위치한다(西遊, 144-5). 그렇게 한 이유는 군권의 확립이 국권의 신장으로 이어진다고 보았기 때문이다(김봉렬, 159). 이와 같은 입헌군주제에 의한 一君萬民體制가 朝鮮에 이루어지면 인민은 '一身의 獨立'과 '一家의 獨立', 나아가 '一國의 獨立'까지 바라는 진취적인 기상으로 충만하게 된다(西遊, 149). 그래서 그는 군민공치체제로 전환하는 것이 개화의 핵심적인 과업이라고 생각하였다.

그런데 그는 이 체제를 도입하는 것을 유보한다. 그 이유는 무릇 정부형식의 옳고 그름은 역사상 발달한 정도나 현재 성립된 사정에 의지하는 것이기 때문이다. 즉 각국의 정치체제가 서로 다른 것은 시세와 인심에 따라 자연히 익힌 습관에 기인한 것이라고 보았다(西遊, 148). 그래서 학식계제(學識階梯)와 인민의 풍속 및 국가의 경황 등에 아직 맞지 않기 때문에(152) 현실의 우민(愚民), 궁민(窮民)이 바로 정치에 참여하는 것은 시기상조라고 생각하였다. 그래서 근세천제군주제(近世擅制君主制; 啓蒙絶對君主制)를 택하고자 하였다. 이렇게 하는 것이 남의 좋은 것을 맹목적으로 따르는 허명개화(虛名開化)가 아니라 자국의 현실에 맞게 따르는 실상개화(實狀開化)라고 하였다(380-381).

그가 모범으로 삼은 근세 천제군주제는 프리드리히 대왕 시대의 프러시아인 것 같다. 대왕은 "朕은 國家의 上等 公雇傭人이라"라고 늘 말하였으며, 이를 실제로 행하였기 때문이다(全書 III, 普魯士國厚禮斗益大王의 7年戰史, 577). 그리고 대왕 치하의 군민(君民; teuton族)을 인민의 모범으로 상정하였다.

그런데 그는 군주권은 불변의 권리로 간주하였으며, 공화정체(共和政體)는 비현실적인 정체라고 비난하였다(西遊, 138-142). 이는 그가 주장한 천부인권론과 괴리가 있다고도 볼 수 있다. 그러나 현실의 여건을 감안하여 군주라는 전통적인 지배방식과 입헌이라는 근대적인 방식을 혼용하였다고 볼 수도 있다. 군주권을 불변의 권리로 설정하면서도 입헌을 통하여 군주의 천단을 방지하고자 한 것이다(김봉렬, 145).

유길준은 입헌군주제의 도입을 통하여 부국강병을 달성할 수 있다고 보았을 뿐만 아니라, 이 제도에서 교화를 통하여 인민을 도덕적으로 수양시킬 수 있다고 보았다. 이것이 이루어지지 않으면 질서가 유지되지 않고 이로 인하여 합심(合心)할 수 없기 때문에 부국강병도 불가능한 것이다. 이는 군주제에서 행실의 개화를 통하여 정덕(正德)을 확립할 수 있다.

4. 자주독립을 통한 국권신장론

유길준은 인간의 평등을 국가의 평등과 연결시키면서 인권과 국권의 상호의존성을 강조하였다(西遊, 88, 114). 그러나 외세는 몰려오고 청국은 宗主權을 내세워 조선을 속국화하려는 상황에서 국가의 자주권 확립을 할 수 있는 방도를 세우지 않을 수 없었다. 그래서 국가의 자주권을 천부국권론으로 제시하여(88) 국가 사이에는 간섭이 있을 수 없으며(85), 증공국이라도 주권이 있다(90)는 것을 주장함으로써 국가평등의 논리를 제시하였다.

그는 대외적인 관계를 규율하는 주권을 '外行하는 主權'이라고 표현하였다(85). 우선 그는 청국에 대하여 자주권을 표방하지 않으면 안 되었다. 그래서 약소국 보존의 논리를 전개하면서 증공국(贈貢國)과 수호국(受護國)에 있어서의 주권이 가지는 의미를 규정하였다. 그가 정의하는 바에 의하면, 공도(公道)를 무시하는 강대국의 자자(自恣)하는 행위에 벗어나기 위하여 약소국이 자보(自保)하기 위하여 수호국이 되며, 강대국의 침략을 면하기 위하여 공물을 바침으로 모두 자국의 보존방책에서 증공국이 생기는 것이다(西遊, 89). 그러므로 약소국이 강대국에 사대를 하여도 강대국의 속국이 되는 것이 아니므로 주권이 상실되는 것이 아니라고 주장하였다(90, 92). 수호통상조약체결권을 가지고 있었으며, 외교사절을 파견하고 있으며, 중립을 선포할 권리가 있다는 점을 들어 조선이 속국이 아니라고 주장하였다(92). 나아가 그는 개인에게 주어진 천부인권이 국법에 의하여 보장되듯이 국가에 주어진 천부국권도 公法에 의하여 보장받는다고 그는 주장하면서 증공국의 보존윤리를 설명하였다(93, 97–8). 즉 조공관계가 있는 증수공국의 관계와는 상관없이 증공국도 자주주권국이라는 것을 주장한 것이다.

이렇게 보면 유길준은 중국에 대하여 확실하게 주권국가 수립을 위하여 조공관계를 타파하여야 한다고 주장했어야 한다. 그러나 현실은 그렇지 못하였다. 이는 그가 제시한 중립론에서도 나타난다. 유길준은 증공국은 독립주권국이기 때문에 중립할 권리가 있다는 논리를 세웠다(全書 I, 113). 그래서 러시아의 남하정책을 막고 열강들 사이에서 조선을 보호하기 위하여 조선은 중립국이 되어야 하며, 이를 위하여 청국이 주도적인 역할을 하여야 하며, 청국에 이 일을 주선하도록 거듭 간청하는 수밖에 없다는 주장을 하였다(全書 IV, 중립론). 결국 화이관에서 벗어날 것을 주장하면서도 현실을 감안하여 청국의 보호 하에서 중립국이 되어 조선의 자주권을 유지하고자 한 셈이다.

그후 청국은 조선의 외교상의 자주권을 제한하기 위하여 '영약삼단(另約三端)'을 제시하였다. 이는 (1) 조선공사는 임지에 도착하는 대로 그곳의 청국공사를 방문해야 하고, 청국공사와 함께 주재국의 외무성을 방문하여야 한다. (2) 의식 · 연회 등이 있을 때는 청국공사의 뒤를 따라야 한다. (3) 중대한 외교상의 안건은 미리 청국공사와 의논해야 한다. 이상의 세 가지 특별한 조건이었다. 그런데 주미전권대사 박정양(朴定陽)은 이에 구애되지 않고 자주외교를 실시하였다. 이에 3단의 위반을 들어 청국은 조선의 외교에 간섭을 하였다. 1889년에 박정양은 귀국하였다. 이에 유길준은 그 핵심은 조선과 중국 사이에는 동등하지 않는 체례(體例), 즉 사대(事大)의 관계가 있으나, 조선과 타국은 동등한 체례, 즉 교린(交隣)의 관계를 인정하여야 한다는 주장을 제시하였다. 즉 양자는 구별하여야 한다는 주장을 제시하였다. 이로써 3단 위약 문제는 흐지부지되었다.

어쨌든 당시 조선은 청국으로부터 실질적인 불평등한 관계를 강요당하고 서구 열강과는 자주독립국으로서 근대 법질서에 따라 평등한 관계를 맺었다. 1882년 임오군란 이후 1894년 청일전쟁이 발발할 때까지 조선은 이와 같은 독특한 위치에 놓여 있게 되었다. 이러한 상황을 유길준은 양절체제라는 용어로 단적으로 표현하였다.

요컨대, 수공국인 청국은 한편으로는 구미제국에 대하여서는 '同等의 禮度'를 행하면서, 다른 한편으로는 조선에 대하여서는 '獨尊하는 體貌를'(117) 행하여 속국(屬國)처럼 대한다. 그런데 이것은 증공국인 조선으로 하여금 청국에게는 속국으로, 구미제국에게는 자주독립국으로서의 관계를 맺지 않으면 아니되는 체제를 가지게 한다. 이것은 앞뒤가 순조롭게 이어지지 않고 끊어지는 체제, 즉 양절체제(兩截體制)이다. 마찬가지로 청국도 조선과 구미제국에 대하여 양절이 된다. 만약 이 양절체제가 옳다면 구미제국이 무슨 이유로 청국과 조선을 동등한 자주독립국으로 보아 조약을 체결하고 있겠는가? 구미제국이 똑같이 조약을 체결하고 있는 이상 조선은 증공국이지만 속국이 아니라 독립국이라는 것을 인정하는 것이다. 그러므로 청국이 조선을 속국처럼 대하는 데서 생긴 양절체제를 청산하고 속국으로 대할 것이 아니라 증공국이지만 자주독립국으로 인정하여야 한다.

그는 근대적인 공법에 의하여 보장받는 외교관계를 조선이 이미 수립하였다는 것을 근거로 하여 현실을 감안하여 자주주권의 논리를 제시하려고 노력하였다. 자주는 경제와 병역의 뒷받침이 없으면 이루어질 수 없다.

5. 경제의 개혁

봉건체제 내에서 경제적인 모순이 심화되고 외국의 자본이 유입되는 상황에서 농업생산력의 확대와 세제개혁을 통하여 경제안정과 국가재정의 확립을 꾀하지 않을 수가 없었다. 뿐만 아니라 상공업의 발전을 통하여 부국강병에 의한 근대국가를 수립하고자 하였다.

당시의 입장으로 보아서는 토지의 재분배를 통한 토지의 균분(均分)이 있어야만 농업생산성이 제고되고 경제안정을 이룰 수가 있었다. 그는 이러한 실정을 알았지만 사유재산권을 인정하였으며, 자유방임에 의한 부의 축적을 신봉하였기 때문에(西遊, 120−1, 155) 실질적으로는 토지재분배를 거부하고 지주전호제(地主佃戶制)를 유지할 수밖에 없었다(全書, IV, 142, 178).

그래서 그는 새로운 영농방식에 의한 농업생산력의 발전을 달성하고자 하였다(全書, IV, 154−5, 165). 그러나 이를 위하여서는 지주층의 축적된 부를 이용하여 자본가적 경영으로 전환하지 않을 수밖에 없었다(全書 IV, 155). 그렇기 때문에 토지균분제를 주장할 수 없었던 것으로 여겨진다. 다른 이유는 경제적인 평등관념이 폭력혁명을 야기시킬 수 있다는 우려를 가졌기 때문이라고 하겠다(김봉렬, 188). 그렇기 때문에 그가 노린 것은 농업생산 관계를 반(半)봉건적인 성격을 그대로 두고 지주의 부르주와화를 통한 자본주의 체제로의 전환이었다고 할 수 있다.

그리하여 농민층에 다소 유리하게 세제를 개혁하여 농민경제를 안정시키고자 하였다(全書, IV, 178). 그리고 생필품에는 가벼운 세금을 부과하여 농민생활의 안정을 도모하고자 하였다(全書, IV, 191−2). 또한 전반적인 세제개혁을 구상하여 근대화를 위한 재정확보를 꾀하려고 하였다. 그는 또한 직업은 귀천이 없다는 것을 강조하여 상업에 종사하는 것을 장려하였다(勞動夜學, 全書 IV, 273). 이는 농업인구를 상업에 전용시키기 위한 노력으로 볼 수 있을 것이다. 상업의 진작을 위하여 자유방임론을 전제로 하면서도 중상정책에 의존하기도 하였다.

대외적인 경제적 종속관계에서 탈피하기 위한 여러 방안을 제시하기도 하였다. 국산제조품의 품질을 향상시키는 것이 중요하다는 것을 역설하였다(商會規則, 全書 IV, 90). 그는 상업진흥의 방안으로 산업의 분업화를 제시하고(西遊, 361) 생산과 판매의 분업화를 역설하였다(西遊, 361−2).

요컨대, 유길준이 인간은 이기적인 경쟁심을 가진 존재라고 본 이상 생산활동에 자유를 보장하여 생산력을 증대시키도록 하는 것은 당연한 것이다. 그래서 그는 자유방임을 전제로 하여 현실을 고려하여 정부의 강력한 보호육성을 통한 중상정책(重商政策)을 실시하게 하였다(김봉렬, 244). 그에게 있어서 경제개혁을 통한 부국책은 결국 강병론으로 이어진다.

6. 강병론

양병(養兵)이 자위를 위하여 국가에 긴요하기(西遊, 261-2 ; 世界大勢論, 全書 III, 89-90) 때문에 자보권을 확립하기 위하여 상비병을 두어야 한다(西遊, 335). 그런데 징병하는 데에는 두 가지 방법, 즉 자원하는 법과 공징하는 법이 있다. 군인은 특히 행실(行實)이 단정하여야 군을 만든 목적을 달성할 수 있다(244-5). 이것은 나폴레옹이 군사의 충성심과 의기를 격발시켜서 구주제국을 압도하였다(357-8)는 데에서 알 수 있다. 또한 병장기가 우수하여야 하며, 유사시에는 모든 사람이 군인이 될 준비가 되어 있어야 한다(270). 육군에 못지 않게 해군이 있어서 해변의 방어와 통상의 권리를 보호하여야 한다(274). 군비는 세금으로 충당되는 것이 절약을 하여야 하며, 그렇다고 너무 인색하면 군의 사기에 미치는 영향을 감안하여야 한다. 그런데 국가가 부유하고 병력이 강하다고 하더라도 인민을 연결시키는 유대가 튼튼하지 못 하면 독립된 근대국가를 달성하기 어렵다.

7. 애국심의 앙양을 통한 국민통합

유길준은 방국(邦國)의 권리를 지키기 위하여 조선인에게 애국심의 앙양을 호소하면서(西遊, 303-4, 323), 조선인과 국가는 불가분의 관계에 놓여 있다는 것을 밝히면서 국가에 대한 개인의 절대적인 의무를 강조하고 있다(讀本, 279). 그렇게 함으로써 그는 국권의식을 고양시키고자 하였다고 하겠다.

그는 애국주의에 덧붙여 국왕에 대한 충성을 강조한다(西遊, 205). 여기서 그가 국왕을 중심으로 하는 중앙집권적인 권력으로서 인민을 인도해 나가는 것이 필요하다고 보았기 때문이다. 이러한 필요에서 그는 다음과 같이 천부인권론과 어긋나는 주장을 펼치면서(198, 202−3), 충의(忠義)에 죽는 일이야말로 '참 용기'이며 '나라 위해 목숨 바칠' 것을 강조하였다. 애국심과 국왕을 중심으로 하는 국권의식을 고취시킴으로써 백성들로 하여금 국민의식을 고취시켜 자주독립국을 유지하는 과업에 자발적으로 참여하게 하자는 데에 그 목적이 있었다고 하겠다. 즉 군주의 절대적인 권력을 확립하면서 인민들 사이에는 평등권을 확립하고 충성심을 강화시킴으로써 일군만민(一君萬民)적인 통합을 도모하고자 하였다는 것을 알 수 있다(김영작, 259).

8. 문명개화론

이상의 처방에 바탕이 되는 처방이 문명개화라고 할 수 있다. 그는 개화를 '행실의 개화', '학술의 개화', '정치의 개화', '법률의 개화', '기계의 개화', '물리의 개화'로 구분하고 있다(西遊, 375−6). 이 모든 것이 갖추어져야만 '진정한 개화(眞開化)'에 이를 수 있다고 보았다. 이 중에서 행실을 제외한 다른 개화는 시대에 따라 다르고 지방에 따라 다르기 때문에 서로의 사정을 비교하여 장단점을 취사하는 것이 개화의 대도(大道)라고 보았다.

1) 계몽과 교육

그는 조선에는 개화에 필요한 민지(民智)가 충분히 개발되지 않았다고 생각하였다(讀本, 73). 그는 국민교육 우선론을 전개하였던 것이다. 인민이 지식이 부족한 나라에서는 국정에 참여하는 것을 허락하기보다는 우선 "國政에 參與하는 知識"을 보급하는 것이 선결과제라고 주장하였다(西遊, 152; 言事疏, 全書 IV, 67-8). 그래서 교육이 중요하다고 생각하였으며, "自治하는 民智의 啓發"에 서두르게 되었다(政治學, 585). 교육을 통하여 개화를 촉진하고 애국심을 고취시키기 위하여 그는 "言文一致의 精神이 四千餘의 星霜을 貫하야 歷史의 眞面을 保하고 習慣의 實情을 証하도록"(大韓文典自序, 全書, II, 107) 하기 위하여 국한문 혼용에 모범을 보였고, 「朝鮮文典」·「大韓文典」·「勞動夜學讀本」을 지었으며, "社會進化의 法則에 應케 하고 國家富强의 實益을 擧케 하기 위하여"(興士團趣旨書, 367) 흥사단을 창설하였다고 하겠다.

그렇다면 교육이나 계몽을 통하여 구체적으로 얻으려고 하였던 것은 무엇인가? 우선 문명개화에 필요한 지식의 습득에 있다(西遊, 101). 자유와 통의의 진정한 의미를 이해시키는(128-9) 데에 그 목적이 있다. 그런데 그는 교육을 통하여 개화에 근접시키려고 하기도 하였지만 이를 통하여 정치질서를 공고히 하고자 한 면도 있었다(小學教

育에 對한 意見, 全書 II, 257−8). 이것은 교육을 통하여 행실의 개화를 달성하려고 하였다는 점에서도 드러난다고 하겠다. 사실 그의 생애를 돌이켜 보면 국한문 혼용체를 써서라도 민중을 계몽하여야 한다는 인식을 가지고 그는 조선인의 교육에 전력을 투구하였다고 하겠다. 그렇게 하는 것은 개화를 추진하지 않을 수 없는 조선이 당면한 처지를 감안하면, 그의 사상에서 나타나는 논리적인 귀결이라고 하겠다.

2) 행실의 개화

그는 조선이 반개화상태에 있다는 것을 인정하였지만, 지금의 개화국이라고 일컬을 수 있는 구미제국도 진개화(眞開化)에 도달하였다고 보지 않았다(西遊, 376 ; 世界大勢論, 35). 그렇다면 조선이 구미제국보다 더 빨리 진개화에 도달하여 장래의 어느 시점에서는 서구가 이룩한 개화를 추월할 수도 있다.

그런데 그는 개화를 '행실의 개화', '학술의 개화', '정치의 개화', '법률의 개화', '기계의 개화', '물리의 개화'로 구분하고 있다(西遊, 375−6). 이 모든 것이 갖추어져야만 '진정한 개화(眞開化)'에 이를 수 있다고 보았다. 이 중에서 행실을 제외한 다른 개화는 시대에 따라 다르고 지방에 따라 다르기 때문에 서로의 사정을 비교하여 장단점을 취사하는 것이 개화의 대도(大道)라고 보았다.

그렇지만 '행실의 개화'는 변화하지 않는 진리라고 보았다(西遊, 378). 여기서 말하는 행실은 오륜의 행실을 의미하며, 오륜의 행실은 곧바로 유교사회의 행동강령인 삼강오륜을 지칭한다. 즉 인간으로 하여금 도리(道理)를 깨닫게 하는 행실의 개화를 통하여 정덕(正德)을 구현하고자 한 것이다. 게다가 그는 신분제를 유지하는 것이 오히려 자연스러운 사회의 윤기라고 보았다(讀本, 248).

그는 정부의 목적을 '인민의 權利'와 '인민의 道理'를 보호하는 것이며, 이것은 정부의 정권(正權)이라고 표현하였다(西遊, 180). 그런데 家, 社會 그리고 國家에 관통되어야 하는 것이 倫紀이다. 그에 의하면, "집을 興는 자는 사람의 도리를 修며 나라를 사랑하는 者는 사람의 도리를 守하며 社會를 正하는 자는 사람의 도리를 扶"하게 된다(讀本, 249).

그렇다면 그가 말하는 개화는 서양화함으로써만 가능한 것이 아니라, 삼강오륜을 근간으로 하는 행실의 개화를 통하여 달성될 수 있는 것이다. 모든 국민을 선비로 만들려고 한 흥사단을 설립하고 전통적인 도덕률을 진작시키려고 하였다(興士團趣旨書, 全書 II, 367). 유길준이 진화론을 수용하면서 덕성의 개화를 통하여 진개화에 서구보다 빨리 도달하면 경쟁에서 승리하면 승자가 될 수 있다는 낙관론을 가졌음 직하다.

그런데 그가 정부의 정권(正權)이라고 표현한 것 중에 사람의 도리는 유교정치의 이념이다. 그는 정치와 교육을 통하여 행실의 개화를 달성하여야 하며, 그 주체는 군주여야 한다고 주장한 셈이다. 이렇게 보면 그가 입헌군주제를 받아들이려고 한 이유는 부국강병만이 아니라 군주를 통한 천리(天理)의 실현에 있었다고 하겠다. 천리의 실현이 입헌군주제에 의한 행실이 개화에 있다고 보면 문명개화하는 것 자체가 유 길준에게는 목적이었을 수도 있다(月脚, 139).

그가 행실의 개화를 중시한 것은 교육과 계몽을 통하여 지식의 습득하는 것과 도덕적인 인간이 되는 것은 별개의 것이라고 생각하였기 때문이라고도 볼 수 있다. 그 이유는 지식의 습득은 수동적으로도 가능하지만, 도덕적인 인간이 되는 것은 스스로 행하여야 하기 때문이다. 그리고 양자가 병행하여야만 개화된 사람이라고 보았기 때문이라고 할 수 있다(西遊, 377-8).

9. 국가건설사상의 의미

다음으로 살펴보아야 하는 것은 그가 처방을 통하여 이룰 수 있다고 생각한 국가가 어떠한 국가인가라는 점이다. 보다 구체적으로는 그가 제시한 국가가 서구의 근대국가에 근접하는가라는 문제를 제시할 수 있다.

그는 국가를 민족공동체로 보고 있으며(西遊, 85, 303), 독립과 주권에 대하여 강조하고 있다(全書 IV, 758). 게다가 국가는 자연상태라고 볼 수 있는 '草昧한 상태'에서부터 성립하며 국가의 목적이 권리의 보호에 있다는 것을 밝히고 있다(西遊, 136-7, 200). 그런데 국가의 목적은 '사람의 권리' 뿐만 아니라 '사람의 도리'를 보전하는 데에 있다. 전자는 자유주의적 사고를 반영하는 데 비하여, 후자는 유교가 제시하는 정치사회의 목적이라고 하겠다. 정부의 목적이 자유와 권리를 보장하고 인간이 이기심에 따라 사회에서 경쟁을 하여 진보하게 된다는 주장을 한 것은 근대적인 인간관을 반영한다고 하겠다. 이상과 같이 보면 그는 근대국가를 지향한다고 볼 수 있다. 그런데 그렇지 않는 측면도 있다.

우선 민권과 군권 그리고 국권의 관계를 살펴보아야 한다. 유길준이 제시하는 모든 처방은 결국 부국강병이라는 목적을 달성하는 데에 귀결된다는 점이다. 개인의 자유와 권리, 그리고 개인의 개명을 강조하였지만, 이는 개인의 자율성을 앙양하겠다는 데에 궁극적인 목적이 있는 것이 아니라 부국강병을 위한 수단으로서의 의미를 일차적으로 가지는 것이다. 서구의 제도, 예를 들면 입헌군주제를 받아들이는 것, 그리고 서구의 문물을 받아들여 국민을 문명화시켜 개화시키는 것도 국민의 통합을 통하여 국가의 독립에 기여할 수 있다고 생각하였기 때문이다. 그는 전제적인 군권(君權)을 제약하여 입헌군주제를 주장하고 개인의 권리를 보장하여 민권(民權)을 신장하고자 한 것은 결국 양자의 조화에서 국가의 권력을 신장하여 독립을 유지하려는 목적에 있었다고 하겠다.

그렇다면 국권과 민권이 대립하는 경우에 유길준은 어느 쪽에서 있다고 보아야 하는가? 그는 군주와 국가를 이론적으로도 구별하였으며(140-1), 실제 갑오경장에도 그렇게 하였다. 그는 천부인권을 통하여 민권사상을 강조하면서도 국권을 강조하였다고 하겠다. 양자는 밀접하게 연관되어 있으면서 서로 대립하고 있음을 알 수 있다. 따라서 그에게서 나타나는 문제점은 양자의 대립을 조화시키는 일이라고 하겠다(김영작, 257-8). 그 나름대로 양자를 조화시키려고 노력하였다고 말 할 수 있을 것이다. 이를 두고 그가 전통으로부터의 단절이 아니라 연속에 의지하면서 근대를 지향하였다고 말할 수도 있을 것이다. 그런데 그는 어느 쪽으로 더 기울어져 있는가? 다음과 같은 이유에서 그는 국권쪽으로 더 기울어져 있다는 생각이 든다.

첫째, 일본의 경우에는 우에키 에모리(植木枝盛)은 법률상의 권리보다 천연(然天)의 권리(權利)를 우선시키며 국가와 헌법을 두는 이유도 결국 민권의 보존에 있다는 것을 시사하는 측면도 있다(松本, 82-3). 그러나 유길준에게는 이러한 측면을 찾아보기 어렵다. 둘째, 진화론과 천부인권을 동시에 수용한다는 것이 의미하는 바를 올바르게 이해하지 못하였다는 점이다. 물론 그가 진화론이 대내외에 적용되는 바를 다르게 보았지만, 가토히로 유키(加藤弘之)의 경우에는 진화론을 받아들이면서 천부인권을 거부하였다. 그런데 유길준의 경우에는 양자를 경쟁원리와 보편적인 권리 사이에 있을 수 있는 갈등, 즉 개인의 자유와 권리가 존재하는 근거에 대하여 논하고 있지 않다. 이는 그가 천부인권에 대하여 철저한 입장을 취하지 않고 인간의 이기심을 자극시켜 부국강병에 동원시킬 수 있는 수단 정도로 이해하였다는 생각을 가지게 한다. 셋째, 의회(議事院)를 "君主의 政治를 贊襄하는" 기관 정도로 본다는 점이다(西遊, 148, 270). 상호 의존하여야 하는 민권과 국권이 순조롭게 기능을 발휘하려면 민권의 대변기관인 의회가 독립성을 유지하여야 할 것이다. 그런데 유길준은 그렇게 보고 있지 않다. 요컨대, 이렇게 보면 유길준은 입헌군주제를 통하여 민권과 국권의 조화를 이루려고 하였다고 볼 수 있지만, 어디까지나 군권을 강조함으로써 국권을 강화하는 쪽에 기울어져 있다고 말할 수 있을 것이다.

다음으로 유길준의 국가건설사상에서 제기할 수 있는 문제의 하나는 그가 국가와 사회를 과연 구별하는가라는 점이다. 이 문제가 중요한 이유는 서구의 경우에 근대 국가의 형성은 국가와 사회의 구별이 하나의 기점이 되기 때문이다. 그런데 그는 별로 구별하지 않는 것 같다. 그 이유를 다음에서 볼 수 있을 것이다.

첫째, 그는 가족, 사회 그리고 국가에 관통하는 윤기를 주장하고 있기 때문이다. 한편으로는 '사람의 자유'와 '사람의 권리'를 주장하면서(讀本, 324–6), 다른 한편으로는 '가족의 윤기'와 '국가의 윤기', 그리고 '사회의 윤기'를 강조하면서 가족과 사회와 국가의 일체성과 이에 관통하는 윤기(倫紀)를 주장하고 있다(讀本, 268–9 ; 夜學讀本, 319–20).

이러한 관점은 명치유신 이후에 나타난 일본의 가족국가관과 유사성을 가진 것이다.[3] 그러나 유길준은 왕도 오륜이라는 도덕을 지켜야 한다고 보았다는 점이 다르다. 어쨌든 민족이나 국가에 대한 의식이 희박했던 당시에 군주의 권위를 강화하고 군주에 대하여 애착심을 가지게 하여 황실을 중심으로 국민의 단결과 충성을 이끌어 내려는 생각을 유길준이 가졌을 만하였을 것이다. 그리고 당시로 보아 중국에 대하여 자주를 주장시킬 필요성에서 군주의 권위를 강화시키고자 하였다.

서구의 근대국가에서는 존엄성을 가지고 평등한 개인이 사회를 만드는 것을 전제로 하고 있다. 그러나 이상에서 보는 것처럼 인권을 인정하면서도 주어진 사회에 개인이 흡수되어 조화를 이루고 질서를 지키는 데에만 관심을 가진 셈이다. 이는 "美國의 富强을 論하거든 其本을 人民權利에 究할지어다"(漢城府民會刱立理由書, 全書 IV, 314)라고 언급한 데에서 단적으로 나타난다. 즉 극단적으로 보면 개인은 부국강병의 도구에 불과한 것이기 때문에 사회나 국가에 대립될 수 있

3. 福澤諭吉, 『帝室論』, 全集, 제5권 ; 『尊王論』, 全集, 제6권.

는 개인의 독립성이나 존엄성은 상정하지 않고 있다. 이상과 같이 보아 그는 국가와 사회를 분리하지 않았다고 보는 것이 옳을 것이다.

이에 연관하여 고찰할 수 있는 것은 유길준이 군주를 중심으로 하여 애국심을 앙양함으로써 국민의 통합을 이루고자 하였지만, 과연 그러한 방법으로 국민(민족)국가를 달성할 수 있겠는가라는 의문을 제시할 수 있다. 이 의문을 제시하는 이유는 서구의 국민국가라는 것은 인민주권론과 평등의 개념이 결합하여 인민이 국가의 구성원이라는 것을 자각하여 민족이라는 의식이 생성되어야 나타났기 때문이다.

그가 유계의 통의와 지위의 권리를 구분함으로써 결국 기존의 신분적인 사회의 불평등을 합리화한다. 그리고 천리, 도리, 정리라는 것은 이를 강화하는 역할을 담당할 뿐이다. 게다가 경제시책에도 결국은 가진 자의 이익을 옹호하는 한도 내에서 개혁을 시도한다. 개개인을 위하여 천부인권을 사회에서 평등하게 보장하기 위한 적극적인 노력을 그에게는 찾아보기 어렵다. 그렇기 때문에 그의 국가건설사상에서 민족을 바탕으로 하는 근대적인 국민국가의 형성을 기대하기 어렵다고 볼 수 있다.

왕조체제와 그가 제시하는 근대국가를 비교하면 제도적인 측면에서, 즉 국가에 대한 조직상의 정의에서 본다면 그의 국가가 왕조체제보다 근대국가에 근접하는 것은 명백하다고 하겠다. 그러나 제도의 이면에 있는 이념적인 측면에서는 서구의 근대국가에 근접하였다고 말하기 어려울 것이다.

Ⅵ. 결론

유길준이 위기의 극복책을 제시하는 데에 바탕이 된 시좌로 인간이 이기적인 경쟁심을 가졌으며, 사회가 진화할 수 있다는 관점을 가졌으며, 정치와 윤리는 분리되어야 한다는 시좌를 그가 가진 것으로 우리는 전제하였다. 앞의 두 가지 전제에 의하여 현실의 위기를 진단하고 처방한 것은 그런대로 논리의 일관성이 있다고 하겠다. 그런데 정치와 윤리의 분리에 대한 그의 시좌가 논리의 일관성이 있는지를 살펴볼 필요가 있다. 그런데 이 논리에는 일관성이 없는 것 같다.

그 이유는 다음과 같다. 첫째, 그가 인권을 인정하였으면 개인의 자유와 권리를 지킬 수 있는 법적이며 제도적인 장치를 둠으로써 정치가 이루어지도록 하여야 한다. 그런데 권리를 보장하는 법적인 장치를 두지 않은 것은 아니지만, 그는 개인의 자유와 권리보다는 개개인이 가져야 하는 덕성(도덕성)에 더 의존하고 있다고도 볼 수 있다. 이는 그가 전술한 것처럼 사회의 윤기, 사람의 도리 혹은 정리(正理), 천리(天理) 등으로 나타나는 윤리적인 교화를 통하여 인권을 실현시키고자 한 데서 나타난다. 즉 그는 인간에게 본래 구비된 도덕성으로 욕망의 조화를 설명하고, 도덕성이 인간의 본질이라고 하는 점에서 주자학의 인간관에 근접한다고 하겠다(月脚, 124). 이는 서구의 문맥에서 이해하면 그가 권리나 자유보다는 인간의 덕성(virtue)을 더 강조하고 있는 셈이다. 서구의 개인주의는 인간을 덕성으로부터의 해방시켜 자유와 권리를 강조함으로써 시작된다고 할 수 있다. 그리하여 덕성은 부차적인 문제가 되었다고 하겠다. 그런데 유길준은 덕성, 그것도 전통적인 윤리에서 연유하는 인간의 덕성을 강조함으로써 질서를 유지하려고 하였다고 하겠다. 둘째, 군주권을 영원불변의 항구적인 권리로 간주하여 군주와 백성의 관계를 인륜의 관계로 설정하였다. 셋째, 영구불변하다고 여겨지는 행실의 개화를 강조하였다. 넷째, 대외적으로 외교관계를 맺고 있다는 사실, 즉 만국 공법의 적용 여부로 국권의 존립 여부에 대한 기준으로 파악하면서도 체결된 조약의 이행 여부는 예 혹은 천리라는 관념이라는 전통적인 윤리 개념에 입각한 신의의 준수 여부에 달려 있다고 보았다. 필자가 주장하는 것은 이상과 같이 윤리적인 교화를 통하여 덕성을 유지시키고자 하는 것 자체가—즉 유교적 도덕주의에 의존하려고 하였던 점—근대국가가 취하는 방식이 아니라는 점이다.

요컨대, 그가 기본적인 시좌로 가졌던 정치와 윤리의 분리가 그의 사상체계에서 구현되지 않았다. 그러나 그가 부국강병을 위하여 인간의 본성을 인정하고, 이 본성을 기반으로 하여 종전과는 다른 퍼스낼리티(personality)를 부여하여 부국강병에 기여할 수 있는 민족성(국민성; national character)을 형성하고, 이를 수용할 수 있는 새로운 모습의 국가를 제시하려고 하였다는 점을 인정하여야 할 것이다. 다시 말하면, 이상에서 보는 바와 같이 결국 유길준이 주자학적(혹은 유학적)인 사유양식에서부터 크게 벗어나지 못하여 정치와 윤리를 분리시키지 않았지만, 부국강병을 위하여 제시한 새로운 인성관은 이상적인 국가관과 부합한다고 볼 수 있다.

어쨌든 그가 상정한 국가라는 것은 서구의 근대국가와 궤를 달리 한다고 볼 수밖에 없을 것이다. 그렇지만 그가 조선을 근대 국민국가는 아니라고 하더라도 입헌군주제적인 근대국가의 건설을 목표로 삼았다는 것을 인정해야 할 것이다.

참고문헌

❖ 김봉렬, 1998,『兪吉濬 開化思想의 硏究』, 경남대학교 출판부.

❖ 金榮作, 1989,『한말 내셔널리즘 연구』, 서울 : 청계연구소.

❖ ______, 2003,「초기 개화파의 '내셔널리즘'의 사상적 구조」,『東아시아 近代史에서의 西洋思想 受容과 國家建設에 관한 思想史的 比較硏究』, 韓國東洋 政治思想學會, 第2回 國際學術會議.

❖ 김용구, 1997,『세계관의 충돌의 국제정치학』, 서울 : 나남출판.

❖ 金學俊, 2000.『한말의 서양정치학 수용연구 : 유길준 · 안국선 · 이승만을 중심으로』, 서울대학교 출판부.

❖ 兪東濬, 1987,『兪吉濬 傳』, 서울 : 一潮閣.

❖ 兪吉濬, 1995,『兪吉濬全書』全5卷, 서울 : 一潮閣.

❖ 유영익, 1992,『韓國近現代史論』, 서울 : 一潮閣.

❖ 이기용, 2000,「兪吉濬과 福澤諭吉의 政治論」,『韓日關係史硏究』제13집, 韓日關係史學會 : 45–96.

❖ 李鍾殷 역, 1991.『현대 정치이론의 이해』, 서울 : 나남 ; Thomas Arthur Spragens, Jr. 1976. *Understanding Political Theory*, New York : St. Marin's Press.

❖ 田福姬, 1996,『사회진화론과 국가사상 : 구한말을 중심으로』, 서울 : 한울아카데미

❖ 田鳳德, 1984,『韓國近代法思想史』, 서울 : 博英.

❖ 鄭容和, 1988,「유길준의 정치사상연구 : 전통에서 근대로의 복합적 이행」, 서울大學校政治學 博士 學位論文.

❖ 松本三之介, 1996,『明治思想史』, 東京 : 新曜社.

❖ 月脚達彦, 1996,「朝鮮改化期思想 構造–兪吉濬『西洋見聞』文明的立憲君主論」,『朝鮮學報』第159輯.

❖ 福澤諭吉, 1961,『福澤諭吉全集』1, 3, 4, 5卷, 東京 : 岩波書店.

제 6 장

독립협회의 국가건설사상 : 서재필과 윤치호

홍원표 (한국외국어대)

Ⅰ. 들어가기 : 과거의 '새로운 시작'을 회고하며

우리는 더 이상 존재하지 않는 곳에 있지도 않고 아직 존재하지 않는 곳에도 있지 않지만 이 두 영역에 여전히 눈을 주시하고 있다. 미래를 대비하는 정치적 구상이 중요하지만 역사의 경험을 무시한 미래 설계는 역사적 정체성을 상실하기 쉽다. 역사의 경험은 정치적 삶을 이해하는 데 중요하지만 항상 포착하기 어려운 무엇으로 우리에게 나타나고 있다. 역사의 경험은 자신을 드러내면서도 은폐하기 때문이다. 따라서 정치적 삶을 위한 미래 지향적 지침을 찾으려면 역사와 끊임없는 대화가 필요하다.

1800년대 후반기 열강의 국내정치 개입과 외세 의존적 권력투쟁 때문에 민족의 생존문제에 관심을 가졌던 정치행위자들의 행적에

담긴 정치적 의미를 새롭게 조명하려는 노력은 과거에 대한 이해에 머물지 않고 시대적 변화에 부응하는 정치행위 기준을 밝히는 데 기여할 것이다. 그렇다면 우리는 이 시대가 남긴 유산 중 무엇을 버리고 무엇을 계승해야 하는가? 이들은 우리들에게 어떤 유언을 남기고자 했는가?

서재필(1864–1951)과 윤치호(1865–1945)에 대한 평가는 다양하지만, 이들은 '국민국가'[1)]의 형성과 관련하여 중요한 지침을 제공하고 있다. 물론 독립협회의 활동에 관한 모든 연구가 근대 한국의 국가건설과 연관되지만, '국가건설' 자체에 대한 이해는 독립협회 활동의 또 다른 정치적 의미를 부각시키는 데 기여할 것이다. 따라서 필자는 갑신정변 이후 독립협회 해산까지 서재필과 윤치호의 국가건설 구상과 실천을 다음과 같이 조명할 것이다.

첫째, 서재필과 윤치호는 현실을 어떻게 인식하고 진단했으며(제2절과 제3절 1), 그 한계를 극복하기 위해 이상적 모델(제2절)과 바람직한 처방책(제3절 2–3, 제4–5절)을 어떻게 제시하였는가? 둘째, 이들은 민족위기를 극복하는 방안으로 사회적 해결책(제3절 3, 제5절 2)

1. 여기에서는 독립협회의 활동을 국민국가의 모색과 연계시키고 있다. 민족에 대한 자각, 개인과 국가의 개체성(또는 정체성), 자유의 확립 및 제도화를 위한 구상과 실천 등은 국민국가의 형성과 밀접하게 연관되어 있는 문제들이다. 독립협회는 근대 국민국가의 형성에 성공하지는 못했지만 이를 위한 단초를 제공하고 있기 때문이다. 국민국가의 형성에 관한 다양한 관점을 이해하기 위해서는 알포드 · 프리드랜드(1989)를, 근대국가 또는 국민국가에 관한 이해를 위해서는 이종은(2003, 1–17, 미출간 논문)을, 그리고 국민국가를 지향한 최초의 정치개혁운동과 관련한 연구를 이해하기 위해서는 이택휘(1993)를 참조하시오.

과 정치적 해결책(제4–5절)을 어떻게 구상했는가? 전자는 민족의 개체성 확립과 '자강', 후자는 새로운 정치질서의 형성과 연관된다. 셋째, 이들은 국민국가의 형성과 관련하여 '해방' 문제(제3절)뿐만 아니라 '자유의 확립' 문제(제4절), '자유의 제도화'(제5절)를 어떻게 구상하고 실천하려고 했는가? 물론 독립협회는 활동기간 중 세 문제를 병행적으로 실현하고자 했지만 논리적 분석을 위해 해방, 자유의 확립, 자유의 제도화 순으로 설명할 것이다.[2] 아울러 국민국가의 건설은 전근대에서 근대로의 전환을 의미하기 때문에 주권론, 행위론, 제도론의 관점에서 '정치적 전환' 문제를 분석한다(제4절). 넷째, 이들은 공(公)과 사(私)의 문제를 국가건설 구상에 어떻게 반영하고 있는가? 서재필과 윤치호의 개인적 삶과 정치적 삶을 중첩시킬 것이며(제2–3절), 개인적 자유와 정치적 자유의 확립문제(제4–5절), 공공영역과 사회영역의 문제(제3절 3, 5–6절)를 검토할 것이다. 이러한 분석을 토대로 독립협회의 국가건설사상이 지닌 한계와 그 정치적 함의를 결론적으로 제시한다.

2. 해방(liberation), 개인적(사적) 자유(liberty), 정치적(공적) 자유(freedom)를 획득하는 과정은 정치행위와 연관된다. 이를 획득하는 과정에는 때로는 투쟁이나 폭력과 연계되며, 때로는 대화와 타협 이 수반된다. 이들은 국가건설에 있어서 중요한 일부를 형성하지만 각기 상이한 기능을 담당한다. 해방은 자주독립과, 개인적 자유는 개체성을 지닌 행위자로 활동하는 근거와, 정치적 자유는 공적인 삶을 가능케 하는 원동력이다.

Ⅱ. '정의의 확립'과 '영혼의 구원' 사이에서 : 정치적 비극과 새로운 경험

서재필과 윤치호의 국가건설사상을 이해하는 출발점은 이들의 행적에 나타난 공적 또는 사적 측면을 부각시키는 것이다. 즉 이들의 행적이 정의의 확립과 연계되는가 아니면 영혼의 구원과 연계되어 있는가를 밝히는 작업은 독립협회 활동에 나타난 이들의 국가건설 구상을 이해하는 출발점이다.

정의를 확립하려는 시도는 비극을 수반하는가? 대부분의 경우 그렇다. 역사의 경험들이 이를 증명하고 있고, 갑신정변 역시 그러한 결과를 초래하였다. 전쟁과 혁명은 항상 연계되어 발생되는가? 19세기 말과 20세기 초반 전쟁은 혁명 또는 개혁과 밀접하게 연계되어 있다.[3] 제너널 셔먼 호 사건과 병인양요가 바로 급격한 정권변동으로 이어지지는 않았지만, 개화당의 형성과 갑신정변은 외세와의 군사적 갈등에 직면한 조선의 무기력에 대한 반작용이었다. 갑신정변 주도자들은 시대적 변화를 자각하고 수구파 주도의 집권체제를 해체시키는 정변을 시도하였다. 그러나 폭력적이고 외세 의존적 정변은 3일천하로

3. 19세기 말 20세기 초 전쟁의 패배가 정권의 급격한 변동을 초래했던 예로 보불전쟁과 제3공화정의 등장, 러일전쟁과 러시아혁명을 들 수 있다. 정부의 혁명적 변동이 전쟁 패배의 가장 확실한 결과에 포함된다는 점을 고려할 때, "전쟁과 혁명의 상호 연관성, 상호 의존성은 꾸준히 증대되어 왔다"(Arendt 1963, 5).

막을 내렸기 때문에 새로운 시도는 정치적 비애를 초래하였다. 물론 행위자로 참여한 서재필은 개인적 삶과 관련하여 비애를 경험하였지만, 반 정도는 관찰자였던 윤치호는 개인적 친분 때문에 망명하지 않을 수 없었다.

김옥균은 정변의 실패 때문에 고종과 결별하고 인천으로 피신하던 중 비애감을 그대로 표출하였다.[4)] 서재필 역시 자서전에서 이러한 감정을 드러냈다. 어두운 시대에 빛을 밝히고자 했던 이들은 정치적 열정을 제대로 분출시키지도 못한 채 어둠 속으로 자신들의 몸을 숨겨야 했다.[5)] 후쿠자와 유키치(福澤喩吉)의 집에 머물러 있던 서재필은 '역적' 송환과 암살기도의 가능성에 대비해 자구책을 강구하면서도 외세 의존적 개혁의 허망함을 다시 한 번 경험하였다. "일본의 태도 변경은 젊고 순진했던 서재필에게는 배반으로 받아들여졌다"(이우진 1993, 260). 따라서 서재필은 박영효, 서광범과 함께 "조국의 풍운을 다시 한 번 일으키려면 미국 같은 나라에 가서 배우기로 하고 … 미국으로 향하였다"(김도태 1981, 174).

멸문을 체험한 서재필은 개인적 비극을 정치적으로 승화시킬

4. 이러한 심정은 다음과 같은 표현에 잘 드러난다. "지금 다께조에를 따라 가더라도 우리들의 생사를 또한 알 수 없으니, … 다께조에를 따라서 가다가 우리 군사가 함몰하게 되면 다시 여망이 없다"(김옥균 1993, 108).

5. "우리 일행은 아홉 사람이다. 원래는 43인이었는데 대부분은 참살 혹은 처형을 당하였고 … 닷새 전까지도 고국을 자주독립으로 기초하여 국정을 새롭게 하며, … 지금은 천세환 배밑에 같은 신세가 되어 만리의 파도를 건너 도망가려는 망명자가 되었으니 그 운명은 가련하였다"(김도태 1981, 172). 실패한 혁명의 비애를 잘 묘사하고 있는 연구로 신복룡(1993, 159-206 ; 1999, 117-50)을 참조하시오.

수 있는 기회를 찾고자 했다. "갑신정변 당시 무사로 역할을 담당했던"(박영신 1996, 47) 서재필은 망명시절 개인적 삶에 충실하면서 영혼의 구원에 관심을 가졌으며, 귀국의 목적으로 인민교육을 생각하였다. "순수한 혁명가직 선각사"(송건호 1980, 29)였던 서재필은 독립협회 활동을 통해 또 다른 '혁명'을 마음 속에 품었을 것이다. 그는 인생을 통해 마키아벨리다운 정치적 의도를 실천하려고 했던 현실주의자가 아닌가? "무장한 예언자는 성공했으나 그렇지 않은 예언자는 실패했다 … 마키아벨리 역시 무장하지 않은 예언자가 아닌가? … 무장하지 않은 예언자는 사후 선교를 통해 정복하였다"(Strauss 1959, 44–5).[6] 이를 원용하자면, 서재필은 무장하지 않은 마키아벨리와 마찬가지로 국민국가 건설이란 정치적 목적 때문에 교육의 중요성을 강조했다. 그는 비폭력적이고 점진적인 계몽이 결국에 승리하리라는 신념을 가졌다.

반면에, 윤치호는 미국 공사 푸트(Lucius H. Foote)의 통역관으로 정치무대에서 활동하였지만 갑신정변의 주요 행위자로 참여하지는 않았다.[7] 윤치호는 우정국 연회에서 발생한 유혈극을 직접 목격한 관

6. 마키아벨리는 모세와 예수를 대비시키고 있다. 서재필이 기독교인으로서 교육과 개화를 통해 근대 국가를 실현하려는 의도를 담고 있기에 이 문장을 인용하였다. 2차 망명시 "유대인들이 예수를 모르고 있다"는 발언의 의미를 고찰할 필요가 있다. 이에 관한 내용은 발표시 사회를 맡았던 신복룡 선생님의 지적에 도움을 받았다.

7. 윤치호가 관찰자로 우정국 연회 중 사건을 자세하게 소개하고 있으며, 포 소리가 들리자 모든 사람들이 뒷문으로 빠져나가고 미국공사, 서기관, 그리고 자신만이 남아 있다는 사실을 기술하고 있다. 그는 관찰자의 입장에서 당시 사건을 기술하고 있다(『윤치호 일기』 1984. 12. 4. 이하 '일기'로 표기함). 이

찰자이면서도 정변 주동자들과의 개인적 친분 때문에 겪게 되는 정치적 난관에 대한 원망을 잘 드러내고 있다. "가친과 같이 김씨(김옥균) 등이 저지른 일은 무식하여 이치를 모르고 무지하여 시세에 어두운 것임을 논하였다. 들으니 가친을 형조판서에 제수하고 나와 변수를 외무아문참의(外務衙門參議)에 제수하였다. 고우(古愚) 등 여러 사람이 하는 일이 조급하여 원망스럽다. … 가석하다"(『일기』 1884. 12. 5). 이와 같이 갑신정변에 대한 윤치호의 평가는 긍정적이기보다 부정적이었다. 따라서 그는 자신이 정치적 사건의 희생물이 되었다는 인식을 잘 드러내고 있다(1885. 12. 6).[8)]

그는 망명하면서 동료들에 대한 원망뿐만 아니라 청인들의 억압과 능멸에 대한 분노의 감정을 드러내고 있다(『일기』 1885. 2. 14/6. 20). 10여 년의 망명생활 중 5년을 청국에서 보냈던 윤치호는 청국의 간섭에 대해 극도로 분노했으며, 미국을 체험하면서 국제적 행위자로서 청국의 위상을 더욱 부정하였다. 그는 개인적 비극을 청국의 간섭과 연계시킴으로써 공적인 문제에 관심을 갖게 되었다.

와 반대로 김옥균은 행위자 입장에서 갑신정변의 전모를 밝히고 있다(김옥균 1993). 여기에서 윤치호의 행동에 관한 기술은 거의 없다. 단지 세 번의 이름이 표기되었을 뿐이다.

8. "주상과 왕비께서 우리의 청백한 마음을 알지 못하고 우리를 저들과 같은 무리로 생각할 것이니 어찌 원통하지 않겠는가? 부자가 서로 통탄하고 삼가고 경계함을 상책으로 삼자는 것을 서로 권하고 말을 달려 공사관으로 돌아왔다. 시간은 오후 4시경이다." 윤치호는 정치적으로 개화세력과 자신을 우리와 그들로 구분하고 있다. "고배우의 경망스런 행동은 위로는 국사를 실패케 하고 아래로 민정을 시끄럽게 하였으며, 공적으로는 개화 등의 일을 탕패(蕩敗)시켜 남김이 없게 하였고 사적으로는 가족을 망파(亡破)시켜 온전치 못하게 하였다"(『일기』, 1884. 12. 7).

그렇다면 이들은 망명생활 중 무엇을 고민하였는가? 우선 미국에서 활동했던 시기 서재필의 행적을 살펴볼 필요가 있다. 그는 이 기간 중 '개인적' 삶으로 야기되는 어려움을 극복하는 데 관심을 가졌다. 그는 학교생활, 직장생활, 결혼생활, 의사로서의 삶을 영위하는 데 관심을 가졌다. 반면에, 우리는 다음과 같은 몇 가지 사례를 통해 정치에 대한 서재필의 관심을 간접적으로 이해할 수 있을 것이다. "윌크스베리의 생활, 가필드 대통령 송덕사, 독립전쟁에 관한 이해, 죤슨 대통령의 탄핵재판에 관한 교훈"(이정식 2003, 95–132) 등은 서재필이 정치적 삶에 대한 '새로운' 이해를 심화시키는 데 기여했을 것이다. 그는 《독립신문》의 많은 논설들을 통해 미국 정치뿐만 아니라 서구 계몽사상에 대해 소개하였다. 특히, 그는 1896년 미국에서 경험한 민중운동을 민중운동의 표본으로 삼았으며(이정식 2003, 129–30), 청년시절의 폭력을 통한 대변혁보다 계몽을 통한 개혁으로 입장을 선회하였다.[9)]

1895년에 귀국한 윤치호는 사회적 빈곤이 여전히 편재함을 목도하였고,[10)] 정치적으로는 조선이 청국에 예속되어 있다는 사실에 심

9. 《독립신문》 1896년 4월 11일자 논설에서 '충신과 역적'에 관한 문제를 통해 준법과 충신을 연계시키고 있다. 서재필이 미국 시민권을 획득한 이후 끝내 한국 국적을 회복하지 않았다는 점을 미루어 보면 갑신정변 때의 개인적 상처가 … 과격혁명노선에서 온건개혁노선으로 변화시켰다고 이해된다"(이우진 1993, 263–4).

10. "내 딴 형편에 이렇게 고향에 닿았다면 오늘처럼 기쁘고 마음 설레일 날이 어디 다시 있으랴. 그러나 아, 지금처럼 마음 아팠던 일이 다시 없었노라. 우리 조선 일꾼들, 본래는 흰옷인데 그것이 때와 더러움으로 검어진 옷을 입은 모습, … 차마 볼 수 없는 가난, 무지, … 이 모두가 다 지켜줄이 없는 이 조선의 가련한 모습을 보여 주고 있구나"(『일기』 4, pp. 18–9).

각한 반감을 가졌다. 조선을 종속시키려는 청국은 조선 번영의 진정한 적이었다(『일기』 1893. 11. 1). 따라서 그는 미국에서의 경험을 개혁의 중요한 이정표로 설정하였다. 그의 눈에 비친 미국은 문명국이었다. 그는 미국의 물질적 번영이 정신문화의 발전에도 기여하리라고 생각하였다. 그는 미국생활을 통해 문명개화의 필요성을 철저하게 경험하였고, 대학강의와 서적을 통해 민주주의의 역사뿐만 아니라 민주사회의 운영방식도 체험할 수 있었다. 특히, 그는 미국식 민주주의를 최선의 정체로 생각하고 미국에서의 경험을 국가건설에 점진적으로 적용시키고자 하였다.

그는 물질적 번영과 민주주의를 가능케 하는 것들 중에서 기독교에 많은 관심을 가졌다. 그는 중국 유학기간 중 기독교를 통해 개인적 고통을 극복하고 영혼을 구원하는 데 관심을 가졌지만, 미국생활 중에는 기독교와 정치적 삶을 연계시키는 새로운 안목을 갖게 되었다. 영혼을 구원하는 문제가 전적으로 '개인적' 이라면 국가의 구원, 즉 정의의 실현문제는 정치적 요소를 담고 있다.[11] 이러한 변화는 기독교와 문명의 관계에 대한 이해에서 비롯된다. 그는 미국 경험을 통해 기독교가 사회의 문명화와 민주화를 이루는 힘 있는 사회변혁의 종교로 인식하였다(유영렬 1985, 79). 그의 경우 기독교 문명국은 강대국이었다.

11. 윤치호의 이러한 변화는 자신은 현실주의적 시각을 반영하고 있다. 따라서 독립협회 활동시에 기독교 문명의 중요성을 강조했으나 이후의 활동에서 나타나듯이 "정교분리의 원칙을 내세워 나라의 흥망보다 개인 영혼의 구원이 더 긴요한 일이라는 입장을 유지했다" (정용화 2001, 307).

Ⅲ. 민족의 생존위기와 '자주독립' 구상

앞에서 언급한 바와 같이 '영혼의 구원'과 '정의의 확립'에 대한 열정은 민족문제에 대한 서재필과 윤치호의 구상과 실천에 중첩되어 드러난다. 이들은 외세와 국내 정치세력 간의 결탁으로 인한 민족위기에 직면하여 민족의 정치적 능력 제고를 강조하면서도 영혼의 구원과 관련된 윤리적 덕목을 강조하거나 정치적 해결책이라기보다 사회적 해결책인 문명개화의 필요성을 강조하였다. 이들은 민족의 생존위기를 정치적 문제로 인식하면서도 그 처방에 있어서는 부분적으로 사회적 해결책을 제시하고 있다.

1. 국내 정치세력과 외세의 연합 : 예속의 심화

서재필과 윤치호는 망명한 이후 약 10년 동안 정치활동보다 주로 일상적 삶에 충실하였다. 이들은 외국에서 생존문제를 스스로 해결해야만 하였기에 미국 사회와 근대적 국제질서를 이해할 기회는 가졌지만 정치활동에 참여하기란 어려웠을 것이다. 문명화된 미국에 대한 경험은 이들의 독립협회 활동에 귀중한 기준이 되었다. 망명기간 중 민족위기의 심화는 이들의 내면에 잠재되어 있던 정치적 열정을 행동으로 표출하는 계기를 제공하였다. 따라서 국내의 정치변동이 정의의 확립에 대한 열정과 연계되는 과정을 고찰할 필요가 있다.

근대적 국제질서가 한반도에 미친 충격은 국내 정치영역을 권력투쟁의 장으로 만드는 요인이 되었다. 개화기 정치세력들은 민족을 희생시키는 대가로 권력을 장악하는 데 역점을 두었다. 이들은 기득권 유지를 위해 외세에 의존함으로써 정치를 개인적 목적의 실현수단으로 도구화하였다. 정치세력 간의 권력투쟁은 개인적인 비극으로 끝나지 않고 민족의 비극으로 확산되었다. 즉 조선은 청일 간의 갈등 속에서 예속의 길로 빠져들게 되었다.

청국은 임오군란과 갑신정변 이후 유리한 정치적 위치를 차지하였으며, 경제적으로도 일본을 위협하고 조선의 병합을 기도하였다. 그러나 일본은 동학혁명을 계기로 한반도에서 정치 · 경제적 우위를 차지하기 위해 '힘의 전이'를 시도하였다. 수구파 정권은 1894년 동학혁명이 발생하자 청군의 차병을 요청하였고, 이러한 움직임을 파악한 일본은 조선 내정에 간섭하기 위해 군대를 파견하였다. 일본군은 전주화약 이후 농민군의 자진 해산에도 불구하고 조선정부의 철병 요구를 거부하면서 내정간섭의 한 방편으로 개혁을 권고하였다. 6월 21일 민비 정권을 붕괴시키고 김홍집 내각을 출범시킨 일본군은 조선에 대한 지배권을 단계적으로 확보해 나갔다.

윤치호는 동북아 세력균형이 재편되던 당시 미국 유학생활을 마치고 중서서원(中西書院)에서 교편을 잡고 있었다. 친일반청의 감정을 가지고 있던 윤치호는 조선을 청국의 압제로부터 벗어나게 하고 개혁을 성공시키기 위해서는 일본이 승리해야 한다고 생각하였다. 특히, 청일전쟁을 서양문명과 동양 야만 사이의 싸움으로 이해하였던 윤치호(유영렬 1985, 91)는 청일전쟁이 갑오개혁의 계기를 마련하였다고 평가하였다.

윤치호는 갑오개혁(1894. 7. 27–1896. 2. 10)이 추진되던 1895년 2월 12일 귀국하였다. 당시 조선 정부에는 김홍집과 김윤식을 중심으로 하는 구당, 박영효 및 서광범을 중심으로 하는 신당이 치열한 권력투쟁을 하였다. 윤치호는 이 과정에서 중재역할을 담당하였고 참의를 맡았다. 박영효가 1895년 7월 반역음모 혐의로 체포 직전에 일본으로 망명한 이후 윤치호는 김홍집 내각에서 외무협판을 맡았다. 윤치호는 을미사변 후 친일파의 수중으로부터 국왕을 구출하려다 실패한 춘생문사건으로 연루되어 미국공사관에 피신했다가 아관파천 이후 정치활동을 계속하게 되었다.

일본은 청일전쟁을 계기로 김홍집 친일내각을 구성하면서 개화당 인사들의 입각을 필요로 했다. 서재필은 이때 일본으로부터의 귀국 요청뿐만 아니라 1895년 '외무협판' 제안도 거부하였다. 그는 학생시절의 후원자였던 홀렌백의 권유를 거부했을 때 폭력행위로 야기된 정치적 비애를 다시 반복하고 싶지 않았을 것이다.[12] 그러나 결정적 계기는 박영효의 권고였다. 박영효는 권력투쟁에 패배하여 미국으로 다시 망명하게 되었는데, 독립국가의 운명이 다해가는 데도 불구하고 어느 누구도 이를 구하는 데 관심을 가지고 있지 않다는 정치상황을 서재필에게 알렸다. 박영효는 서재필의 정치적 열정을 다시 부활시키는 계기를 제공하였다. 그러므로 "서재필에게 있어 민족은 자기 자신

12. 홀렌백은 서재필이 생계를 위한 투쟁으로부터 해방시켜 주었으며 공부를 할 수 있는 기회를 제공하였다. 그러나 선교사나 목사가 되어 조선에서 선교활동을 하도록 권고하였지만 서재필은 이 권고를 거부하였다(이정식 2003, 106).

의 확대판이요, 자신보다 더 우선시한 제2의 자기였다”(김운태 1993, 71–2)라는 주장은 개인적 비극에도 불구하고 독립협회를 통해 국가를 구원하고자 했던 정치행위자에 대한 찬사일 것이다. 이와 같이 서재필은 개인적 비극의 덫에 갇혀 있지 않고 민족에 대한 열정을 공적으로 표출하게 되었다. “미국에서 오랫동안 내가 마음 깊이 그리던 자유와 독립의 이상을 실천할 천재일우의 시기가 돌아온 것”(김도태 1981, 194)이라고 밝힌 내용에도 나타나듯이 서재필은 조선의 이중적 난관, 외부의 억압을 극복하고 인민의 자유를 보장하는 문제를 가장 중요한 실천적 과제로 삼았다.

2. 해방을 위한 정치적 해결책 : 자주독립 정신의 확산

집권세력은 외세의 개입으로 민족의 생존이 위협을 받는 상황을 해결할 수 없었다. 오히려 이들은 외세에 의존하여 기득권을 유지하려는 데 집착한 나머지 근대적 국제질서에서 작동하는 냉혹한 힘의 논리를 자각하지 못하였다. 독립협회는 이러한 상황을 일깨워 주는 중요한 역할을 담당하였다. 특히, 서재필은 외세 의존적 ‘폭력혁명’의 실패를 되풀이하지 않기 위해 온건하면서도 자주적인 방법으로 자주독립을 추진해야 한다고 생각하였다. 이러한 입장의 변화는 서재필의 현실주의적 인식을 반영하고 있다. 한반도 주변 열강의 이권침탈과 식민지화가 진행되는 과정에서 민족의 생존을 보장하는 현실적 방법은 자주독립 정신의 확산이었다.

따라서 독립협회 인사들은 아관파천 직후 당면문제에 대응하고자 1896년 4월 7일《독립신문》을 창간하고 7월 2일 독립협회를 창립하였다. 독립협회는 창립과 더불어 독립문 건립을 최초의 운동목표로 세웠으며, 독립관과 독립공원 설립을 계획하였다. 서재필은 독립문 건립을 통해 자주독립 정신을 실현하는 최초의 행위를 영구적으로 간직하자고 주장하였으며(《독립신문》 1896. 7. 4), 미국의 개국을 부각시킴으로써 자주독립 정신을 고취시키고자 하였다(《독립신문》 1896. 7. 7). 이러한 일련의 시도는 외세의 억압을 극복하고 국민국가 건설을 지향하는 중요한 정치행위이다.

서재필은 어떠한 원칙에 입각해 독립협회를 이끌어 가고자 했는가? 폭력을 통한 대변혁을 시도하다가 실패한 청년 서재필은 1890년대 중반 미국의 민중운동을 목도하면서 이를 조선의 민중운동 모델로 삼았다(이정식 2003, 130). 그러나 폭력에 의한 방법이 한계를 가지고 있었듯이 온건한 방법 역시 이중적 난관을 타개하는 데 있어서도 한계를 지니고 있었다. 서재필은 점진적인 개혁에 의한 권력행사와 폭력사용 사이에서 고뇌하면서 이중적 난관을 극단적 방법으로 극복할 수 없으리라는 현실주의적 입장을 택하였을 것이다. 이러한 입장은 미국에서 그의 개인적 삶을 고려할 때 충분히 정당화될 수 있을 것이다. 서재필은《독립신문》을 통해 미국의 '개국'을 자주독립과 연관시켜 소개하고 있다. 여기에서 미국 건국에 대한 그의 이해는 철저하게 부각되지 못하고 있다.

그러나 서재필은 이러한 한계 속에서도《독립신문》에 자주독립 정신을 고취시킬 수 있는 많은 논설을 기고하였고, 협성회 및 독립협회의 토론을 통해 "자유사상과 민주주의적 지식을 넣어주고자 했으며”(김도태 1972, 248), 애국의 필요성을 전파하고자 노력하였다. 특히, 그는 열강의 이권침탈로 인해 국권상실을 부각시키는 데 관심을 가졌다. 그는 윤치호와 함께 러시아의 이권침탈을 차단하고자 만민공동회를 개최하였다. 그는 2월 구국선언과 제1차 만민공동회에서도 열강의 내정간섭, 이권요구 등을 반대하여 주권을 확립하려는 자주국권운동을 전개하였다. 서재필이 1898년 5월 14일 미국으로 추방된 이후 윤치호는《독립신문》의 주필과 최고 책임자로 활동하면서 자주국권운동을 지속적으로 전개해 나갔다.

이들의 자주국권운동은 어떠한 특성을 지니고 있는가? 이들은 자주독립 정신을 확산하는 데 역점을 두고 있었지만 급격한 해결보다는 점진적 해결을 선호하였다. 자주독립을 확보하는 데 있어서 열강을 배제시키는 것 못지 않게 이들과 연계된 수구파 정권의 해체가 무엇보다도 중요했겠지만, 이들은 거의 공통적으로 온건한 개혁으로 정권을 교체하는 데 역점을 두었다. 따라서 이들은 권력의 정당성과 폭력의 정당화를 정확하게 인식하지 못한 상태에서 ‘해방’ 문제를 해결하고자 하였다.

3. 해방을 위한 사회적 해결책 : 문명개화

조선은 근대적 국제질서에 편입되는 과정에서 문명개화론을 수용하기 시작하였다. 개화파에 심대한 영향을 미친 유길준은 이 시대의 담론을 주도하였다. “유길준은 그의 중립론에서 보여준 청 · 일 인식과 달리 문명개화의 관점에서 청·일 인식을 전환시켰다"(정낙근 1992, 70-1). "사회진화론의 본격적 수용은 청일전쟁 이후《독립신문》을 비롯한 언론을 통해 소개됨으로써 가능하게 되었다"(정낙근 2002, 161). "서재필과 윤치호는 신문논설에서 사회진화론을 빌려서 국민에게 세계정세의 현실을 알리고 국가 근대화의 필요성을 계몽시키고자 하였다"(전복희 1996, 117).

물론 문명개화론은 사회영역의 발전과 밀접하게 연계되어 있는 담론이다. 문명의 진보는 삶 전반의 수준을 향상시키는 데 기여하기 때문에 정치발전을 촉진시킬 수 있다. 이 담론은 현대의 근대화론에서 반복되었다. "우리의 근대사에서 '개화'와 '근대화'를 동일 개념으로 단정할 수 없어도 서로의 긴밀한 연관성은 인정할 수 있다"(한흥수 1977, 12). 문명개화가 종속적 국제관계를 탈피하여 독립국가를 유지하는 데 기여할 수 있다는 논리는 부분적으로 설득력을 지닐 수 있다. "서구문명은 '부국강병'과 자주독립이라는 '내셔널리즘'에 기여하는 의미에서의 '문명'이었다"(김영작 2003, 13).

서재필은 「회고 갑신정변」에서 "그(김옥균-필자 첨가)는 구미의 문명이 열강들 간 경쟁적 노력에 의한 점진결과로 기다(幾多) 세기를 요한 것이었는데 일본은 한 대(代) 안에 그것을 달성한 양으로 깨달았다"[13]고 밝히고 있다. 김옥균을 대인격자로 존경했던 서재필은 김옥균의 문명개화론을 수용했을 것이다. 서재필과 윤치호는 문명국 또는 기독교 국가가 곧 강대국이라는 특수한 사실을 보편적 원리로 이해하였기 때문에 이들은 조선이 독립국가로 발전하기 위해서 선진문명을

13. 이 글은 정진석, 『독립신문·서재필 문헌해제』(1996b)에 수록되어 있다.

수용해야 한다는 서구 지향적 성향을 강력하게 드러냈다.

서재필은《독립신문》논설(1986. 4. 14/1896. 5. 23)에서 폭력혁명을 배척하고 국민의 계몽과 교육을 강조함으로써 문명개화의 필요성을 역설하였다(이정식 2003, 199). 서재필은 논설에서 주로 도덕교육을 강조하고 … 모든 사람이 선하고 부지런하게 된다면 국가가 번영할 것이라는 점을 강조하였다(이정식 1986, 91). 이러한 입장은 계몽주의적 문명개화에 기반을 두고 있기 때문에 투쟁정신을 조성하는 데 한계를 드러낼 수밖에 없었다. 그는 정치영역과 사회영역의 미덕을 구분하지 않음으로써 정치행위의 필요성을 약화시키고 있다.

자주독립뿐만 아니라 새로운 국가를 건설하는 데 있어서 문명의 진보는 필수적인 것이었다. 서재필은 당시의 국제 정치상황을 고려하여 부국강병을 자주독립의 동인으로, 물질적 풍요와 합리적 원칙의 준수를 문명으로, 문명화를 국가건설의 주요 요인으로 상정하였다.[14]

윤치호의 서구 경험에서도 가장 중요한 것은 '문명'이다.[15] 그는 미국에서 생활하는 동안 선교활동에 관심을 가졌고, 특히 스트롱(J.

14. "조선이 청국 학문을 배운 까닭에 각색 일이 청국과 같은 일이 많고 나라 형세가 청국과 같으니 어찌 슬프고 분치 아니하리오. … 구습을 버리고 문명진보하는 학문을 힘쓰며 마음을 합하여 나라 일을 하며 … 자주독립할 마음을 가지며 … 청과 비루한 것과 완고한 뜻을 내여 버려 속히 세계에 대접받고 …"(『대죠선독립협회회보』1897. 2. 15).

15. 그는 에모리(Emory) 대학에서 역사와 문명에 관심을 가졌으며, 특히 매콜리와 기번에 심취하였으며, 특히 영국의 인도경략에 각별한 관심을 가졌다. 이와 관련하여 윤치호의 일기를 분석한 자료를 파악하기 위해서는 유영렬(1985, 71-2)을 참조하시오.

Strong)의 『우리 조국(*Our Country*)』을 읽고 사회진화론의 영향을 깊게 받았다(유영렬 1985 ; 주진오 1996, 18). 그는 "한국의 문명화의 시급성을 언급하며 만약 한국이 자발적으로 문명화하지 않으면 다른 나라에 의해서 강제적으로 한국의 문명화가 시도될 것이라고 강조하였다" (전복희 1995, 141).

윤치호는 청국의 예속화 및 관료들의 학정에 대한 분노 때문에 인민의 고통에 대한 연민의 감정을 강하게 보였다. 이러한 감정은 문명개화로 연결되며 독립협회 활동 이후에 문명국 지배의 정당화로 이어진다. 그는 사회영역의 미덕을 정치영역의 미덕으로 환원시킴으로써 자주독립이라는 정치적 목표보다 '사회적' 목표의 실현을 정당화하는 내재적 결점을 지니고 있었다. 따라서 정치적 목표를 비정치적 수단으로 해결하려는 의도는 실패하거나 변질될 수밖에 없었다.[16)]

물론 윤치호는 미국에서 유학하던 5년간 "근대문명의 실체를 체험하면서 자신의 문명개화론을 더욱 다듬었고"(정용화 001, 305), 사회를 기독교화하는 서구화를 민족의 생존 및 번영과 연결시켰다. 존경의 대상을 소중화에서 서구적 문명으로 바꾼 윤치호는 서구문명을 보편이란 관점으로 이해하여 특수성을 저급한 것으로 폄하하였다. 그는 문명·개화가 야만에서 반문명의 단계로, 반문명에서 문명의 단계로 발전된다는 단선적 발전론을 수용하였다. 그에 따르면 "야만인은 자연의 노예이고, 반문명인은 자연의 겁 많은 구걸자이며, 문명인은 자연의 주인이다"(『일기』 1898. 12. 29). 문명의 힘을 국력과 민족생존

---

16. 『윤치호 일기』를 중심으로 윤치호의 문명개화론에 관한 심도 있는 연구로 정용화(2001)를 참조하시오.

의 원천으로 이해했던 윤치호는 문명개화의 필요성을 역설하였다.

윤치호는 또한 미국을 기독교 윤리에 기초한 국가로 인식하였기 때문에 일등국가를 지향하기 위해서는 모든 국가가 기독교 국가가 되어야 한다는 점을 강조하였다. 그에 따르면 기독교는 민주정부 · '개화국민'[17]과 함께 미개사회를 문명사회로 변화시키는 문명화의 원동력이었다. 그러나 "문명화되고 강한 국가들이 기독교를 믿고 있어서 우리의 정신적 대안으로 기독교를 생각했다 하더라도 개화파의 기독교 사랑은 다른 동양국가들에 비해 유난스럽다고 할 수 있다"(이나미 2001, 88). 이와 같이 윤치호는 문명국을 지향하는 과정에서 "문명상태의 가장 중요한 원동력을 기독교"(『일기』 1894. 3 9)로 삼았다. 사회영역의 미덕을 정치영역으로 이전시키려는 윤치호의 입장은 결국 정치투쟁의 절박성에 직면할 경우 변신할 수 있는 가능성을 내포하고 있었다.

아쉽게도 해방(자주독립)문제의 절실함을 인식했던 이들의 문명개화론에는 '삶과 죽음의 역설'이 뚜렷하게 나타나지 않는다. 민족의 생존문제가 목전의 문제임에도 불구하고 미네르바의 부엉이가 비상하기에는 아직은 때가 되지 않았는지도 모른다.

17. 개화국민이 갖는 정치적 위상을 이해할 필요가 있다. 개화국민은 현존하는 국민이 아니라 추상적인 구성물이다. 이러한 구도에서 앞으로 등장할 개화국민은 현실적 난관을 극복할 수 있는 주체로서 활동할 수 없을 것이다.

Ⅳ. 주권과 정치행위 형태의 전환을 통한 국민국가의 모색 : '자유의 확립' 문제

국가는 민족의 생존을 보장하는 중요한 실체이다. 그러나 현실의 변화에 대응하지 못하는 국가는 민족의 생존을 어렵게 한다. 개체성의 발현을 특징으로 하는 근대성의 중요한 '자기보존 원리'는 근대(국민)국가뿐만 아니라 국제질서에도 그대로 정당화되어 왔다. 개인과 국가의 관계를 대립적 관계로 규정하고 정치의 목적을 무제한적 진보로 규정하려는 입장은 개인적 정체성과 연관되며, 자주국권이나 자주독립은 국가 간의 관계에서 개체성을 확립하는 문제와 연관된다.

따라서 국민국가의 건설은 '정치적인 것'의 변화와 밀접하게 연계되어 있다.[18] 새로운 시도를 정당화하는 명분으로서 새로운 절대자를 정립하는 것은 건국이나 혁명의 역사에서 보편적으로 나타나는 현상이다.[19] 기존의 정치체제가 절대군주제인 경우, 이를 대체하려는 시도에서는 분명히 새로운 절대자가 등장하게 된다. 이러한 시도는

18. 정치 패러다임의 이동 및 정치적인 것과 정치의 관계에 관한 내용을 이해하기 위해서는 홍원표(1997 ; 2002)를, 개체성의 근대적 발현에 대해서는 홍원표(2001, 397–444)를 참조하시오.

19. 절대자(the absolute)는 시간과 공간을 초월하여 보편적으로 상정되는 기준을 의미한다. 따라서 여기에서 절대자는 특정한 능력을 지닌 인간, 또는 그러한 위상을 지닌 다수 또는 집단이 될 수도 있다. 인간의 삶은 근본적으로 시작과 연관되기 때문에 항상 새로운 시작은 절대자가 될 수도 있으며, 인간의 특정한 능력이 될 수도 있다.

자유의 확립과 밀접하게 연계되어 있다. 자유를 확립하는 과정에서 폭력이 수반되지만, 서재필과 윤치호는 구조적 제약 속에서 폭력방법에 의한 급진 개혁이 성공할 수 없다고 생각하였다. 그렇다면 정의를 확립하려는 이들의 열정은 새로운 국가의 형성에 있어서 어느 정도 강하게 표출되었는가?

1. 국가의 자율성과 주권자(절대자)의 변경

중화적 국제질서에서 중화는 절대자와 같은 위상을 갖고 있었다. 이러한 절대자에 대한 근대적 도전은 민족적 개체성을 확보하려는 시도일 것이다. 독립협회는 청국의 식민지화 정책과 일본의 대한반도 지배권 의도를 극복해야 비로소 민족적 개체성을 확보할 수 있다고 생각하였다. 이러한 문제와 더불어 전근대적 정치질서를 극복하고 새로운 정치질서를 확립하려는 시도는 또 다른 문제이다. 자주독립이 '해방'과 연계되어 있다면, 구체제를 청산하고 근대적 정치질서를 구축하려는 시도에서는 '정치' 존재론적(political-ontological) 전환을 고려하지 않으면 안 된다.

구체제를 해체하고 새로운 정치체제를 구성하는 과정에서는 절대자는 근본적으로 교체된다. 서재필의 독립문 건립은 국민국가 건설의 보편적 근거를 반영하고 있다. 청국은 조선에 대해 절대자로 역할을 담당했으며, 이를 상징하는 건조물은 영은문이다. 서재필은 독립문 건립을 통해 중화라는 절대자를 조선으로 대체하고자 하였다. 정신의 중심을 공간적으로 이동시키려는 상징적 행위는 바로 영은문을 독립문으로 교체하는 중대한 역사적 사건으로 표출되며, 양반계층의 독점적인 언어인 한문에 대항하여 한글로 신문을 내겠다는 서재필의 입장 역시 절대사를 교체하겠다는 상징적 의도를 담고 있다.[20)]

이러한 상징적 정치행위는 이어서 정치체제의 대표자를 교체하는 시도로 연결된다. 군주를 인간세계의 중심으로 설정하는 유교적 전통에서 군주의 자리를 대신할 새로운 주권자를 상정한다는 것은 우주의 원리를 거스르는 혁명적 사건이다. 왕정체제에서 인민이나 백성은 항상 어두운 영역에 머물러 있어야 하기 때문이다. 그러나 과도기적 상황에서 이러한 자리바꿈이 아무런 저항 없이 이루어질 수 있었는가? 완전한 자리바꿈은 곧 혁명을 의미하기 때문에 대표자를 변경하려는 시도는 불완전하거나 불가능할 수밖에 없을 것이다.

그러나 서재필과 윤치호가 인민을 어두운 영역에서 밝은 빛으로 끌어내고자 한 시도는 역사적으로 중대한 의미를 갖는다. 이들은 개인적 삶의 차이에도 불구하고 주권자 문제에 대해 어느 정도 유사한 입장을 지니고 있다. 새로운 주권자를 정립하지 않을 경우, 혁명이나 개혁을 수행하려는 정치적 명분은 정당화될 수 없기 때문이다.[21)] 물론 급격한 정치변동과 관련하여 정치적인 것을 고찰할 필요가 있다. 왕정체제에서 군주는 유일한 대표자이며 절대적 위상을 갖는다.[22)]

20. 한글 전용을 다양한 관점에서 평가하고 있다. 예컨대, 의사소통의 개방, 민주주의적 실천 등을 들 수 있다.

21. 국가건설과 현실적 개혁은 별도의 문제이며, 후자는 다른 맥락에서 연구할 필요가 있다. 독립협회의 개혁활동이 지니는 현대적 적실성에 관한 연구로는 오세응(1993)을 들 수 있다.

마찬가지로 다수를 대표자를 하는 민주주의 체제에서 인민은 절대적 위상을 갖는다.[23]

주권자를 대체하려는 이들의 시도는 성공했는가? 인민이 절대군주를 대신할 경우, 새로운 주권자로의 교체는 일차적으로 성공할 수 있을 것이다. 국가의 구성과 관련된 정치존재론적 분석에 따르면 대표자의 위상은 정치체제에 따라 상이하게 표출되기 때문이다. 대표자를 1인 또는 소수로 할 것인가 아니면 다수로 할 것인가의 문제는 정치 패러다임의 변동과 연관된다. 혁명이 아닌 개혁을 지향하는 상황에서 이러한 '혁명적' 변혁은 불가능하다.

개혁을 지향했던 독립협회 역시 전근대적 · 근대적 대표성 원리를 절충적으로 수용하고 있다. 한 측면만 보면 "서재필의 활동 중 가장 두드러진 것은 한국 국민들에게 천부인권의 사상을 고취하였다는 데 있다"(이광린 2003, 271). 물론 그는 군권과 관련하여 간접적인 방식으로 자신의 입장을 밝히고 있다. 즉 "관인은 임금의 신하요, 백성의 종이라"고 하여 신하와 종의 비교를 통하여 국민주권을 군권의 위에다 두었던 것이다(신용하 1999, 29). 이러한 해석에 따르면 서재필은 국가건설 과정에서 새로운 주권자를 부각시키고 있다.

---

22. 예컨대, 서재필의 입장은《독립신문》1897년 3월 9일자에 소개되어 있으며, 윤치호의 입장은 The Independent, May 19, 1898,《독립신문》1898년 8월 4일자, 1890년 2월 14일자를 참조하시오.

23.《독립신문》에서 '충군'과 '애국'은 항상 연계되어 표현되고 있다. 이러한 내용은 군주와 국가를 동일시하며 군주를 국가의 유일한 대표자로 상정한다고 볼 수 있을 것이다. 그러나 이들은 애국과 애민을 강조하고 있기 때문에 군주의 절대성을 인정하지는 않고 있다. 이의 이해를 위해 유영렬(1985, 190-8)을 참조하시오.

이와 달리《독립신문》의 일부 논설에는 조선의 백성들은 민권이 무엇인지를 모르기 때문에 민권을 백성에게 함부로 부여해서는 안 된다고 밝혔다. 이와 같이 서재필은 천부인권론에 입각해 인민의 위상을 외형적으로는 상소하면서도 그 한계를 유지하고 있었다. 서재필에 대한 윤치호의 평가에도 이러한 입장은 잘 드러난다(《독립신문》 1897. 11. 17/1898. 5. 19 영문판). 즉 서재필은 주권의 소재를 밝히고 있으나 충군과 애국을 강조함으로써 군주의 위상을 인정하고 있다. 서구의 민권사상에 대한 피상적 이해 때문에《독립신문》에서는 군권을 정당화하는 경향이 두드러지게 나타난다. 따라서 독립협회의 국가건설 구상에서는 애국과 충군의 문제가 충돌되는 양상이 그대로 표출되고 있다.[24)]

군권에 대한 형식적 우위는《독립신문》의 논설에서 흔히 보이는 예로서 '대군주 폐하'라는 표기를 항상 문장 앞으로 표기한 점으로도 나타난다. 물론 이러한 평가와 형식적 인정이 어느 정도 적실성을 가지고 있다고 하더라도 우리는 서재필과 윤치호가 과거의 경험을 반복하지 않으려는, 즉 개인적 삶의 위협을 감수하면서 주권자의 근본적 교체를 상정하지는 않았다는 것을 알 수 있다.

윤치호는 1897년 7월 25일 이후 실질적으로 독립협회에 참여하였다.[25)] 그런데 윤치호는 미국 민주주의를 경험했음에도 왜 인민의 위

24. 군권과 민권을 둘러싼 갈등의 원인에 대한 여러 가지 입장을 이해하기 위해서는 이나미(2001, 123-31)를 참조하시오.

25. 윤치호는 1896년 4월 1일부터 1897년 1월 27일까지 민영환을 수행하여 러시아 황제 니콜라이 황제 대관식에 참여했으며, 동년 3월 28일부터 6월 17일까지는 상해에 잠시 체류하였다. 따라서 그는 정동구락부 회원이었음에도

상을 폄훼하고 군주를 강조했는가? 윤치호는 밴더빌트(Vanderbilt) 대학에 재학 중 미국 대통령의 민선광경을 목격하고, … 자유로운 정치 토론, 국민의 여론과 다수결에 의해 통치자가 선출되는 민주주의의 진면목을 엿볼 수 있었다(유영렬 1885, 77). 윤치호의 눈에 비친 미국은 … 자유와 민주주의가 향유되는 사회였다(78). 이와 같이 그는 미국식 민주주의가 당시에 현존하는 최선의 정체라고 생각하였다. 그러나 그는 체제의 근본적 변혁의 당위성에도 불구하고 자신의 이해를 현실에 실천하려는 데는 한계를 드러냈다.

인식과 실천의 괴리는 심각하게 드러난다. 망명 이전에 군권의 정당성을 결코 의심하지 않았던 윤치호는 미국의 민주주의를 경험했음에도 불구하고 현존 권력구조를 부정하는 한계를 보였다. 또한 그는 국민국가의 주체를 현재의 인민이 아닌 미래에 존재할 '개화국민'을 상정하였기 때문에(『일기』 1890. 3. 7) 주체로서 국민의 정치적 위상을 부정하고 있다.[26] 군주에 대한 집착은 바로 그의 현실주의적 입장을 잘 드러내고 있다.

근대 국민국가를 구성함에 있어서 주권자를 '군'으로 삼느냐 '민'으로 삼느냐의 문제는 명료하지 않다. 이들은 구체제를 해체하고 새로운 국민국가를 구성하는 혁명보다는 개혁방법을 택하고 있기 때

독립협회 창설시 적극적으로 참여할 수 없었다. 이러한 사실은 논설의 필자가 누구인가를 구분하는 기준으로 이용되기도 한다.

26. 서재필과 윤치호는 만민공동회 개최 당시 왕권에 도전하는 세력, 의병, 난폭한 행동을 하는 인민에 대해 적대감 또는 우려감을 가지고 있었다. 따라서 이들은 인민을 정치행위의 주체로 상정하고 있지는 않다. 이러한 점을 고려하면 "민권의 확대는 국권을 강화하는 수단" (주진오 1996, 34)에 불과하다.

문에 새로운 '주권자'를 상정하는 데 있어서 과도기적 성격을 띠고 있다고 볼 수 있다. 이들은 정의가 부정의에서 발생한다는 교훈을 무시하고 있지 않았는가?

그러나 군주와 인민의 우위논쟁에만 집착한다면 서재필과 윤치호의 새로운 시도가 지니는 정치적 의미를 부각시키는 것은 어렵다. 이러한 논쟁은 무용한 결과를 야기하며 기존 논의의 틀을 결코 벗어날 수 없을 것이다.[27] 따라서 이러한 담론 속에 내재되어 있는 특이하고 현실성 있는 새로운 것을 부각시킬 필요가 있다. 그들은 후세에 유물을 남겼을 뿐만 아니라 귀중한 유언도 남기고 있다. 국민국가를 구상하고 실천하려는 정치행위는 해방과 자유의 확립이라는 '보편적' 원리를 담고 있다. '시작'이 곧 '원리'라는 의미를 담고 있듯이 독립협회의 정신은 해방정국에서도 표출되었으며, 통일국가를 수립하는 과정에서도 여전히 부각될 것이다.

2. 인민의 정치행위와 공공영역

해방과 관련된 문제는 이미 앞절에서 언급하였다. "해방은 자유의 조건이지만 결코 자동적으로 자유로 이어지는 것은 아니다. 해방

27. 오늘날의 입장에서 보면 군권과 민권에 관한 입장은 조야하고 시대적 한계를 벗어나지 못한 것으로 치부될 수 있다. 그러나 이러한 시도에 내재되어 있는 기본 정신은 시대의 흐름에도 불구하고 이야기하기의 관점에서 볼 때 중요한 재산이 될 수 있다.

에 내재된 자유의 개념은 소극적일 수 있다" (Arendt 1963, 22). 열강의 억압으로부터 벗어나려는 시도가 곧 국민국가의 형성을 위한 필요조건은 되지만 충분조건은 아니라고 할 수 있다. 절대군주제를 제한군주제로 전환함으로써 어느 정도의 자유를 확보하려는 시도 역시 국민국가 건설을 위한 요건을 충족시키지는 못한다. 정치적 자유를 확보하려는 시도가 작동될 때 비로소 국민국가 형성을 위한 상황은 충족된다고 볼 수 있다. 따라서 독립협회는 기본적으로 자유를 실현하기 위한 여러 가지 조치를 어떻게 취했는가를 언급할 필요가 있다.

서재필은 '위로부터의 개혁'을 시도했으나 실패로 끝난 갑신정변의 한계를 반복하지 않으려고 '밑으로부터의 개혁'을 추진할 기반을 마련하고자 하였다. 이러한 의도는 《독립신문》의 발간에 잘 반영되어 있다. 서재필은 《독립신문》 창간호에서 "백성과 정부 사이의 올바른 이해가 양편에 이익을 줄 것이기 때문에 조선인을 위한 조선이라는 주장을 내세우고 있다." 그는 한글 전용 신문을 발간함으로써 공적인 문제에 대한 관심을 촉구하고 의사소통을 활성화하려는 의도를 가지고 있었다.[28]

서재필은 이러한 노력의 일환으로 독립관에서 공개토론회를 개최하여 공적인 문제를 논의하는 기회를 마련하였다. 그는 "민주주의 국가에서는 그와 같은 사실이 정당들에 의해 수행되고 있다는 사실 … 공개토론회의가 의도하는 바는 모든 공적인 문제를 대다수의 의견

28. 창간사에서 언급한 몇 가지 요지, 즉 "불편부당, 정부와 백성 사이의 대화, 대중의 위한 신문, 신문의 비판 기능, 한글 전용" (정진석 1996a, 76-7)에 이러한 의도는 잘 나타나 있다.

에 따라 해결하는 데 있다"(임창영 153)라는 점을 회상하였다.[29] 이러한 공개토론은 정치적 자유를 발현케 하는 주요한 동인이 되었다. 사적·사회적 문제와 자주독립에 관한 내용이 의제에 포함되어 있지만 공개토론회는 정치적 자유를 발현케 하는 기회를 제공하였다.

서재필과 윤치호는 독립협회를 사교 모임의 형태에서 토론회의 형태로 운영하는 데 합의하였다. 따라서 독립협회는 1898년 이르러 근대적 정치단체로 전환하게 되었다. 제1차 만민공동회는 러시아 군사교관 및 재정고문 철수를 요구하였고 이를 실현시켰다. 서재필은 이러한 성과를 민의의 승리로 표현하였고, 윤치호는 "한국이 다시 한번 독립된 것"이라고 평가하였다. 이후에도 독립협회의 민권보장운동은 지속되었다. 독립협회는 이 운동을 통해 개인적 자유를 보장하기 위한 대정부 조치를 촉구하였다.[30] 8월 김홍륙 독차사건을 계기로 독립협회는 대정부 투쟁을 통해 정치적 자유를 확보하려고 시도하였다.

독립협회는 정부측과 협상을 통해 국민국가의 중요한 요소, 즉 의회와 유사한 중추원 관제를 반포하기에 이르렀다. 이와 같이 정부가 민간단체와 국정문제에 대해 협상한 것은 조선 500년 이래 처음의 일이었다(강재언 2003, 107). 그러나 고종과 수구파는 러시아·일본과

29. 물론 공개토론회의에서 사회문화와 관련된 문제들이 다수였다는 점을 인정한다. 그러나 이러한 논제는 공적인 문제에 대한 자유로운 의사교환을 가능케 하는 기초를 마련하고 있다.

30. 1898년 3월 독립협회 회원 4명의 무고 투옥에 대한 항의와 석방, 고등재판소 재판장 이유인과 판사 마준영의 부정재판에 대한 항의와 면직, 수구지배층의 노륙법과 연좌법 부활을 저지하는 등 개인의 기본권을 확립하는 데 기여했다.

결탁하여 독립협회를 해산하였다. 이후 만민공동회는 상설단체로 변신하여 50여 일 동안 정부와 황제를 상대로 정치투쟁을 전개하였다. 이러한 일련의 정치투쟁은 정치적 자유를 확보하려는 시도였다.[31] 물론 만민공동회는 군주의 존재를 인정하고 있기 때문에 새로운 주권자를 교체하는 혁명적 변혁을 시도하지 않았다.

그러나 윤치호 등은 만민공동회를 운영하는 과정에 정치적 자유를 확보하기 위한 단초를 제공하였다. 만민공동회 제18일(11월 22일) 많은 시민들은 자발적으로 종로에 모였다. 황국협회의 대리인인 보부상과 시민 사이에 격렬한 투쟁이 전개되었다. 만민공동회는 정치적 자유 확보를 목적으로 보부상의 폭력활동에 폭력으로 대응하였으며, 정부와 의사소통의 기회를 마련하였다. 만민공동회는 고종과 수구파의 무력 탄압으로 해산되었지만 대화와 논쟁을 특징으로 하는 공공영역을 형성하는 계기를 제공하였다. 1980년대 민주화 과정에서 시민단체의 활동과 역할을 고려할 때, 만민공동회는 시대적 한계를 지니면서도 시대를 뛰어넘는 역사적 사건을 주도하였다.

31. 윤치호는 귀국 전 역성혁명이 아닌 영국이나 프랑스의 시민혁명을 통해 정치체제를 전환하여야 한다고 생각하였다. 그는 1988년 12월 12일자 영문일기에서 프랑스혁명이 공포에도 불구하고 전제정을 붕괴시키는 데 유용했다고 밝히고 있다. 그러나 이것은 단순히 구상으로 끝났다. 그는 귀국후 외세에 의존한 폭력적 방법에 의한 개혁의 실패를 인정하고 자주적이고 평화적인 개혁을 지향하고자 하였다.

V. 제도형태의 전환을 통한 국민국가의 모색 : '자유의 지속적 보장' 문제

국민국가를 지향하는 과정에서는 두 가지 문제를 고려해야 한다. 첫째는 개인적 · 정치적 자유를 확보하는 문제이고, 다른 하나는 자유를 지속적으로 유지할 수 있는 제도를 마련하는 문제이다. 공동의 투쟁을 통해 자유를 확립하는 것도 중요하지만, 이를 지속적으로 유지할 수 있는 제도적 장치를 마련하려는 구상은 국민국가 건설의 최종 단계일 것이다. 첫째 문제는 앞에서 논의되었기 때문에 여기에서는 자유의 제도화를 중심으로 고찰한다.

또 한 가지 고려해야 할 중요한 역사적 교훈은 국민국가 건설에 있어서 자유의 확립과 부국강병은 중요한 두 축이다. 19세기 말 국제관계에서 적자생존이 핵심적인 문제였기 때문이다. 미국혁명의 경우 자유의 확립과 제도화가 중요한 목표였지만, 프랑스혁명의 경우 초기에는 자유의 확립을 추구하다가 빈곤문제의 해결이란 경제적 목표에 관심을 갖게 되었다. 이후의 근대 혁명들에서는 후자의 전통은 여전히 유지되어 왔다.[32] 열강들의 제국주의 정책에 직면하여 무기력함을

32 러시아혁명 역시 프랑스혁명의 전통을 계승하고 있다. 레닌은 혁명과정에서 '소비에트'와 '전기사업(electrification)'을 혁명의 목표로 삼았지만, 이후 권력을 집중화하는 조치를 취하였다. 4 · 19혁명 역시 이러한 문제로부터 자유롭지 못하다. 경제적 난관이 군부 쿠데타의 명분을 어느 정도 제공하였다고 볼 수 있다. 이를 이해하기 위해서는 홍원표(2002)를 참조하시오.

목격하였던 독립협회 인사들 역시 두 문제를 동시에 고려하지 않을 수 없었다.

1. 정치적(공적) 자유의 제도화

자유를 제도적으로 보장하는 데 있어서 가장 중요한 문제는 권력과 권위문제를 어떻게 정립하는가에 달려 있다. 독립협회는 국민국가를 지향하는 시발점을 마련하였다는 점에서 자체의 권위로 인정하고자 하였으며, 중화적 국제질서로부터 벗어나 근대적 국제질서에 부응하는 제도개혁을 모색하였다. 자주독립 정신은 국민국가 건설을 촉진시키는 원동력으로 작용하였다. 서재필과 윤치호는 만민공동회 활동을 통해 자유를 제도화하려는 조치를 취하였다. 의회설립 구상은 권력과 권위의 소재를 분리시키려는 의도를 담고 있다.[33)]

서재필과 윤치호는 미국식 민주주의를 선호하였다. 서재필은 환영회 연설에서 "각도 고을에서 백성들이 각기 자기들 마음에 맞는 훌륭한 인물을 선거하여 정부에 보내면 정부는 의회를 조직하고 그들이 정하는 대로 온갖 정치를 운영합니다"(김도태 1972, 230)라고 밝혔

33. 아렌트는 『혁명론』 제6장에서 로마시대의 권위 개념과 미국 헌법의 권위 개념 사이의 차이를 소개하고 있다. 전자의 경우, 권위는 일정의 필연적 확장이며, 모든 개혁과 변동은 이러한 확장 덕택에 건국과 다시 연계되며 동시에 건국의 의미를 확장하고 증대시킨다. 후자의 경우, 권위는 수정되고 확장되는 그 내재적 능력에 있다.

다. 윤치호는 '민권론'을 통해 "백성의 권리로 나라가 된다"(『일기』 1898. 12. 15)고 주장하고 미국 민주주의를 최상의 정부형태로 이해하였지만, 이들은 시대적 상황을 고려하여 군권과 민권이 공존하는 정치체제로서 입헌군주정을 지향하였다. 이러한 국가형태를 전제할 때 의회의 역할과 기능은 현대의 경우와 달리 과도기적 성격을 띤다고 볼 수 있다. 이들은 조선의 정치현실과 미국 체험 사이에서 절충주의적 해결책을 모색하지 않았는가? 이들은 정치적 논쟁을 통해 의회 설립안을 관철시키고자 했다. 이들의 의회 설립안이 시대적 한계를 지니고 있다고 하더라도 이들은 정치적 자유를 유지할 수 있는 시대적 해결책을 제시하였다.

서재필은 "문명 개화한 나라에서 몇천 년을 두고 몇만 명이 자기 평생에 주야로 공부하고 생각하여 만든 학문이 정치학"(《독립신문》 1986. 4. 14)이므로 이를 연구할 것을 권고하면서 "민주주의의 실현 가능한 단기적 목표로 지방관리의 선출을 강조하였다"(오세응 1993, 92). 권력의 지역적 분산은 중앙권력의 분산과 더불어 자유의 제도화를 실현하는 데 중요하다. 그는 지방관 선출과 민주적 자치제도의 수립을 주장함으로써 권력의 지역적 분산에 관한 구상을 밝히고 있다. 물론 이러한 구상은 오늘날 지방자치제와 상당한 거리가 있다고 하지만 당대의 관점에서 참으로 획기적인 것이었다(신용하 1990, 34).

독립협회는 중추원 개편안 제1조에서 의결사항으로 법률 · 칙령안, 인민의 헌의사항을 규정하였으며, 제2조에서 중추원 의관의 반수를 선출토록 규정하였다. 그러나 윤치호는 개화국민이 아닌 현존의 인민이 정권담당 능력을 결여하고 있다는 점을 들어 대의제의 실현 가능성을 부정하였다. 따라서 중추원은 구성형식에 있어서는 국민대표성을 결여했지만 그 의도에 있어서는 근대적 의회기능을 갖추고자 했다(유영렬 1985, 205-7). 중추원 개편안을 제안하면서 정부와 대립 또는 긴장상태를 보였던 만민공동회 참여자들의 자율적 공조와 투쟁은 자유를 제도화하려는 정치행위이었다. 따라서 의회설립안은 현대적 형태를 띠고 있지 않지만 인민주권을 정당화하는 기본 요건을 마련하였다. 이들의 구상은 한계를 갖고 있지만 자유를 제도화하는 단초를 마련한다는 점에서 우리 정치사에서 중요한 의미를 갖는다.

2. 개인적(사적) 자유의 제도화

서재필과 윤치호는 정치적 자유뿐만 아니라 개인적 자유가 확립될 때 비로소 국민국가가 실현될 수 있다는 점을 인식하고 이를 제도화하는 방안을 제시하였다. 독립협회의 자강운동은 개인적 자유를 확대시키는 구상과 연계되어 있다. 따라서 독립협회는 국민에게 근대식 교육을 확대시키는 문제를 중요시하였다. 서재필은 토론회를 통해 학생뿐만 아니라 국민 대중에게 근대적 지식을 확산시킴으로써 개인적 · 정치적 자유의 중요성을 고무시키고자 교육과 관련한 여러 가지 방안을 구상하였으며, 학교설립 등을 추진하였다. 문명개화는 자강에 기여하며, 이를 실현하는 주요한 수단이 바로 교육활동이다.

서재필과 윤치호는 다양한 형태의 교육을 강조하였다. 실용적인 교육은 경제적 제약으로부터의 해방을 목표로 하고 있다. 서재필은 "사람이 무엇이든지 배워 이 세상에서 벌어먹을 줄 알 지경이면 그 사람은 … 세계 사람에게 참 자유 독립한 사람"(《독립신문》 1896. 4. 30)이라고 밝히고 있다. "문명 진보하는 나라에서 인민교육을 제일 사무로 아는지라"(《대죠선독립협회보》 1986. 11. 30)라는 주장에서 나타나듯이, 서재필은 실용적인 교육이 국가발전에 기여할 뿐만 아니라 생존 문제로부터 해방되는 원동력이라는 점을 밝히고 있다.[34] 윤치호 역시 실업교육을 통해 독립자존 의식과 독립자존의 능력을 육성해야 한다고 주장하였다. 독립협회는 또한 강한 군대를 유지하기 위한 군사교육의 중요성을 제기하고 무관학교 설립을 주장하였다(《독립신문》 1987. 9. 21).

독립협회는 구체제의 제도에 의한 억압으로부터 국민들을 해방시키고자 여러 가지 개혁안, 즉 신분제도의 폐지, 공거제도의 실시, 지역 평등화, 남녀평등을 제기함으로써 사회영역에서 개개인의 자유를 실현시키고자 노력하였다. 이러한 구상은 구제도의 억압을 탈피할 뿐만 아니라 정치의 주체로서 국민 개개인의 자율성을 확립하는 데 중요하다.

이러한 제도들은 사회적 평등을 지향하는 데 있어서 중요하며, 현대에 이르러 비로소 실현되었다고 하더라도 당대의 입장에서는 진보적인 성격을 띠고 있다. '민권론'에서도 강조되었듯이 독립, 토지, 인민이란 국가의 3대 요소 중 국민의 능력은 국민국가를 형성하고 강화시키는 원동력이다. 독립협회는 갑오개혁에서 폐지하였던 반상제

34. 이들은 경서 · 사서 · 시문 · 이기철학을 중심으로 하는 구지식을 '허학(虛學)'으로 규정하고 이용후생, 부국강병 실사구시를 내용으로 하는 '실학'을 강조하였다(《독립신문》 1897. 8. 17 ; 1898. 3. 8).

도와 노비제도를 폐지함으로써 누구나 법률적으로 동등하게 대우를 받아야 한다는 점을 강조하였다(《독립신문》 1896. 6. 18). 독립협회는 유능한 인재를 천거하여 관리로 등용하는 공거제도의 실시를 주장하였다. 이 제도는 공무담당의 균등을 실현하는 데 역점을 두고 있다. 지역의 균등화 역시 국민의 능력을 강화시키는 요인으로 중요하다. 독립협회는 중앙과 지방의 차별을 폐지함으로써 특정 지역 인재들의 정계 진출을 제도화하려고 노력했다. 독립협회는 여성의 지위를 향상시키는 방안으로 결혼제도의 비합리성뿐만 아니라 교육제도의 개선을 촉구하였다.

취약한 국가 경제뿐만 아니라 개인적 빈곤은 자주독립의 걸림돌이다. 따라서 서재필과 윤치호는 경제적 빈곤으로부터 벗어날 수 있는 몇 가지 경제적 구상을 제시하였다. 이들은 농업 위주의 전통적 경제체제를 근대 자본주의 체제로 전환시킴으로써 경제적 빈곤의 예속을 극복함으로써 근대 국민국가의 경제적 토대를 형성하려는 데 역점을 두었다. 서재필은 경제의 자주성과 관련하여 외국인에 대해 정부기능의 일부를 위임하였던 당시의 실정을 폭로하였으며 … 국가재정의 공개와 조세정책의 공정성을 강조하였다(이택휘 2003, 194).

종합하면, 앞의 구상들은 근대 국민국가를 건설하는 데 있어서 해방, 개인적 자유, 정치적 자유의 확립과 밀접하게 연계되어 있다. 해방을 위한 제도적 구상은 국가적 종속상태 또는 구체제의 억압으로부터 탈피하는 것과 밀접하게 연관되며, 개인적 자유의 확립을 위한 구상은 국민국가의 주체인 개인에게 자유를 보장해 주는 기초가 되었다.

Ⅵ. 마무리하기 : 또 다른 시작을 생각하며

서재필과 윤치호는 외세의 개입과 정치세력 사이의 갈등으로 야기된 민족위기에 직면하여 국민국가 건설을 모색하였다. 지금까지 이러한 정치행위의 현대적 · 미래적 맥락을 부각시키고자 몇 가지 문제를 집중적으로 조명하였다. 즉 개인적 비극을 정의 확립에 대한 열정으로 승화시키는 이들의 행적을 고려하면서 이들이 해방문제, 자유의 확립과 제도화를 어떻게 구상하고 실천하고자 했는가를 추적하였다.

이들의 활동에 나타난 몇 가지 한계는 다음과 같다. 첫째, 국민국가 건설이라는 최고의 정치행위를 정당화하는 데 있어서 대표자를 완전히 교체하지 못하였다. 둘째, 해방을 위한 시도는 국가건설의 제1단계이지만, 이들은 적극적인 정치 · 사회적 해결책을 제시하고 있지는 못하다. 셋째, 이들은 자유의 확립 및 제도화를 위한 구상과 실천에 있어서 시대적 한계를 드러내고 있다.

그러나 이들의 구상과 시도는 끊임 없는 보완과 개선을 필요로 하지만 중요한 정치적 함의를 지니고 있다. 첫째, 이들의 시도는 시작과 원리라는 두 가지 중요한 요소를 담고 있다. 해방과 자유의 확립, 자유의 제도화는 국민국가의 완성에 있어서 가장 중요한 요소이다. 이들은 전근대에서 근대로 전환을 모색하면서 새로운 절대자를 상정하였으나 현재에도 새로운 절대자가 필요하다는 것을 우리들에게 보여주고 있다. 즉 변화하는 국제질서 속에서 새로운 시도를 고려하지 않을 경우, 우리가 비슷한 상황에 직면할 수 있다. 따라서 이들은 정치적 삶에 있어서 진정한 절대자가 '새로운 시작'을 의미한다는 것을 보여주고 있다. 새로운 시도는 정치영역의 근본원리이기 때문이다.

둘째, 이들의 시도는 정치적 비극과 새로운 시도가 밀접하게 연계되어 있다는 것을 보여주고 있다. 서재필과 윤치호는 서구의 경험을 근대 국민국가 구상과 실천에 반영시키면서 그 한계를 보여주고 있지만, 이들의 개인적 삶과 정치적 삶에 나타나는 좌절과 고민은 정치적 비극과 정의의 확립이 밀접하게 연계되어 있다는 것을 단적으로 보여주고 있다.

셋째, 이들의 시도는 오늘날의 개혁에도 많은 교훈을 줄 것이다. 서재필의 망명과 윤치호의 변절, 국가건설 구상의 시대적 한계와 불충분성을 고려하더라도 해방, 자유의 확립, 그리고 제도화라는 일련의 새로운 시도는 식민지 시대와 해방정국에 이르기까지 중요한 지침이 되었으며, 통일국가를 지향하는 과정에서 긍정적으로든 반면교사로든 귀중한 실천적 지혜를 제공할 것이다. 즉 통일국가를 지향하는 한국은 비슷한 과정을 극복해 나가야 할 것이다.

참고문헌

❖ 강재언. 1992.『한국근대사연구』. 서울 : 한울.

❖ 강재언. 2003.「《독립신문》· 독립협회 · 만민공동회 : 1890년대 후반기의 부르주아적 변혁운동」. pp. 75-125. 서재필기념회편.『개화 · 독립 · 자주』. 서울 : 서재필기념회.

❖ 국사편찬위원회 편. 1973-1989.『윤치호일기』 전11권. 서울 : 탐구당.

❖ 김도태. 1981.『서재필박사 자서전』. 서울 : 을유문화사.

❖ 김옥균 저. 조일문 역주. 1993.『갑신일록』. 서울 : 건국대학교출판부.

❖ 김운태. 1993.「서재필의 정치사상」. pp. 67-114. 이택휘 외.『서재필』. 서울 : 민음사.

❖ 김영작. 2003.「초기 개화파의 '내셔널리즘'의 사상적 구조」. pp. 1-29.

❖ 독립신문 영인본간행회 편. 1991.『독립신문』. 서울 : 갑을출판사.

❖ 박영신. 1996.「'위로부터의 개혁'에서 '아래로부터의 개혁'으로 : 서재필의 운동 전략 변화」. pp. 41-65.『현상과 인식』. 제20집 1호 통권 68호.

❖ 송건호. 1980.『서재필과 이승만』. 서울 : 정우사.

❖ 서재필. 1896.「공긔」.『대죠선독립협회회보』(11. 30), 정진석.『독립신문 · 서재필 문헌 해제』. 서울 : 나남.

❖ 서재필. 1897.「동양론」.『대죠선독립협회회보』(2.15). 정진석.『독립신문 · 서재필 문헌 해제』. 서울 : 나남.

❖ 서재필. 1947.「回顧甲申政變」. 서울 : 국제문화협회. 정진석.『독립신문 · 서재필 문헌 해제』. 서울 : 나남.

❖ 신복룡. 1993.「개화당과 갑신정변에서의 서재필의 활동」.『서재필』. 서울 : 민음사.

❖ 신복룡. 1997.『한국정치사상사 : 전기정치학을 위한 시론』. 서울 : 나남.

❖ 신용하. 1990.「서재필의 민주주의 사상」. pp. 16-45. 현종민 편.『서재필과

한국민주주의』. 서울 : 대한교과주식회사.

❖ 신용하. 2001. 『갑오개혁과 독립협회운동의 사회사』. 서울 : 서울대학교출판부.

❖ 알포드 · 프리드랜드 저, 홍원표 역, 1989. 『국가이론의 재조명(Powers of Theory)』. 서울 : 인간사랑.

❖ 오세응. 1993. 『서재필의 개혁운동과 오늘의 과제』. 서울 : 고려원.

❖ 유영렬. 1985. 『개화기의 윤치호 연구』. 서울 : 한길사.

❖ 유영렬. 1999. 「독립협회의 기본사상」. pp. 249-89. 『한국사 41 : 열강의 이권침탈과 독립협회』. 서울 : 국사편찬위원회.

❖ 윤치호. 1974-1980. 『윤치호일기』 Ⅰ-Ⅹ. 국사편찬위원회.

❖ 윤치호 저. 송병기 역. 2001. 『윤치호일기 1』. 서울 : 연세대학교 출판부.

❖ 윤치호 저. 김상태 편역. 2001. 『윤치호일기 1916-1943』. 서울 : 역사비평사.

❖ 이광린. 2003. 「서재필의 개화사상」. pp. 229-78. 서재필기념회 편. 『개화 · 독립 · 자주』. 서울 : 서재필기념회.

❖ 이나미. 2000. 「독립신문에 나타난 자유주의 사상에 관한 연구」. 고려대학교 대학원 정치학박사논문.

❖ 이나미. 2001. 『한국 자유주의의 기원』. 서울 : 책세상.

❖ 이우진. 1993. 「서재필의 재미활동」. pp. 259-301. 이택휘 외. 『서재필』. 서울 : 민음사.

❖ 이정식. 1984. 『서재필 : 미국 망명시절』. 서울 : 정음사.

❖ 이정식. 1986. 『한국민족주의의 운동사』. 서울 : 미래사.

❖ 이정식. 2003. 『구한말의 개혁 · 독립투사 서재필』. 서울 : 서울대학교출판부.

❖ 이종은. 2003. 「민족과 국가, 민족주의와 국가주의」(미출간 논문). pp. 1-17.

❖ 이택휘 1993. 「개화 독립운동가로서 서재필의 위상」. pp. 9-65. 이택휘 외.

『서재필』. 서울 : 민음사.

❖ 이택휘. 2003.「서재필의 개화 · 민주 · 민권사상」. pp. 163-201. 서재필기념회.『서재필과 그 시대』. 서울 : 서재필기념회.

❖ 임창영. 유기홍 역. 1987.『위대한 선각자 서재필박사 전기』. 서울 : 공병우글자연구소.

❖ 신복룡. 1999.『한국의 정치사상사가』. 서울 : 집문당.

❖ 전복희. 1995.「19세기말 진보적 지식인의 인종주의적 특성 :『독립신문』과『윤치호일기』를 중심으로」.『한국정치학회보』 제29집 1호.

❖ 전복희. 1996.『사회진화론과 국가사상 : 구한말을 중심으로』. 서울 : 한울.

❖ 전영우. 1991.『한국근대토론의 사적 연구』. 서울 : 일지사.

❖ 정낙근. 1992.「한말 개화지식인의 대외관에 대한 연구」. 한국외국어대학교 대학원 박사학위논문.

❖ 정낙근. 2002.「한말 자강운동론자들의 국제정세 인식」. pp. 155-178.『동양정치사상사』. 제1권 1호.

❖ 정용화. 2001.「문명개화론의 덫 :『윤치호일기』를 중심으로」. pp. 297-314.『국제정치논총』 제41집 4호.

❖ 정진석. 1996a.「서재필의 글에 나타난 실용사상」. pp. 67-88.『현상과 인식』.제20권 1호.

❖ 정진석. 1996b.『독립신문 · 서재필 문헌해제』. 서울 : 나남.

❖ 좌옹윤치호문화사업회 편. 1998.『윤치호의 생애와 사상』. 서울 : 을유문화사.

❖ 좌옹윤치호기념사업회 편. 1999.『좌옹윤치호선생약전』. 서울 : 좌옹윤치호기념사업회.

❖ 주진오. 1996.「독립협회의 개화론과 민족주의」. pp. 11-39.『현상과 인식』 제20집 1호.

❖ 한흥수. 1977.『근대한국민족주의연구』. 서울 : 연세대학교 출판부.

❖ 현종민 편. 1990.『서재필과 한국민주주의』. 서울 : 대한교과서주식회사.

❖ 홍원표. 1997.「정치적 탈근대성과 정치공동체 : 배제 · 과잉 · 균형의 정치」. pp. 7-30.『한국정치학회보』 제31집 1호.

❖ 홍원표. 2001.「고대인과 근대인의 지적 갈등, 그리고 '전통'의 현대적 함의」. pp. 397-444. 스트라우스 저, 홍원표 역.『자연권과 역사』. 서울 : 인간사랑.

❖ 홍원표. 2002.「한국 민주화의 좌절과 도전에 관한 '이야기하기' : 정치적인 것과 사회적인 것의 제자리 찾기」. pp. 25-45.『한국정치학회보』. 제36집 2호.

❖ Arendt, Hannah. 1963. *On Revolution*. New York : The Viking Press.

❖ Strauss, Leo. 1959. *What is Political Philosophy?*. Illinoia : The Free Press. 양승태 역. 2002.『정치철학이란 무엇인가?』. 서울 : 아카넷.

제 7 장

독립협회의 국가건설사상 :
이상재

이승현 (국회도서관 연구관)

I. 서론

이 글은 독립협회를 이끈 세 명의 주요한 인물 중에서 이상재의 정치노선과 활동을 연구대상으로 한다.[1] 이상재는 사색하고 고민하는 사상가의 풍모보다는 정치적으로 매우 역동적인 활동가의 면모를 더 많이 갖고 있었던 인물이었다. 그는 어린 시절 양반신분이었음에도

1. 문일평은 "갑신개혁당에 사거두가 있는 것과 같이 독립협회는 삼거두가 있었나니 서재필, 윤치호 및 이상재이다 … 서윤이(徐尹李) 삼거두는 참말 독립협회와 서로 떠나지 못할 관계를 가진 이들로 독립협회를 말할 때 이 거두들이 저절로 생각난다. 서씨는 창시자라고 한다면 윤씨는 계승자요 이씨는 확충자"라고 평가하고 있다. 文一平, 『韓美五十年史』(서울 : 朝光社, 1945), 208-209쪽.

불구하고 경제적으로 매우 어려웠던 만큼 정신적으로 좀더 강인해지고, 자존심을 세울 것을 요구받았다. 당시 젊은이들과 마찬가지로 서당에 나가 한문을 수학했고 과거에도 응시하였다. 그러나 과거시험의 부조리를 알고 나서 다시는 과거에 응시하지 않기로 결심하였다. 사회진출 이전에 이상재의 정신세계는 당시의 젊은 청년들과 크게 다르지 않은 것으로 보인다. 그의 인생에서 중요한 전환점이 된 것은 박정양과의 만남에서 시작된다. 그와 인연이 닿아 그의 집에서 오랜 시절 지냈으며, 이후 거의 평생을 그와 함께 보내게 된다.

이상재의 생애 중 전반부는 관계(官界)에 종사한 것으로 볼 수 있다. 관계에 종사했던 이상재의 인생에 전환기가 된 것은 독립협회에 참여하는 것이었다. 윤치호가 요즘으로 말하면 차관급으로 독립협회에 참여한 인사라면, 이상재는 국장급 관료로 독립협회에 참여한 인사라 할 수 있다. 이상재의 생애 중 후반부는 야인(野人)으로서 정부를 질타하고 민중을 계몽하는 데 종사한 것으로 볼 수 있다. 독립협회에 참여할 당시만 해도 관료로서 참여했고, 눈부신 출세가도를 달린 것은 아니지만 평탄한 관리의 길을 가고 있었다. 그러나 독립협회 활동 이후 이상재는 고난의 길을 가게 되었다. 그는 49세 때에 반정부 혐의로 감옥에 들어갔는데, 이후 그의 인생은 가시밭길을 걷게 되었다.[2)]

독립협회 시기를 전후한 그의 정치활동을 추적해 봄으로써 구한말 근대국가 건설을 위해 노력했던 활동가의 모습을 그려볼 것이다. 그리고 이런 그림을 그리는 분석의 도구로서는 스프래건스의 진단과 처방론을 활용할 것이다.[3)] 정동구락부 회원이기도 했던 이상재

2. 金乙漢, 『月南先生逸話集』(서울 : 京鄕新聞社, 1956), 28쪽.

는 독립협회의 초창기부터 위원으로 활동[4]하기 시작하였다. 그는 독립협회의 회계책임을 맡기도 했고, 총대위원을 맡기도 했으며, 독립협회의 말기에는 부회장직을 맡기도 했다. 윤치호 회장, 이상재 부회장 체제로 되면서 독립협회는 완전히 정치단체로 바뀌게 되었다.[5] 이상재는 독립협회의 제일선의 총사령관처럼 정열적으로 활동하였다. 특히 만민공동회 시기에 커다란 활약을 하다[6]가 구속되기도 했다. 이상재는 독립협회의 사상을 이해하는 데 반드시 검토해야 할 인물임에는 틀림없다.

독립협회 사상사에서 이상재는 서구 시민사상의 영향과 개신유학적 전통의 영향을 합류시키고 융합하는 역할을 하는 중요한 위치를 차지하고 있다.[7] 그러나 이상재는 독립협회 활동기에 그렇게 많은 글을 남기지는 않았다. 독립협회 결성기로부터 국권을 상실한 시기까지 국가건설사상과 관련 있는 1차 기록을 추적해 보면 손으로 꼽을 정도이다.

독립문 건설소(獨立門建設疏), 내각 총무국장을 사퇴하는 소(辭內閣總務局長疏), 중추원 의관을 사퇴하는 소(辭中樞院議官疏), 상정부서(1)(2)(上政府書 : 一, 二) 정도가 있다. 독립문 건설소, 상정부서 (1)

---

3. 李鍾殷 역, 『현대 정치이론의 이해』(서울 : 나남, 1991), Thomas Arthur Spragens, Jr. *Understanding Political Theory*(New York : St. Marin's Press, 1991).

4. 《독립신문》 1896년 7월 4일자(제1권 제39호).

5. 李光麟, 「月南 李商在」, 『開化期의 人物』(서울 : 延世大學校 出版部, 1993), 255쪽.

6. 전택부, 『월남 이상재의 생애와 사상』(서울 : 연세대학교 출판부, 2001), 50-54쪽.

7. 愼鏞廈, 『獨立協會研究』(서울 : 一潮閣, 1994), 105쪽.

과 (2)가 비교적 당시 상황에 대해 체계적이고 소상한 의견을 담고 있다. 즉 주요한 분석대상이 될 수 있는 문건이다.

그런데 상정부서 (1)의 경우는 독립협회 활동기에 지은 것으로 보는 견해와 독립협회 해산 이후 1904년에 작성했다는 견해가 대립하고 있다.[8] 상정부서 (2)의 경우도 독립협회 활동기에 지은 것으로 보는 견해와 1907년 또는 1904년에서 1910년 사이에 쓴 것이라는 견해가 대립하고 있다. 후자의 해석인 이광린의 견해를 인정한다면 이상재의 문건 중에서 독립협회 활동기에 나온 것 중에서 의미 있는 분석대상이 될 수 있는 것은 독립문 건설소와 내각 총무국장을 사퇴하는 소 정도로 한정될 수밖에 없다. 문건으로 그의 사상을 추적해 보는 일이 지난한 일임을 보여주는 단적인 예이다.

독립협회 해산 이후에 나온 것일지라도 상정부서 (1)이나 상정부서 (2)는 모두 독립협회 활동을 거치면서 이상재의 사상이 변화되어 온 모습을 담은 것으로는 볼 수 있다. 그리고 아직 국권을 상실하지 않고 근대 민족국가를 건설해 보려는 최후의 몸부림이 진행되던 시기라고 볼 수 있다. 따라서 독립협회의 국가건설사상과 일정하게 연관되어 있는 측면이 있으므로 이 문건들도 분석대상으로 삼았다.

이상재의 활동은 정력적으로 이루어진 바 있다. 독립협회의 부회장, 만민공동회의 사회자로서, 그리고 주요한 사안의 총대위원으로 활동한 발자취를 추적하여 그의 국가건설사상을 구성하는 데 활용할

8. 李光麟, 「月南 李商在」, 『開化期의 人物』(서울 : 延世大學校 出版部, 1993), 267-270쪽. 이광린의 해석이 맞다고 볼 수 있는 단적인 예로 본문 중에 어공원에 대한 묘사가 있다는 것을 들 수 있다. "신설된 어공원"이라고 적고 있는데, 어공원은 1904년에 설치되었다.

것이다. 그러나 이상재가 구체적으로 기록을 남기지는 않았다 하더라도 그는 서구 시민사상 계열과 개신유학 계열을 융합하여 독립협회를 창립하는 주역으로 활동했고, 독립협회의 정책과 의사를 결정하는 핵심위원으로 활동하였으므로 국가건설사상 중 이상재가 남긴 직접적인 기록이나 활동으로 포괄하지 못하는 부문은 독립협회의 사상을 분석하여 보완할 것이다.

Ⅱ. 대내외 위기인식과 진단

1. 국권상실의 위기

독립협회가 결성되던 당시 한국은 동아시아 각국이 근대화를 위해 진력하던 시기였다. 이미 서구 열강들은 과거 몇 세기 동안 근대 국민국가로의 발전과정을 지속해 왔다. 서구 열강은 국가의 생존과 번영이라는 목표 하에 대외적으로 제국주의 정책을 추진하였다. 일본 역시 서구적 근대화를 국내적으로 추진하였고, 서구의 방식을 차용하여 한반도와 동아시아 지역으로 세력권을 확장하고자 하였다. 동아시아 국제질서의 변동 속에서 한국은 국가의 생존마저도 보장받기 어려운 정치적 난관에 직면하게 되었다.

국제질서의 흐름을 진지하게 자각한 이상재는 당시의 위기상황을 어떻게 인식하였을까? 이상재는 당시의 위기인식을 살펴볼 수 있는 기록을 남긴 바 있다. 이상재는 "요새 국가의 형세를 보옵건대 자못 위태로워서 모든 행동이 크게 백성들의 바라는 바에 어긋나 있습니다"[9]라고 했다. 국내적으로 민심 이탈현상을 관찰하고 국가가 위기에 빠져 있음을 지적한 것이다.

또한 그는

> 서리도 밟으면 얼음으로 굳어지는 것은 필연한 이치입니다. 하루 이틀 한 가지 일, 두 가지 일이 이렇게 거듭되고 보면 몇 일 몇 달 사이에 온 나라의 권리를 모두 남에게 내주고 자루를 빼앗기는 뉘우침이 생기지 않을지 어떻게 알겠습니까?[10]

라고 하고 있다. 대외적으로 열강에게 국권을 침탈당하여 주권마저도 상실할 수 있음을 경고한 것이다. 그는,

> 요새 정국의 돌아가는 것을 가만히 살펴보옵건대 조약을 체결한 여러 나라가 서로 눈을 흘겨보며 총칼과 전함과 포차가 국경 근처에서 부단히 왕래하며 서로 이익을 다투어 각각 토지를 점령하고 있아옵는데 오래지 않아 전쟁이 일어날 것이 분명하옵니다. 이런 때를 당하여 편안함만 일삼고 발분할 것을 생각하지 아니하고 있을 것 같으면 입으로 형언할 수 없는 무궁한 화가 반드시 올 것이옵나이다.[11]

9. 李商在, 「獨立門建設疏」.

10. 李商在, 「獨立門建設疏」.

라고 말하고 있다. 당시 국제정세가 일촉즉발의 전운이 감돌고 있음을 감지하고 힘을 길러 이에 대비해야 한다는 간절한 마음을 표현한 것이다.

이상재는 안으로 정부가 민심에 어긋나게 정책을 펼쳐서 국민의 지지를 얻지 못하고, 밖으로 외국의 침략 앞에 국권을 모두 내주고 결국 위태롭게 될 수 있다는 점을 명확히 인식하고 있는 것이다. 당시 위기상황에서 독립협회는 국민국가 건설이라는 중대한 정치적 시도를 하였다. 정치적 근대화를 논의하면서 국민국가의 건설목표를 지나칠 수 없기 때문에[12] 근대적 국민국가의 건설을 독립협회의 중요한 목표로 자리매김하게 된 것은 너무도 당연한 것이었다. 독립협회는 대외적 모순에서 발단된 위기의식을 국민적 단합과 구국의지의 활력소로 삼고 자주의 주체를 전체 국민에게로 귀일시킴으로써 국민국가의 건설을 촉구하였으며, 대외적인 자주의 욕구실현을 안으로 향한 내실자강에서 찾았다. 이 때문에 대외적 모순에 부정적으로 반발하지 않고 그것을 대내적 발전의 계기로 삼는 자강의 민족주의를 정립할 수 있었다.[13]

독립협회는 당시의 한국을 큰 위기 속에 있다고 보았다. 독립협회는 열강의 약육강식론에 의해 한국이 식민지 속국으로 떨어질 위기에 처해 있다고 인식했다. 왜냐하면 나라가 나라로 되기 위해서는 자주국권이 있어야 하는데, 당시 한국은 열강의 침략으로 자주국권이

11. 李商在, 「辭內閣總務局長疏」.
12. 韓興壽, 『近代韓國民族主義研究』(서울 : 延世大學校出版部, 1977), 3쪽.
13. 韓興壽, 『近代韓國民族主義研究』, 198쪽.

위협을 받고 있었기 때문이었다. 이상재가 말하는 자주국권은 첫째, 자주독립하여 타국에 의뢰하지 않는 것이다. 둘째, 자수하여 정법을 온 나라에 펴는 것이다. 즉 자주독립하여 주권을 전국토 위에 행사하는 것이다.

이상재는 자신이 중심이 되어 작성한 독립문 건설소에서 당시 한국의 국가존망이 위태롭다는 위기인식을 두 가지 측면으로 정리하였다. 첫째, 주권이 위기에 처했음을 강조하였다. 당시 한국은 자립하지 못하고 타국에 의뢰하여 주권이 크게 위태롭게 되었다고 보았다. 특히 외국이 군사권과 재정권을 장악하고 있기 때문에 한국은 칼날을 쥔 형국이라는 것이다. 둘째, 백성이 도탄에 빠져 국가가 위태롭게 되었음을 강조했다. 당시 한국은 내정개혁과 준법이 필요한데 개혁은 되지 않고 법률은 잘 지켜지지 않아 국가가 위태롭게 되었다는 것이다. 이상재는 당시 한국이 안팎으로 위기에 처했음을 너무나도 분명하게 인식하고 있었다.

2. 자립과 자수의 결여

진단은 넓은 의미로서는 환자의 병의 실태를 모든 면에 걸쳐서 판단하는 일을 말하며, 판단하는 내용은 병명에서부터 합병증에 이르기까지 다양하다. 판단의 기초적인 자료를 얻기 위하여 주증세를 제일의 실마리로 하고, 발병에서 현재에 이르기까지의 병의 경과를 상세하게 문진(問診)에 의하여 조사하며 현재의 신체의 상태를 모든 각도에서 검사한다. 이상의 결과를 모아서 최종적으로 판단을 내리게 된다.

이상재가 당시 상황에 내린 진단은 "벼랑에 선 것처럼 위험"한 상황이라는 것으로 상징되고 있다. 그는 "전국의 주권을 모두 다른 나라에 주어 큰 칼을 자루는 남에게 주고 거꾸로 칼날을 쥐고" 있는 상황이라고 본 것이다. 그는

> 현재 우리나라는 전장이 있다고 하겠읍니까. 법도가 있다고 하겠읍니까. 옛날법은 폐지해야 한다고 해서 행하지 않고 새법은 비록 정해진 것이 있으나 또한 행하지 않으면 이는 있어도 없는 것입니다. 전장과 법도가 없으면 이는 국가가 아닌 것입니다. 국가가 이미 국가가 아니고 보면 인심이 자연히 딴 나라에 의뢰하게 되고 또 딴 나라는 또한 기약없이 내정에 간섭하게 되는 것입니다.[14]

라고 말하고 있다. 즉 이상재는 첫째, 당시 한국은 법에 의한 통치가 이루어지지 않고 있다. 둘째, 민심 이탈이 일어나고 있다. 셋째, 타국의 내정간섭이 있다는 것으로 진단을 내리고 있다. 즉 자립과 자수가 안 되어 있는 상황으로 진단하고 있다.

독립협회가 대외적 상황에 내린 진단은 절박함 그 자체였다. 한국의 주권을 위협하는 대외적 상황이 절박하다는 데 초점을 맞추었다. 독립협회가 대외적 상황에 대해 내린 진단은 첫째, 제국주의가 침투해 오고 있다. 둘째 특히 러시아를 경계해야 한다. 셋째, 동양이 위

14. 李商在,「獨立門建設疏」.

기에 처했다는 것으로 정리할 수 있다.[15)]

독립협회가 열강의 국권침탈에 위기의식을 가진 것은 사실이었지만 열강이 본질적으로 제국주의라는 점을 인식하는 데는 사실 한계가 있었다. 《독립신문》 1896년 11월 12일자 논설, 1899년 1월 30일자 논설, 1899년 6월 17일자 논설, 그리고 1899년 8월 1일자 논설에 그 한계가 적나라하게 드러나 있다. 독립협회는 제국주의 국가는 선진국으로서 미개국의 개명을 유도할 것이라고 인식하고 있다. 즉 제국주의의 침략논리를 비판 없이 수용하고 있다. 제국주의의 침투목적이 수탈하는 데 있지 않고 보호하는 데 있다고 인식했다. 또한 제국주의 국가가 후진국에 개입하는 자체를 당연하게 생각했으며, 제국주의 국가에 국권을 침탈당하는 것을 생존권 문제로 인식하기보다는 명예에 관계된 문제로 인식하였다.[16)] 이러한 인식은 남궁억이 주도하여 발행한 《황성신문》에 이르러 제국주의의 본질을 인식하는 수준으로 진척이 있었다. 《황성신문》 1898년 9월 30일자 논설은 어떤 나라의 속국이 되면 내정을 간섭받는 등 어려움이 있으며, 독립국가가 되지 못하면 임금이고 신하고 몸 둘 곳이 없게 된다고 인식하고 있다.

독립협회는 러시아에 대해 부정적인 진단을 내리고 있었다. 《황성신문》이나 《독립신문》의 논설을 통해서 보면 러시아에 대한 경계심이 곳곳에서 드러나고 있다. 반면, 일본에 대해서는 비교적 우호적인 인식을 하고 있었다. 독립협회는 러시아가 유럽에서 부동항을 얻으려 하였으나 뜻을 이루지 못하고 동양이나 점령하여 볼까 노리고

15. 金玟煥, 『開化期 民族紙의 社會思想』(서울 : 나남출판, 1995), 50쪽.
16. 金玟煥, 『開化期 民族紙의 社會思想』, 52쪽.

있다고 인식했다. 유사시 동북아 강산을 수중에 농락코자 한다고 본 것이다.

독립협회는 동양이 위기에 처했다고 진단했다. 독립협회는 서세동점을 직시하였고, 이는 중국에 대한 비판으로 이어졌다. 동양의 중심국가는 중국인데 중국이 동양위기의 관건이라고 보았다.《황성신문》 1899년 6월 13일자 논설은 세계에 병립하는 자는 하나도 청국이요, 둘도 청국이라고 하면서 중국의 자수 자립 여부가 동양위기 극복의 관건으로 보았다.《독립신문》은 중국이 구습을 버리지 않고 있다고 비판했고,《황성신문》도 이와 맥을 같이 하였다.

대내적 상황에 대해 내린 진단 역시도 매우 절박하였다. 대내적으로 급격한 시변에 접하여 나라를 다스리고 자강하는 데 있어서 대응력이 미비하다는 데 초점을 맞추었다.[17] 대내적 대응력의 부족은 국가 구성요소들 간의 유기적 관계의 결핍에서 찾고 있다. 그 책임은 군주보다는 정부와 인민에게 있다는 시각이다. 대황제 폐하께서는 지극히 착하시고 밝으셔서 나라가 진보하여 문명개화한 나라가 되기를 주야로 바라지만 그 아래 정부와 인민이 제 직분을 다하지 못해서 정치가 위기에 처했다는 것이다.

대내 상황에 대한 진단은 첫째, 애국심이 부족하다. 둘째, 민권이 신장되지 못했다. 셋째, 경제적으로 빈곤하다. 넷째, 봉건유제가 유지되고 있다는 것으로 정리할 수 있다. 이런 진단결과 독립협회는 애국심이 부족한 상황을 타개하기 위해 충군애국론을 주장하게 되었다. 민권이 신장되지 못한 상황을 개선하기 위해 민권신장론을 개진하게

17. 金珉煥,『開化期 民族紙의 社會思想』, 126쪽.

되었다. 그리고 경제적으로 빈곤한 상황을 벗어나기 위해 산업진흥론을 개진하게 되었다. 끝으로 사회적으로 봉건유제가 남아 있으므로 이를 개혁해야 한다는 것이다.

대내외 상황에 대한 독립협회의 진단이 비교적 체계적인 데 비해 이상재의 진단이 독립협회의 진단만큼 체계적이지는 않다. 그러나 자립과 자수의 능력이 결여되어 있다는 진단은 매우 정확한 것이었다.

3. 입헌군주국가의 모색

독립협회가 모색한 이상적인 국가상으로서 국민국가는 아직 사회주의와 자유주의의 갈등이 아니라 근대성과 전근대성 간의 갈등 속에 형성되어 갔다. 독립협회가 구상한 새로운 국가상은 근대적 국민국가였다. 독립협회는 새로운 국민국가를 건설함으로써 전근대적인 상황을 극복하고 일본과 같은 근대화를 이룩할 수 있다고 판단했다. 독립협회의 국가건설 인식은 근대적인 민권국가에 이르고 있다. 그러나 현실로서 당시 한국은 전근대적인 군주국가였다. 독립협회는 사상적으로 민권과 군권 사이에서 갈등할 수밖에 없었다. 독립협회가 민권과 군권 사이에서 갈등했다는 것은 근대성과 전근대성 사이에서 갈등한 것과 다름 아니며, 이는 이상과 현실 사이에서의 갈등이었다.

이러한 갈등은 국가건설에 있어서도 근대적인 자유주의적 국가원리와 전근대적인 군주제적 국가원리 사이에서 긴장상태로 나타날 수밖에 없었다. 인적으로 볼 때도 독립협회 내에서 서재필 · 윤치호 등은 서구사상의 흐름을 반영하였고, 남궁억 등 황성신문 계열은 개신유학적 전통을 강조하여 이 두 흐름이 각각 자기 위치를 견지하고 있었다. 이상재는 바로 이 두 흐름을 합류하고자 노력하였다.

이상재가 구상한 이상적인 국가상은 무엇이었을까? 김을한은 이상재가 "부회장의 중임을 맡아 상하협력, 군민공치를 크게 외치고 개국진취와 자유민권사상을 고취하였"던 것으로 평가하고 있다.[18] 이 평가 속에는 이상재가 구상했던 이상적인 국가의 중요한 요소들이 모두 들어 있다.

이상재는 당시 한국이 나라가 아닌 이유를 몇 가지 지적한 바 있다. 뒤집어 말하면, 이 이유들이 충족되면 이상재가 생각하는 근대적 국민국가의 최소한의 조건이 충족된 것으로 볼 수 있을 것이다. 이상재는,

> 신 등은 생각하기에 나라가 나라꼴을 하는 것이 두가지가 있읍니다. 하나는 자립해서 딴 나라에 의뢰하지 않는 것이요, 다른 하나는 자수하여 정법을 한 나라에 행하는 것입니다. 이 두 가지는 상천이 우리 폐하께 주신 하나의 큰 권리이니 이 대권이 없으면 그 나라가 없는 것입니다. 이른바 독립문을 세우고 독립을 위한 모임을 만드는 것은 위로 황상의 지위를 높이고 아래로 인민들의 뜻을 굳혀서 억만년 끝없는 기초를 확립하자는 것입니다.[19]

18. 金乙漢, 『月南先生逸話集』(서울 : 京鄉新聞社, 1956), 27-28쪽.

라고 말하고 있다. 그가 생각한 근대적 이상국가는 이 두 가지를 최소한의 조건으로 갖춰야 했다. 이상재는 자립과 자수라는 이 두 가지 문제가 해결되면 아래로 민권과 위로 군권이 조화를 이룬 국가를 건설할 수 있다고 생각했다. 자립의 기본 요건으로는 당시 상황과 관련하여 특히 재정권, 병권 그리고 관리 임명권을 강조하였다. 자수의 기본 요건으로는 장전과 법도를 세우는 것을 강조했다. 이상재는 자립과 자수를 달성하고, 이를 바탕으로 입헌군주제 국가를 세우는 것이 당시 도달할 수 있는 이상적인 국가형태라고 생각한 것이다.

근대적인 국민국가론을 고찰함에 있어서 세 가지 요소를 고려할 필요가 있다. 대외적 자주성, 주권의 소재, 정부형태가 국민국가의 존재를 가능케 하는 중대한 요소이다. 이상재는 대외적 자주성을 강조하면서 대외적 자주성을 확보하는 요체를 황제의 결단에서 찾았다. 이상재는 주권의 소재지로서 황제와 국민 모두를 강조했다.

주권의 소재문제는 당시에도 논란이 있었던 쟁점으로 정리할 필요가 있다. 주권의 소재문제와 관련하여 독립협회는 복합적인 사고를 하고 있다. 당시 수구파들은 전제군주제를 전제로 하여 민권과 군권이 상충하는 것으로 보았다. 주권이 군주에게 있는 것인데 이를 백성에게 허용한다면 그만큼 군권을 제한할 수밖에 없다는 것이다. 군권과 민권의 충돌불가피론이라 할 수 있다. 이에 반해 독립협회나 이상재는 민권의 신장이 반드시 군권과 상충하는 것은 아니라는 입장이다. 이상재는 전제군주제를 입헌군주제 또는 대의군주제로 변화시킨다는 구상을 하고 이러한 개혁을 전제로 민권의 신장을 주장한 것이다.

19. 李商在, 「獨立門建設疏」.

이상재는 제도적으로 삼권이 분립된 전형적인 근대 국민국가는 아니지만 기능적으로라도 삼권이 분할된 근대적인 입헌군주제 국가를 건설하고자 했다. 즉 중추원이 의회의 기능을 담당하고, 의정부는 내각으로 하여 행정부 기능을 담당하고, 이렇게 하면 사법부 기능도 독자성을 가질 수 있다고 본 것이다.

독립협회는 국민주권론을 강조하였고, 독립협회가 구상한 새로운 국가상은 공화제에 더 가까운 것이었다. 그러나 독립협회의 주권론은 군주가 상징적 존재로만 있고 주권이 완전히 국민에게 귀속되는 그런 국민주권론과는 상당한 거리가 있었다.《독립신문》 논설에는 국민이 나라의 주인이라는 내용이 자주 나타나지만 왕권의 최고성 또는 전체성을 강조하고 있다.

이상재의 인식도 이런 큰 틀에서 파악될 수 있다. 당시 의회설립운동에 깊숙이 개입했던 이상재를 신용하는 "민족주의자였을 뿐만 아니라 선진적인 민주주의자"로 평가하고 있다.[20] 그러나 이상재가 현실을 고려하여 이상적인 대안으로 선택한 것은 민권과 군권이 동시에 강화된 상태에서 의회가 허용되는 입헌군주국가였다.[21]

20. 愼鏞廈,「獨立協會와 月南 李商在」, 43쪽.

21. 李商在,「獨立門建設疏」.

Ⅲ. 자주독립론

처방은 결함이나 잘못을 바로잡기 위한 대책을 비유하여 이르는 말이다. 독립협회가 활동하던 당시 한국은 국권상실의 위급한 상황에 처해 있었으며, 이를 극복하기 위한 처방은 자주와 진보로 정리할 수 있다.[22] 여기서 자주는 반침략을 포함하며, 진보는 반봉건을 포함하는 개념이다. 대외적 자주와 대내적 진보는 이상재가 말하는 자립과 자수와 다르지 않다.이상재는 한국의 대외적 자주성의 부족을 극복하기 위해 자주독립론을 내세웠다. 이상재의 자주독립사상은 그의 독립문 건설소에 잘 나타나 있다. 이상재는,

> 바라옵건대 황상께서는 마음을 확호히 잡으시와 삼천리 일천오백만 적자의 마음을 마음으로 하시어 그 분한 마음을 함께 하시고 그 근심을 함께 하시어 안으로는 정해진 법을 실천하시고 밖으로는 딴 나라에 의지하지 마시와 우리 황상의 권리를 스스로 세우신다면 비록 열이나 백의 강적이 있은들 누가 감히 관여하겠습니까?[23]

라고 하고 있다. 이상재는 고종에게 일본, 청국, 러시아 혹은 미국과 같은 외세에 의존하기보다는 국민과 함께 할 것을 강조했다. 군민이

22. 韓興壽, 『近代韓國民族主義硏究』, 31쪽.
23. 李商在, 「獨立門建設疏」.

일치되어 협력하는 것만이 외세의 내정간섭을 물리칠 수 있는 유일한 방안이라고 본 것이다.

다른 나라에 의지하지 말고 자주하고 안으로 법치를 실시하여 진보한다면 아무리 강대국이라 할지라도 한국을 마음대로 할 수 없을 것이라며 국가의 자주독립을 강조하고 있는 것이다. 신용하는 이 문건을 "자주독립을 수호하는 운동을 전개할 것을 알리는 구국운동 선언"으로 규정할 정도이다.[24] 이상재는 구국운동 선언 상소에서부터 러시아 세력과 일본 세력이 철수할 때까지 시종일관하여 이를 지도하고 민중과 함께 투쟁하였다.[25] 이상재는 1998년 8월 28일 독립협회의 부회장 겸 평의원 대표가 됨으로써 윤치호 회장과 함께 독립협회를 이끌게 되었다. 이는 러시아에 대항한 자주독립 투쟁을 성공적으로 이끈 결과라 할 수 있다.

독립협회는 창립과 동시에 독립문 건립을 최초의 운동목표로 정립하였다. 이러한 운동은 국민국가의 형성에 있어서 외세로부터의 자유가 선행되어야 한다는 이념에 기반을 두고 있다. "확독립지기초 견지자주지권(確獨立之基礎 堅之自主之權)"을 기본 이념으로 삼고 있다는 점에서 자주독립이 국민국가 형성의 기초라는 점은 강조되고 있다. 이상재도 여기에 동의하고 있다. 그는 나중에 쓴 상소문에서 "사람은 자기 자신을 스스로 업신여기지 아니하는 사람을 침해할 수 없는 법입니다. 지금 우리나라 정치를 자모하는 정치가 아니라고 할 수

24. 愼鏞廈, 「獨立協會와 月南 李商在」, 『月南李商在硏究』(서울 : 路出版, 1986), 37쪽.

25. 愼鏞廈, 「獨立協會와 月南 李商在」, 41쪽.

있겠습니까?"[26]라고 반문하고 있다. 스스로 똑바로 서지 않으면 개인이건 국가건 외부의 침략을 받는다는 것이다.

독립협회는 근대적 자주독립국가를 형성하고 다수의 힘으로 개혁사상을 대중화하는 데 전력을 다했다. 근대적 국민국가의 형성을 자주독립을 가능케 하는 목표로 설정하고 있기 때문에 독립협회는 다양한 실천방안을 제시하고자 노력하였다. 특히, 만민공동회는 한반도를 둘러싼 열강의 세력균형을 유지함으로써 자주독립과 주권을 확인할 수 있는 기회를 제공하였다. 이상재는 만민공동회를 통해 열정적인 활동을 했고, 결국 감옥에 투옥되기까지 했다. 이상재의 이런 활동들은 모두 자주독립국가를 세우기 위한 노력의 일환이었다.

자주독립을 지키기 위한 대외적 처방으로 이권침탈에 대한 반대운동을 펼쳤다. 이상재는 러시아의 절영도 조차 요구를 저지하고자 했으며, 이를 저지하기 위한 임시회의 의장이 되어 회의를 진행하는 등 중심적인 역할을 했다.[27] 한편 남궁억도 러시아가 목포와 진남포 부근 도서를 군사기지로 요구한 사건과 프랑스가 광산이권을 침탈하려 시도한 것에 대해 강력히 규탄하고 반대운동을 주도하여 이들의 시도를 좌절시킨 바 있다.[28] 독립협회 활동시기에 외국의 이권침탈에 저항했던 이상재는 나중에도 이와 유사한 시도가 있자 역시 강력한 반대운동을 펼쳤다.

이상재는 정부에 올린 상소문에서,

26. 李商在, 『上政府書(一)』.

27. 李光麟, 「月南 李商在」, 257쪽.

28. 신용하, 『독립협회와 개화운동』(서울 : 세종대왕기념사업회, 2000), 169쪽.

> 외국인들이 그칠 줄 모르고 요청하고 있는데, 금일에 이르러서는 일본 사람들이 또 다시 국내 산림 천택과 원야 개발권까지 허가해 줄 것을 요청하기에 이를 정도로 극심해졌습니다. 정부에서는 이 요청을 또 허가해 줄 것입니까? 만일 이것을 허락해 준다면 … 전해오는 말과 같이 500년의 마지막 날이 될 것이요, 삼천리의 종말이 되는 것이므로 우리 정부에서는 반드시 이것을 허락하지 아니하실 줄 압니다.[29]

라고 하여 서양과 서양으로부터 배운 일본을 포함한 서세동점을 경고하고 이에 단호히 대처할 것을 요청하고 있다.

Ⅳ. 민권군권 동시강화론

이상재는 민권과 군권을 동시에 강화해야 한다는 확고한 입장을 취했다. 독립협회는 군권과 민권의 중요성을 동시에 강조하면서도 어느 정도 민권쪽으로 강조점을 두고 있다. 독립협회는 첫째, 국민이 나라의 근본이며, 백성이 나라의 주인이다. 둘째, 국민이 나라의 주인이기 때문에 관료는 국민의 종이며 임금의 신하로 보았다. 셋째, 독립협회는 국민주권에 근거하여 국민은 정부를 비판하고 교체할 권리를

29. 李商在, 『上政府書(一)』.

갖는다고 보았다. 그러나 이상재는 1898년 11월 29일 개최한 관민공동회에서 결의한 만민결의안에서 "외국인에게 의부하지 않고 관민이 동심 협력하여 전제황권을 견고히 할 것"을 주장하였다. 엄격히 해석할 때 독립협회는 관료를 임금의 신하이지만 국민의 종이기 때문에 임금보다 국민이 위에 있다는 시각이었던 반면, 이상재는 민권과 황권 모두가 중요하다는 명확한 입장을 표명하고 있다. 이상재는 상정부서 (2)를 작성하는 시점에 이르러서도 국권을 공고히 하려면 황권을 존중해야 한다고 보았다. 그리고 국민의 힘이 없이 정부가 독단적으로 권력을 발동한다고 해서 황권이 공고해지는 것도 아니고 국권이 공고해지는 것도 아니라고 주장했다.[30] 즉 황권과 민권은 동시에 강화될 때 의미가 있는 것으로 파악하고 있었다.

1. 민권과 군권의 균형

국민국가 건설에 있어서 핵심적 요소인 국민의 위상문제를 다양한 차원에서 분석해 볼 수 있다. 서구의 경우, 근대적 국민국가의 형성에 있어서 군주주권이 국민주권으로 대체되어 왔다. 독립협회는 서구적 경험을 정확하게 이해했든 아니든 이념적 요소로서 국민주권의 확립을 정치개혁의 핵심으로 이해하고 있다. 이를 뒷받침하는 여러 가지 구체적인 실천적 방안들(신분제도 폐지, 남녀평등, 국민참여제도, 토

30. 李商在, 『上政府書(二)』.

론회 개최)을 제시하고 있다.

이상재는 민권과 국권을 같은 연장선상에서 파악하고 있다. 그는 독립협회 활동기에 남긴 기록은 아니지만 1900년대 초반에 남긴 기록에서,

> 민중이 없이 어떻게 국가가 이루어지겠습니까. 또 민중이 모였다 하더라도 조금이라도 각각 그 천부의 권리와 의무를 향유하지 못하면 이것은 꿈질거리는 고깃덩어리와 움직이는 송장과 초목과 금수와 다름 없습니다.[31)]

고 적고 있다. 민중이 국가의 가장 기초이며, 민중은 천부의 권리와 의무를 갖고 있다는 점을 명확히 인식하고 있다. 나아가 이 천부의 권리와 의무를 향유해야 비로소 사람이라는 인식을 하고 있다. 즉 사람이면 이 천부의 권리를 당연히 향유해야 한다는 것이다.

그는 또,

> 백성이 나라의 근본인데, 불학 무식한 자들이 일신의 영욕만 생각하고 국가의 흥망을 돌아보지 않고 황권을 보호한다는 것을 빙자해서 황권이 사실상 민중의 힘에서 나온 것인 줄을 모르고 권문에 아부하여 농권하기를 못할 것이 없이 하고 국민의 생명을 위협하여, 국민의 재산을 송두리째 강탈해 가고 있으니 이것은 사실상 황제의 보위가 도리어 고립되어 국권이 자립할 수 없게 되는 것[32)]

31. 李商在,『上政府書(二)』.

으로 이해하고 있었다. 이상재는 당시 가장 시급한 과제로 국권을 공고히 하는 일을 꼽았다. 국권을 공고히 하려면 황권을 존중해야 하고, 황권을 존중하기 위해서는 정부가 그 직권과 책임을 완수하는 데 달려 있다고 보았다. 그리고 정부의 권력은 민중의 힘으로부터 나오는 것으로 파악했다.[33]

전택부는 이상재가 민권과 관련하여 인권과 국민의 권리가 있어야 한다고 주장했지만 황권은 그 위에 있다는 것으로 인식했다고 주장했다.[34] 그러나 이상재는 황권과 민권을 동등한 위치에 두었지 어느 하나를 다른 하나보다 하위에 있다고 보지는 않았다.

독립협회나 이상재 모두 민권과 군권을 중요한 것으로 보고 있다. 미세한 차이는 독립협회가 군권보다는 민권에 방점을 찍었다면 이상재는 군권과 민권의 균형에 방점을 찍었다는 정도일 것이다. 독립협회나 이상재는 모두 민권을 신장시켜야 나라의 자주국권을 지킬 수 있다고 본 것이다. 국민 한 사람 한 사람이 자주하고 부강해 질 때 국권을 자주적으로 행사할 수 있다고 본 것이다.

이상재는 민권이 신장되면 국가가 부강해지고 군권도 강해진다는 민권군권 동시강화론을 주장했다. 그러나 민권과 군권이 서로 충돌하지 않는다는 이해는 민권과 군권에 대한 본질적인 이해 부족에서 오는 것이다.

이상재의 국가건설론의 사상적 한계를 가장 극명하게 드러내는

---

32. 李商在, 『上政府書(二)』.
33. 李商在, 『上政府書(二)』.
34. 전택부, 『이상재 평전』(서울 : 범우사, 2002), 95쪽.

부분은 국민국가와 군주국에 대한 이해의 결여로 규정될 수 있다. 한마디로 이러한 갈등은 이념과 정책과의 괴리, 충군과 애국 간의 괴리로 표출된다.

국가를 구성하는 원리로서 대표성은 정치체제에 따라 상이하게 표출된다. 한 정치체제의 대표자를 1인으로 할 것인가 아니면 다수로 할 것인가의 문제이다. 이상재는 이 문제와 관련하여 전근대적 · 근대적 대표성 원리 사이에서 방황하였다.

《독립신문》에 나타난 민권 개념은 자유주의적 전통의 민권 개념으로 자의적 권력 앞에서 보호받아야 하는 개인들의 권리를 의미하였다. 서구적 민권 개념을 수용하려는 의지가 명백히 드러난다. 특히 남궁억은 국민의 생명과 재산의 자유권을 침해하려는 노륙법 및 연좌법을 부활하려고 했던 신기선의 파면을 요구하여 관철시키기도 했다.[35]

이러한 긍정적 이해와 달리 《독립신문》의 일부 논설에서는 한국의 백성들은 민권이 무엇인지를 모르기 때문에 민권을 백성에게 함부로 부여해서는 안 된다는 점을 역설하였다. 서구의 민권에 대한 피상적 이해 때문에 《독립신문》에서는 군권을 정당화하는 경향이 두드러지게 나타난다. 〈독립협회〉의 민권사상에 큰 의미를 부여하고자 군권옹호론을 상황적 논리로 평가절하 할 수도 있다.

《독립신문》에 나타난 군권에 종속되는 민권은 유학에서 비롯되었다. 유학에서는 '민'이 아니라 '군'이 중심적 위치를 차지하고 있다. 즉 군권의 절대우위, 군주에 대한 백성의 절대적 충성이 강조되었다.

35. 신용하, 『독립협회와 개화운동』, 176쪽.

따라서 독립협회의 근대국가건설론에서는 애국과 충군의 문제가 충돌되는 양상을 그대로 표출하고 있으며, 이상재의 인식 속에서도 그 충돌양상이 완전히 해소되지는 못했다.

이상재는 이런 충돌을 군권과 민권의 동시강화라는 방법을 통해 발전적 에너지로 승화시키고자 노력한 현실주의적 운동가였다. 하지만 결국 현실 속에서 성공을 거두지는 못하였다.

2. 의회설립운동

삼권분리를 가능케 하는 정부형태가 국민국가의 형성에 있어서 중요하다. 이상재는 독립협회를 대표하여 의회설립 초안을 작성한 인물로서 의회설립을 이론적으로 지지했을 뿐만 아니라, 의회설립을 위한 운동을 적극적으로 이끌어 나간 실천가였다. 그는 만민공동회 운동을 성공시킴으로써 한반도에서 러시아와 일본의 세력을 한발 물러나도록 하였고, 이러한 국제세력 균형이 이루어진 시기 동안에 의회를 설립함으로써 민권과 독립의 기초를 튼튼히 하려고 했다.[36] 이상재는 1898년 10월 24일 이건호 · 정교 등과 함께 중추원관제개편안을 작성 하게 되었으며, 독립협회는 이 안을 협회의 안으로 채택하였다.[37]

그런데 고종이 이 안 중에서 일부를 수정 지시하여 독립협회가

36. 愼鏞廈, 「獨立協會와 月南 李商在」, 46쪽.
37. 李光麟, 「月南 李商在」, 258쪽.

전체 50석 중에서 17석만을 갖도록 윤치호에게 압력을 가하였다. 이때 이상재와 의논하고 그의 의견을 받아들여 윤치호는 원래 독립협회의 결의대로 밀고 나갈 수 있었다.[38] 이상재가 주장한 것은 독립협회에 25석의 민선의관 자리를 모두 주든지 아니면 황국협회에 25석의 의석을 모두 주든지 양자택일하도록 하는 안이었다. 황국협회는 25석을 모두 받아서 중추원을 운영해 나갈 수 없다는 최종 의견을 내었는데, 이러한 저간의 상황판단은 이상재가 주도적으로 한 것으로 알려져 있다.[39]

이상재는 독립협회의 중추원 개편안을 작성하였고, 이와 관련하여 관민공동회에서 6개 사항을 통과시켰다. 이상재는 이 관민공동회에 참가한 박정양을 설득하여 6개 사항에 "可"자를 쓰고 황제에게 상소하였으며, 이로 해서 10월 30일 황제는 5개 조항에 달하는 조칙(詔勅)을 내려 보냈다. 이상재의 안을 기초로 11월 4일 중추원 신관제가 공포되기에 이르렀다.[40] 이상재의 중추원 개편안에는 독립협회가 민선의관 25석을 담당하도록 되어 있었지만 정부안에는 독립협회란 표현 대신에 인민협회로 바꾼 정도의 차이가 있을 뿐이었다. 이상재가 기초한 중추원 개편안이 반영되어 한국 최초의 의회설립법이 공포된 것이고 상원이 설립되기 직전단계에 이르렀다.[41]

비록 이 법이 조병식 등 수구파의 방해로 실시되지 못했지만 의회설치에 대한 이상재의 생각은 그 이후에도 계속 이어졌다. 독립협

38. 鄭喬, 『大韓季年史』(서울 : 宇鍾社, 1957), 404쪽.
39. 愼鏞廈, 「獨立協會와 月南 李商在」, 53쪽.
40. 李光麟, 「月南 李商在」, 258쪽.
41. 愼鏞廈, 「獨立協會와 月南 李商在」, 57쪽.

회 활동 이후에 이상재가 작성한 상소문에도 이러한 생각의 단편이 그대로 남아 있었다. 그는 상소문을 통해,

> 즉시 각의를 경유하여 각국의 입헌제도에 따르고 우리나라 옛 법을 참작하되, 특히 국민에게 국사를 의논하는 권리를 부여하도록 상주하여 시급히 법률을 제정 반포케 하여 주시기 바랍니다.[42]

라고 청하고 있다. 여기서 "국사를 의논하는 권리"는 의회활동을 통해서 행사할 수 있는 것임은 물론이다.

독립협회와 만민공동회 운동에서는 삼권분립론이 강하게 대두되었고, 민권의식이 상당히 높아졌다. 의회설립론은 국민주권 이념의 제도화로서 중요한 의미를 지니고 있다. 그러나 독립협회가 이를 추진하는 과정은 근대국가건설론의 내재적 한계를 명백히 드러내고 있다고 할 수 있다.

독립협회나 이상재가 구상한 의회는 하원을 설립하는 게 아니라 먼저 독립협회 회원 중심의 상원을 개설한 다음 점차로 하원까지 개설하는 것이었다. 즉 독립협회의 의회설립론은 의정부 자문기관인 중추원을 의회로 개편하려는 구상이었다. 이 안은 수구파 관료들의 반대에도 불구하고 11월 4일 중추원 관제로 공포되었다. 의회설립론은 민권에 기초해 국민의 힘으로 자주독립을 지키려는 민권사상과 독립사상이 통합되어 제한적으로 실현되었다. 그러나 독립협회의 의회는 신분의회의 위상을 뛰어넘는 근대적 의회는 아니었다. 특히, 황국

42. 李商在, 『上政府書(二)』.

협회가 하원 개설을 주장하자 일부 개화세력은 일반 민중이 정권담당 능력을 가지고 있지 못하다고 생각하여 하원 개설에 대해서는 소극적인 입장을 취했다. 이는 당시 현실 정치적으로 볼 때, 지방에서는 독립협회가 수구파보다 약세라는 판단에 따른 것으로 보인다.

Ⅴ. 자강론

독립협회가 활동하던 기간은 국제적으로 동아시아에서 열강 간의 세력균형을 이루던 시기였다. 이 짧은 세력균형의 시기 동안 한국은 부지런히 자강개혁하여 미래에 대비하여야 한다는 것이 독립협회의 처방이었다. 자강개혁과 관련하여 이상재는 우선 외국에 대한 이권 양여를 강력히 반대하는 데서 시작했다. 그는 당시 정부가 러시아에 재정권과 군사권을 거의 빼앗기다시피 한 사실을 지적하면서 비판하고 있다. 이상재는,

> 재산의 권리는 사람에게 양보하는 것이 마땅치 않은 것인데 남에게 양보하고 군사의 권리는 마땅히 스스로 쥐어야 할 것인데 남에게 쥐어주고 있아오며[43)]

43. 李商在,「獨立門建設疏」.

라고 지적하고 있다. 자강개혁 중에서 특히 경제적으로 군사적으로 자립하고 자강해야 함을 인식하고 있었던 것이다.

이상재는 당시 상황을,

> 오래지 않아 전쟁이 일어날 것이 분명하옵니다. 이런 때를 당하여 편안함만 일삼고 발분할 것을 생각하지 아니하고 있을 것 같으면 입으로 형언할 수 없는 무궁한 화가 반드시 올 것이옵나이다.[44]

라고 인식하고 있었다. 즉 편안함을 일삼지 말고 발분하여 자강하지 않으면 화를 당할 것이라는 것이다.

자강론은 서구 다윈주의의 적자생존론에 근거하고 있다. 즉 환경에 적응하지 못한 국가는 생존경쟁에서 패퇴하고 멸망할 것이기 때문에 한국은 하루 속히 환경에 적응하는 노력, 즉 자강개혁의 노력을 해야 멸망하지 않고 국권을 유지할 수 있다고 본 것이다.

자강론은 국민국가의 구성에 있어서 중요한 국력증진 방안들을 구체적으로 담고 있다. 자강개혁은 자립적 국민국가를 가능케 하는 실천적 방안의 성격을 띤다고 할 수 있다. 국민국가는 일정한 경제적 · 사회적 토대 위에 존속할 수 있기 때문이다. 경제력은 국가존립의 가장 토대가 되는 것이다. 이러한 측면에서 독립협회가 각종 경제적 개발 이익을 외국에 넘기는 것에 반대하고 산업개발론을 통해 자주독립의 경제적 기초를 형성하고자 했던 것은 실천방안으로서 중요한 위치를 차지한다. 물론 이 과정에서 이상재는 활발하게 활동한 바

44. 李商在, 「辭內閣總務局長疏」.

있다.

경제자강에 대한 이상재의 인식은 1904년 이후의 기록에서 좀 더 본격적이고 적극적으로 나타난다. 이상재는 정부에 올린 상소문에서 정부의 비자주적 이권양여를 규탄하고 있다. 그는

> 근년 이래 우리나라 국유 광산이라든지 철도 기지라든지 서북 삼림이라든지 연해 어업이라든지 모든 것에 대한 권리 취득에 대하여 외국인들이 요청한 것을 우리 나라 정부에서 한 가지라도 허락해 주지 아니한 것이 있었습니까?[45]

라고 반문하고 있다. 이러한 지적은 독립협회 활동경험을 바탕으로 이루어진 것이다.

그리고 이상재는 경제적 이권을 넘겨주는 과정에서 보여준 정부의 무능도 비판하였다. 그는,

> 전일 광산, 철도, 삼림, 어업 등을 넘겨줄 적마다 정부는 언제나 그 일을 좋아서 한다고는 한번도 말 한 적이 없습니다. 그러나 일을 단행하는 마당에는 구차스레 우물쭈물해버리거나 우선 부결해놓고서 질질 끌다가 압력만 작용하면 그때 에는 자발적으로 하는 것이 아니 됨을 다행히 여겨, 종말에는 허가해 버리고 말았습니다. 그 때에 있어서는 문득 내가 한 일이 아니라고 발뺌을 하였고, 혹시 비난하는 사람이 있으면 반박하기를, 우리가 간사해서 그 짓을 한 것이 아니라 전국의 안위와 존

45. 李商在,『上政府書(一)』.

> 망이 달려 있으니 어떻게 하겠느냐고 했습니다. 그렇다면 오늘 허락해 주지 아니하는 것이 진정으로 다행한 것이라고 할 것이 못 되는 것입니다.[46)]

라고 따끔하게 지적한 것이다. 그는 "광산, 철도, 석탄, 삼림과 차관, 차병 등 정부의 모든 조약 사무는 각부 대신과 중추원 의장이 합동 날인하지 않으면 시행하지 말 것"을 주장한 바 있다.[47)] 경제적 이권이 외국에 양여되는 것을 적극적으로 막으려 한 것이다. 또한 "국가재정은 그 세금을 막론하고 탁지부가 총괄하게 하고 다른 부나 사사로운 회사에서 간섭을 못하게 하며 국가의 예산과 결산도 국민에게 공개할 것"[48)]을 주장하였다.

이상재는 황무지 개간론을 주장한 바 있다. 그는,

> 이 산림 천택 1건만 하더라도, 국내에 산재한 황무지는 국내도처 어디를 가도 볼 수 있는 것입니다. 그런데 국내에 있어서 먹을 것도 없고 직업도 없기는 국민 개개가 다 그렇다고 할 수 있는 것입니다. 밥도 없고 직업도 없는 이 사람들이 국내 도처에 있는 황무지를 개간한다면 토지마다 비옥하게 될 것이며, 집집마다 넉넉해질 것입니다.[49)]

46. 李商在, 『上政府書(一)』.
47. 전택부, 『이상재 평전』, 87쪽.
48. 전택부, 『이상재 평전』, 87쪽.
49. 李商在, 『上政府書(一)』.

라고 주장하고 있다. 그러나 당시 현실은 그러하지 못했다. 이상재는 당시 현실을

> 혹시 일 개인이라도 자력으로 손바닥만한 땅이라도 개간하기만 하면, 즉각 고율의 세금을 부과하여 징수해 가고, 곧 그 뒤를 따라 세력가들이 빼앗아 가니, 이것을 어떻게 견디어낼 수 있겠습니까?[50]

라고 반문하고 있다. 그리고 당시 신설된 어공원을 폐지하도록 주장하고 있다.

이상재는 독립협회 해산 이후인 1900년대 초에 오면 고용창출의 연쇄효과도 언급하게 된다. 그는 황무지를 개간하면 국민들이 일정한 직업을 얻게 될 것이고, 그러면 국가적으로도 세입이 증가할 것으로 이해했다. 따라서 국가가 부강해지는 기초는 바로 고용창출에서 시작할 수 있는데 왜 정부가 나서서 시행하지 않는가를 통박하고 있다.

이상재는 독립협회 활동기에 이미 재정권을 외국의 손에 넘긴 것에 대해 독립문 건설소에서 강력히 규탄한 바 있다. 이러한 경험을 바탕으로 1904년에서 1910년 사이에 오면 구체적인 경제자강 인식으로 발전한 것으로 보인다.

또한 근대국가는 관료제, 특히 상비군의 유지 및 자본주의의 발전과 더불어 진행되었다. 따라서 자주독립의 이념은 이러한 물질적 토대의 구축과 밀접하게 연계되어 있다. 독립협회 역시 이러한 점을

50. 李商在,『上政府書(一)』.

고려하여 구체적인 대안을 제시하였다. 특히 이상재는 독립문 건설소에서 군사권을 외국이 장악하고 있는 것에 대해 강력히 규탄하였다.

군사력 증진에 대한 인식은 당시 러·일의 세력각축을 직접적인 계기로 한다. 러일전쟁이 한반도 위에서 일어날 것을 염려하였고, 이러한 전쟁이 일어나지 않도록 막아야 한다는 생각을 하고 있었다.

자주독립의 이념은 군사력의 유지와 밀접하게 연계되어 있다. 이러한 측면에서 근대 국방론은 외국군이 우리 영토에서 전쟁을 하지 못하게 막으며 열강의 침략에 대비한 강병책을 주장하였다. 따라서 해군을 창설하여 해육군으로 해안을 사전에 방지할 것, 기기부(機器府)를 보수하고 확장할 것, 대륙병제에 입각해 강병훈련을 할 것, 무관학교를 설립할 것 등을 구체적인 방안으로 제시하고 있다.

그러나 군사적인 측면과 관련하여 이념과 괴리되는 현실인식의 한 예는《독립신문》에 그대로 나타나고 있다.《독립신문》 1987년 5월 25일자 논설에서 독립협회의 군대양성안은 외국군의 침략에 대비하기보다 동학혁명군의 잔여세력과 의병을 탄압하는 데 근본 목적을 두고 있다. 아울러 동학혁명군의 잔여세력과 의병을 탄압하기 위해 외국 군대의 국내 주둔을 다행이라고 지적하고 있다.

이와 같이 자유독립의 이념과 현실인식 사이에 심각한 괴리가 나타나고 있기 때문에 이념의 피상적 이해는 독립협회의 사상적 한계를 그대로 드러내고 있다고 할 수 있다. 독립협회가 근대적 국방론을 펼친 데 비해 이상재가 군사적 자강에 대해 구체적인 기록을 남기지는 않고 있다. 그러나 이상재의 기본 인식은 독립협회의 주장과 크게 다르지 않을 것이다. 이상재는 일찍이 군사권을 외국에 넘긴 것이 잘못된 것이라는 가장 중요한 사실을 강력하게 지적한 바 있기 때문이다.

Ⅵ. 결론 : 근대적 입헌군주국가 건설의 좌절

이상재의 삶과 활동에서 독립협회기는 중요한 분기점을 이룬다. 독립협회 활동을 시작할 당시만 하더라도 관료로서 평온한 삶을 살아왔지만 그 이후의 활동은 체제에 비판적인 활동가로서의 삶을 살게 되었다. 이상재는 국장급 관료로서 평온한 삶을 살다 갈 수도 있었나. 그러나 그의 젊은 시절의 삶과 고민의 과정에서 독립협회라는 큰 바다를 거치면서 한국사회의 지도자로서 새롭게 탄생하게 된다.

이상재는 독립협회를 통해 근대적 입헌군주국가를 건설하기 위해 많은 활동을 하였다. 그와 독립협회의 활동이 결실을 맺어 의회기능을 갖춘 군주국가가 탄생하기 직전단계까지 도달하였으나 마지막 고비를 넘지 못하고 좌절되고 말았다. 상원에 국한된 의회개설운동이었지만 당시 한국의 정치상황에서 도달할 수 있는 근대국가 건설의 최대 목표 중에 하나로 의회개설운동을 꼽을 수있다. 이상재는 의회개설운동에 주도적인 역할을 한 것으로 평가할 수 있다.

이상재는 근대국가를 건설하는 과정에서 군권과 민권의 관계에 대해 명확한 입장을 취하였다. 독립협회는 임금보다는 국민이 위에 있다는 시각이었던 반면, 이상재는 군권과 민권이 모두 중요하다는 입장이었다. 군권과 민권이 동시에 강화될 때 의미가 있는 것으로 파악하고 있었던 것이다. 군민이 힘을 합칠 때만이 외세의 내정간섭을 물리칠 수 있다고 인식한 이상재의 민권 · 군권 동시강화론은 당시 상황에 부합하는 현실주의적 인식이었다고 볼 수 있다.

독립협회 활동기만 해도 이상재의 대내외 상황인식이 그가 속해 있던 독립협회의 인식만큼 체계적이지는 않았던 것으로 보인다. 그러나 당시 한국이 자립과 자수의 능력이 결여되어 있다는 이상재의 인식만큼은 정확했던 것으로 평가할 수 있다.

이상재는 독립협회 활동을 통해서 자강에 대한 인식을 명확히 발전시켜 나갈 수 있었다. 외국에 대한 이권양여를 반대하는 활동을 강력히 전개했던 이상재는 이후 계속되는 비자주적 정부행태에 대한 비판가로 변신하게 된다. 그리고 나아가 경제적 자강인식을 발전시켜 젊은이들에게 자강 정진할 것을 역설하는 활동을 펼치게 된다.

당시 독립협회의 국가건설론은 사상적 한계를 분명히 안고 있었고, 독립협회의 영향권 내에 있었던 이상재의 인식과 활동에도 이와 유사한 한계가 있었던 것은 분명하다. 독립협회는 이상적인 국가상으로 공화제에 바탕을 둔 근대적 국민주권국가를 설정하였고, 이상재는 이를 절충하여 입헌군주제를 설정하였다. 그러나 당시 한국의 현실은 중추원을 개편한 의회를 설치하는 것조차 가능하지 않았다. 서구적 경험과 사상에 대한 이해가 불충분했고, 서구와 다른 환경에 서구적 이념을 적용하려는 노력은 많은 난관에 부딪혔다. 집권층과 국민들이 국민국가와 입헌군주제에 대해 충분히 이해하기 어려웠고, 또한 당시 외적 강압이 근대 국민국가는 고사하고 근대 입헌군주국가를 만들어 나가는 것조차 방해하였다. 이상재의 독립협회 활동은 입헌군주국가를 만드는 원대한 목표를 가지고 있었고, 현실 속에서 상원에 국한된 것이기는 하지만 의회설립 이라는 결실을 거두었다. 그러나 궁극적으로 입헌 군주국가를 건설하는 데는 실패하였다.

참고문헌

❖ 강재언. 1986.『근대한국사상사연구』. 서울 : 미래사.

❖ 강재언. 1988.『한국의 근대사상』. 서울 : 한길사.

❖ 공용배. 1996.「논설분석을 통해서 본《독립신문》의 역할과 성격」.『언론과 사회』 제14호.

❖ 金珉煥. 1995.『開化期 民族紙의 社會思想』. 서울 : 나남출판.

❖ 金乙漢. 1956.『月南先生逸話集』. 서울 : 京鄕新聞社.

❖ 김민환. 1982.「《독립신문》의 논설내용분석」.『신문과 방송』. 136호.

❖ 김복수. 1996.「《독립신문》의 경영」.『언론과 사회』 제14호 겨울.

❖ 김신재. 1988.「독립협회의 정치사상연구 : 정체론을 중심으로」. 동국대학교 대학원 석사 학위논문.

❖ 김신재. 1990.「《독립신문》에 나타난 '삼국공영론'의 성격」.『경주사학』 제9집. 동국대 학교.

❖ 김영국. 1991.「한말 민족운동의 계보」.『한국정치사상』. 서울 : 박영사.

❖ 김영희. 1996.「《독립신문》 발행주체의 언론사상」.『언론과 사회』 제14호.

❖ 김옥균 · 박은식 · 신채호 외. 이민수 외 역.『한국의 근대사상』. 서울 : 삼성출판사.

❖ 김유원. 1992.「영문판《독립신문》의 논조에 관한 연구 : 논설의 내용분석을 중심으로」. 중앙대학교 대학원 박사학위논문.

❖ 김유원. 1999.『100년 뒤 다시 읽은 독립신문』. 서울 : 경인출판사.

❖ 김을한. 1976.『월남 이상재 일대기』. 서울 : 정음사.

❖ 김주성. 2000.「김옥균, 박영효의 자유주의 정신」.『정치사상연구』 제2집.

❖ 김현철. 2000.「박영효의 보민과 민권신장 연구」.『정치사상연구』 제2집.

❖ 독립신문 영인본간행회 편. 1991.《독립신문》. 서울 : 갑을출판사.

❖ 려증동. 1992.『고종시대 독립신문』. 서울 : 형설출판사.

❖ 文一平. 1945.『韓美五十年史』. 서울 : 朝光社.

❖ 문종명. 1976.「《독립신문》과《황성신문》의 비교연구」. 계명대학교 교육대학원 석사학위논문.

❖ 신복룡. 1997.『한국정치사상사』. 서울 : 나남.

❖ 신복룡. 1999.『한국의 정치사상사가』. 서울 : 집문당.

❖ 신용하. 1975.『독립협회와 만민공동회』. 서울 : 한국일보사.

❖ 신용하. 1976.『독립협회연구』. 서울 : 일조각.

❖ 신용하. 1976.『독립협회와 개화운동』. 세종대왕기념사업회.

❖ 신용하. 1985.『한국민족독립운동사연구』. 서울 : 을유문화사.

❖ 愼鏞廈. 1986.「獨立協會와 月南 李商在」.『月南李商在硏究』. 서울 : 路出版.

❖ 신용하. 1991.『한국현대사와 민족문제』. 서울 : 문학과지성사.

❖ 신용하. 1994.『한국 근대의 선구자와 민족운동』. 서울 : 집문당.

❖ 신용하. 2000.『독립협회와 개화운동』. 서울 : 세종대왕기념사업회.

❖ 안외순. 2000.「조선에서 민주주의 수용론의 추이 : 최한기에서 독립협회까지」.『사회과학연구』 제9집. 서강대.

❖ 안외순. 2001.「19세기 말 조선에 있어서 민주주의 수용론의 재검토」.『정치사상연구』 제4집. 봄호.

❖ 안형수. 1967.「독립협회서」.『신동아』. 별책 부록.

❖ 유영렬. 1973.「독립협회의 민권사상 연구」.『사학연구』. 제22집.

❖ 유재천. 1996.「《독립신문》의 국문판과 영문판 논설 비교분석」.『언론과 사회』 제14호.

❖ 윤병석 외. 1981.『개화운동과 갑신정변』. 서울 : 삼성미술문화재단.

❖ 윤치호. 송병기 역. 2001.『윤치호일기 1』. 서울 : 연세대학교 출판부.

❖ 이광린. 1979.『한국개화사상연구』. 서울 : 일조각.

❖ 이광린. 1985.『한국개화사연구』. 서울 : 일조각.

❖ 李光麟. 1993.「月南 李商在」.『開化期의 人物』. 서울 : 延世大學校 出版部.

❖ 이나미. 2000.「독립신문에 나타난 자유주의 사상에 관한 연구」. 고려대학교 대학원 정치학박사논문.
❖ 李商在.「獨立門建設疏」.
❖ 李商在.「辭內閣總務局長疏」.
❖ 李商在.「上政府書(二)」.
❖ 李商在.「上政府書(一)」.
❖ 이정식. 1986.『한국민족주의의 운동사』. 서울 : 미래사.
❖ 李鍾殷(역). 1991.『현대 정치이론의 이해』. 서울 : 나남.
❖ 이춘선. 1974.「독립신문과 한국근대화 운동에 대한 연구」. 중앙대 대학원 서사학위논문.
❖ 이택휘. 1999.『한국정치사상사』. 서울 : 전통문화연구원.
❖ 전복희. 1996.『사회진화론과 국가사상: 구한말을 중심으로』. 서울 : 한울.
❖ 전택부. 1977.『월남 이상재』. 서울 : 한국신학연구소.
❖ 전택부. 2002.『월남 이상재의 생애와 사상』. 서울 : 연세대학교 출판부.
❖ 전택부. 2002.『이상재 평전』. 서울 : 범우사.
❖ 鄭喬. 1957.『大韓季年史』. 서울 : 宇鍾社.
❖ 정낙근. 1992.「한말 개화지식인의 대외관에 대한 연구」. 한국외국어대학교 대학원 박사학위논문.
❖ 정낙근. 1996.「대한제국기 근대적 지식인의 외교론」. 한국정치학회 엮음.『한국정치의 재성찰 : 전근대성 · 근대성 · 탈근대성』. 서울 : 한울아카데미.
❖ 정명구. 1985.「독립신문의 국민교육전개에 관한 고찰」. 중앙대학교 대학원 석사학위논문.
❖ 정진석. 1997.「영국기자 오시와《독립신문》의 최후」.『신문과 방송』315호.
❖ 조휘각. 1985.「한말 개화세력의 정치운동의 민중화과정에 관한 연구 : 특히 독립협회를 중 심으로」. 건국대학교 대학원 박사학위논문.

❖ 주진오. 1984.「독립협회의 대외문제에 대한 인식과 대응 : 국제관계와 관련하여」. 연세대 학교 대학원 석사학위논문.

❖ 주진오. 1988.「독립협회의 사회사상과 사회진화론」.『한국사학논총 : 손보기박사회갑기념』. 서울 : 지식산업사.

❖ 주진오. 1995.「19세기 후반 개화 개혁론의 구조와 전개 : 독립협회를 중심으로」. 연세대 학교 대학원 박사학위논문.

❖ 주진오. 1996.「독립협회의 개화론과 민족주의」.『현상과 인식』68호.

❖ 채 백. 1992.「《독립신문》의 성격에 관한 일연구 : 한국 최초의 민간지라는 평가에 대한 재검토를 중심으로」. 한국사회연론연구회 편.『한국사회와 언론 I』.

❖ 최덕수. 1978.「독립협회의 정체론과 외교론연구」.『민족문화연구』제13호. 고려대학교 민족문화연구소.

❖ 한국언론학회언론사연구회 편. 1996.『독립신문과 한 · 중 · 일 근대신문의 생성』. 서울 : 한국언론학회언론사연구회.

❖ 한흥수. 1963.「독립협회에 관한 연구 : 한국민족주의 · 민주주의운동의 초기현상 1896-1898」. 연세대학교 대학원 석사학위논문.

❖ 한흥수. 1970.「독립협회의 집단화과정」.『사회과학논집』제3집.

❖ 한흥수. 1973.「독립협회 회보의 내용분석」.『사회과학논집』6. 연세대학교 사회과학연구소.

❖ 韓興壽. 1977.『近代韓國民族主義硏究』. 서울 : 延世大學校出版部.

❖ Spragens, Jr., Thomas Arthur. 1991. *Understanding Political Theory*. New York : St. Marin's Press.

【지은이 소개】

• 김기승

고려대학교 사학과 학사, 석사, 박사 졸업

고려대학교, 수원대학교, 배재대학교, 한성대학교 강사 역임

현 순천향대학교 어문학부 국제문화전공 교수

저서

『한국 근현대 사회사상사 연구』

『조소앙이 꿈꾼 세계』

논문

「대한독립선언서의 사상적 구조」

「사회민주주의」 외 다수

• 오문환(吳文煥, Moon-Hwan Oh)

연세대학교 정치외교학과 졸업

동 대학원 정치학 석 · 박사

한국정치사상 전공

北京大學校 政治學與行政學系 硏究學者

연세대, 서강대, 성균관대 등 강사

연세대 사회과학연구소 선임연구원

현 경희대 연구교수

저서

『해월 최시형의 정치사상』(2003, 모시는사람들)

『동학의 정치철학』(2003, 모시는사람들)

『다시개벽의 심학』(2006, 모시는사람들)

논문

「율곡의 군자관과 그 정치철학적 의미」

「다산 정약용의 근대성 비판 : 인간관 분석을 중심으로」 외 다수

• **이승연**

경북대학교 퇴계연구소 연구원. 경북대학교 사범대학 윤리학를 졸업하고 동대학에서 석사학위를 취득한 후 일본 오사카시립대학에서 석, 박사학위를 취득했다. 역서로는 『인간주자』, 『동아 대동아 동아시아』, 『귀신론』 등이 있으며 논문으로는 「종법과 공사론」, 「주자예학에 관한 시론」, 「배움과 즐거움」 등이 있다.

• **이승현**

국회도서관 연구관

저서

『북한현대사 1』(2004, 한울아카데미, 공저)

논문

「남북관계 측면에서 본 개헌논의」(2006, 국가전략)

「신민회의 국가건설사상」(2006, 정신문화연구)

「헌법개정 논의의 정치적 원리」(2006, 헌법학연구, 공저)

「이상재의 국가건설사상」(2004, 정신문화연구)

「1960년대 북한의 권력구조 재편과 유일사상의 대두」(2002, 현대북한연구)

• **이종은**(E-mail : jongel@kookmin.ac.kr)

서울대학교 정치학과를 거쳐 동대학원 정치학과에서 석사학위를 받았으며, 미국 켄트주립대학교에서 정치학 박사학위를 받았다. 현재 국민대학교 정치외교학과의 교수로 재직하고 있다. 영국의 런던경제 · 정치대학, 도이치의 튀빙겐 대학과 프라이부르크 대학, 모스코바의 국제관계 및 세계경제연구소, 일본의 법정대학에서 객원연구원을 역임하였으며, 저서로는 『정치철학』, 역서로는 『현대정치이론의 이해』 등이 있으며, 정치사상에 대한 여러 편의 논문이 있다.

• **장현근**(張鉉根, Hyon-Geun Chang, E-mail : koosnikr@unitel.co.kr)

경희대 정치외교학과 졸업. 중국문화대학 대학원에서 상앙(商卬)연구로 석사를, 순자(荀子)연구로 박사를 받음. 현재 용인대학교 국제학부 교수이며, 《전통과 현대》 편집위원임. 유가사상의 현대화를 위한 탐색을 계속하고 있으며, 자유–자본–민주주의에 대한 동양사상적 대안 모색에 관심을 두고 경전탐구와 새로운 해석을 지속하고 있음. 주요 저서로는 『맹자 : 도덕국가를 향한 지침서』, 『중국정치사상입문』(편저), 『상군서 : 난세의 부국강병론』, 『아시아적 가치』(공저), 『중국사상의 뿌리』 등이 있고, 역서로는 『중국정치사상사』(선진 상/하), 『순자』 등이 있음. 주요 논문으로는 「순자정치사상에서 '예'의 기능」, 「군자와 세계시민」, 「주자학의 관학화와 사상사적 한계」, 「사회철학으로서 현대 유학의 행로」, 「荀子 '解蔽' '正名'的 政治意義」(中文), 「從王霸之辯透視荀子的聖王論」(中文) 외 30여 편이 있음.

• **홍원표**

한국외국어대학교 대학원 정치외교학과 졸업
현재 한국외국어대학교 사회과학대학 교수

저서

『현대 정치철학의 지형』(2002, 인간사랑)
『정치의 대전환』(1997, 인간사랑, 공저)

논문

「한나 아렌트 정치철학에서 선악의 문제」
「언어행위와 공공영역 : 대화, 논쟁, 이야기하기를 중심으로」

국가건설사상 I

초판1쇄 / 2006년 12월 30일

지은이 **이종은 외**
펴낸이 **여국동**
펴낸곳 **도서출판 인간사랑**
인 쇄 **백왕인쇄**
제 본 **은정제책사**

출판등록 1983. 1. 26. / 제일-3호

정가 20,000원

ISBN 89-7418-201-7 93340

※ 잘못된 책은 교환해 드립니다.

(411-815) 경기도 고양시 일산구 백석동 1178-1
TEL (031)901-8144, 907-2003
FAX (031)905-5815
e-mail / igsr@Yahoo.co.kr
igsr@Naver.com